公路桥梁建设
与管理探索

刘彦波　何惟煌　王道锋 ◎ 著

吉林科学技术出版社

图书在版编目（CIP）数据

公路桥梁建设与管理探索 / 刘彦波，何惟煌，王道
锋著 . -- 长春：吉林科学技术出版社，2024. 8.
ISBN 978-7-5744-1825-7

Ⅰ. U448. 145. 1

中国国家版本馆 CIP 数据核字第 2024PV2828 号

公路桥梁建设与管理探索

著	刘彦波　何惟煌　王道锋
出 版 人	宛　霞
责任编辑	穆　楠
封面设计	金熙腾达
制　版	金熙腾达
幅面尺寸	170mm×240mm
开　本	16
字　数	230 千字
印　张	14.75
印　数	1~1500 册
版　次	2024年8月第1版
印　次	2024年12月第1次印刷

出　版	吉林科学技术出版社
发　行	吉林科学技术出版社
地　址	长春市福祉大路5788号出版大厦A座
邮　编	130118
发行部电话/传真	0431-81629529 81629530 81629531
	81629532 81629533 81629534
储运部电话	0431-86059116
编辑部电话	0431-81629510
印　刷	三河市嵩川印刷有限公司

书　号	ISBN 978-7-5744-1825-7
定　价	89.00元

前　言

在现代社会，公路桥梁作为重要的交通基础设施，对促进区域经济发展、改善民生和提高物流效率具有至关重要的作用。本书正是基于对公路桥梁建设与管理重要性的认识，全面系统地介绍了公路桥梁工程的规划、设计、施工、检测与养护管理等方面的知识，旨在为公路桥梁工程技术人员、管理人员，以及相关专业的学生和研究人员提供实用的指导与参考。

本书首先从公路桥梁工程的基础知识入手，详细介绍了公路工程和桥梁工程的基本概念、类型及特点。接着，书中深入探讨了路基、路面施工的关键技术和方法，包括一般路基施工、特殊路基施工、路面基层施工和路面面层施工等。此外，书中还重点分析了桥梁下部结构和上部结构的施工技术，如扩大基础施工、桩基础施工、墩台施工、梁式桥、拱桥、斜拉桥与悬索桥的施工及桥面系施工等。

其次，在桥梁结构检测方面，本书提供了混凝土表观与内部缺陷检测、桥梁材质状况检测和钢结构质量缺陷检测等实用技术，为确保桥梁结构的安全和可靠性提供了技术保障。在施工管理方面，书中系统阐述了公路桥梁施工质量管理、成本管理、安全管理和资料管理等方面的内容，强调了施工管理在提高工程质量和效率、降低成本和风险方面的重要作用。

最后，本书还对公路桥梁养护管理进行了全面介绍，包括养护管理系统、技术管理和养护施工区安全管理等，指出了养护管理在延长桥梁使用寿命、保障行车安全和降低维护成本方面的重要意义。

在本书写作过程中，笔者力求做到理论与实践相结合，注重内容的科学性、系统性和实用性。然而，由于公路桥梁建设与管理领域的知识博大精深，加之笔者学识有限，书中可能存在不足之处。笔者衷心希望广大读者和同行能够提出宝贵的意见和建议，帮助笔者不断改进和完善。

目　录

第一章 公路桥梁工程

公路与桥梁工程是现代交通基础设施建设的重要组成部分，对于促进区域连通性、推动经济发展和提升民众生活质量具有不可替代的作用。这一领域涵盖了从前期规划、设计到施工及后期维护的全过程，要求综合考虑地理环境、气候条件、交通流量预测以及环境保护等多方面因素，以确保项目的科学性和可持续性。如今公路与桥梁工程正朝着更加智能化、生态化的方向发展，为社会进步贡献力量。

第一节 公路工程

一、公路的分级与组成

（一）道路的组成

按所在位置、交通性质及其使用特点，道路可分为公路、城市道路、厂矿道路、林区道路及乡村道路等。

1. 公路的组成

（1）线形组成

公路线形是指公路中线的空间几何形状和尺寸。

（2）结构组成

公路的结构是承受荷载和自然因素影响的结构物，包括路基、路面、桥涵、隧道、排水系统、防护工程、特殊构造物及交通服务设施等。

2. 城市道路的组成

城市道路工程的主体是路线、路基（包括排水系统及防护工程等）和路面三个部分。

（二） 道路的等级划分

1. 公路的等级划分

根据使用任务、功能和适应的交通量分为高速公路、一级公路、二级公路、三级公路、四级公路五个等级。

①高速公路。高速公路是具有 4 个或 4 个以上车道，设有中央分隔带，全部立体交叉，全部控制出入，专供汽车分向、分车道高速行驶的公路。

②一级公路。一级公路与高速公路设施基本相同。一级公路只是部分控制出入。

③二级公路。二级公路是中等以上城市的干线公路。

④三级公路。三级公路是沟通县、城镇之间的集散公路。

⑤四级公路。四级公路是沟通乡、村等地的地方公路。

2. 城市道路的等级划分

按城市道路系统的地位、交通功能和对沿线建筑物的服务功能分为以下四类：

（1） 快速路

快速路主要为城市长距离交通服务。

（2） 主干路

主干路是城市道路网的骨架。

（3） 次干路

次干路配合主干路组成城市道路网，是城市交通干路。

（4） 支路

支路是一个地区（如居住区）内的道路，以服务功能为主。

（三） 路基

路基是按照路线位置和一定技术要求修筑的作为路面基础的带状构造物。

1. 路基基本构造

路基基本构造是指路基填挖高度、路基宽度、路肩宽度、路基边坡等。

2. 路基的作用

路基的作用是路面的基础，是路面的支撑结构物。高于原地面的填方路基称为路堤，低于原地面的挖方路基称为路堑。路面底面以下 80 cm 范围内的路基部分称为路床。

3. 路基的基本要求

①路基结构物的整体必须具有足够的稳定性。

②路基必须具有足够的强度、刚度和水温稳定性。

水温稳定性是指强度和刚度在自然因素影响下的变化幅度。

4. 路基形式

（1）填方路基

①填土路基。填方路基宜选用级配较好的粗粒土作为填料。用不同填料填筑路基时，应分层填筑，每一水平层均应采用同类填料。

②填石路基。填石路基是指用不易风化的开山石料填筑的路堤。

③砌石路基。砌石路基是指用不易风化的开山石料外砌、内填而成的路堤。砌石路基应每隔 15~20 m 设伸缩缝一道，当基础地质条件变化时，应分段砌筑，并设沉降缝。

④护肩路基。坚硬岩石地段陡山坡上的半填半挖路基，当填方不大，但边坡伸出较远不易修筑时，可修筑护肩。护肩高度一般不超过 2 m。

⑤护脚路基。当山坡上的填方路基有沿斜坡下滑的倾向，或为加固、收回填方坡脚时，可采用护脚路基，其高度不宜超过 5 m。

（2）挖方路基

分为土质挖方路基和石质挖方路基。

（3）半填半挖路基

在地面自然横坡度大于 1∶5 的斜坡上修筑路堤时，路堤基底应挖台阶，台阶宽度不得小于 1 m，高速公路、一级公路台阶宽度一般为 2 m。

（四）路面

1. 路面结构组成

路面一般由面层、基层、垫层组成。

（1）面层

面层是直接承受行车荷载作用、大气降水和温度变化影响的路面结构层次。

面层应具有足够的结构强度、良好的温度稳定性，耐磨、抗滑、平整和不透水。沥青路面面层可由一层或数层组成，表面层应根据使用要求设置抗滑耐磨、密实稳定的沥青层；中间层、下面层应根据公路等级、沥青层厚度、气候条件等选择适当的沥青结构层。

（2）基层

基层是设置在面层之下，并与面层一起将车轮荷载的反复作用传递到底基层、垫层、土基等起主要承重作用的层次。基层材料必须具有足够的强度、水稳性、扩散荷载的性能。在沥青路面基层下铺筑的次要承重层称为底基层，基层、底基层视公路等级或交通量的需要可设置一层或两层。当基层、底基层较厚须分两层施工时，可分别称为上基层、下基层，或上底基层、下底基层。

（3）垫层

路基土质较差、水温状况不好时，宜在基层（或底基层）之下设置垫层，起排水、隔水、防冻、防污或扩散荷载应力等作用。

面层、基层和垫层是路面结构的基本层次。为了保证车轮荷载的向下扩散和传递，较下一层应比其上一层的每边宽出 0.25 m。

2. 路拱坡度与路面排水

路拱指路面的横向断面具有一定坡度的拱起形状，其作用是利于排水。路拱的基本形式有抛物线、屋顶线、折线或直线。为便于机械施工，一般采用直线形。

高速公路、一级公路的路面排水，一般由路肩排水与中央分隔带排水组成；二级及二级以下公路的路面排水，一般由路拱坡度、路肩横坡和边沟排水组成。

3. 路面的等级与分类

（1）路面等级

按面层材料的组成、结构强度、路面所能承担的交通任务和使用的品质，划分为高级路面、次高级路面、中级路面和低级路面四个等级。

（2）路面类型

①路面基层的类型。按照现行规范，基层（包括底基层）可分为无机结合料稳定类和粒料类。无机结合料稳定类有水泥稳定土、石灰稳定土、石灰工业废渣稳定土及综合稳定土；粒料类分级配型和嵌锁型，前者有级配碎（砾）石，

后者有填隙碎石等。

A. 水泥稳定土基层。在粉碎的或原来扩散的土中，掺入足量的水泥和水，经拌和得到的混合料在压实和养生后，当其抗压强度符合规定要求时，称为水泥稳定土。可适用于各种交通类别的基层和底基层，但水泥稳定土不应用作高级沥青路面的基层，只能用作底基层。在高速公路和一级公路的水泥混凝土面板下，水泥稳定土也不应用作基层。

B. 石灰稳定土基层。在粉碎或原来松散的土中掺入足量的石灰和水，经拌和、压实及养生得到混合料，当其抗压强度符合规定要求时，称为石灰稳定土。适用于各级公路路面的底基层，可用作二级和二级以下的公路的基层，但不应用作高级路面的基层。

C. 石灰工业废渣稳定土基层。一定数量的石灰和粉煤灰或石灰和煤渣与其他集料相配合，加入适量的水，经拌和、压实及养生后得到的混合料，当其抗压强度符合规定的要求时，称为石灰工业废渣稳定土，简称石灰工业废渣。适用于各级公路的基层与底基层，但其中的二灰土不应用作高级沥青路面及高速公路和一级公路上水泥混凝土路面的基层。

D. 级配碎（砾）石基层。由各种大小不同粒径碎（砾）石组成的混合料，当其颗粒组成符合技术规范的密实级配的要求时，称其为级配碎（砾）石。级配碎石可用于各级公路的基层和底基层，也可用作较薄沥青面层与半刚性基层之间的中间层。级配砾石可用于二级及二级以下公路的基层和各级公路的底基层。

E. 填隙碎石基层。用单一尺寸的粗碎石做主骨料，形成嵌锁作用，用石屑填满碎石间的空隙，增加密实度和稳定性，这种结构称为填隙碎石。可用于各级公路的底基层和二级以下公路的基层。

②路面面层的类型。根据路面的力学特性，分为沥青路面、水泥混凝土路面和其他类型路面。

A. 沥青路面。是指在柔性、半刚性基层上，铺筑一定厚度的沥青混合料面层的路面。沥青面层分为沥青混合料、乳化沥青碎石、沥青贯入式、沥青表面处治。

沥青混合料可分为沥青混凝土混合料和沥青碎石混合料。

热拌热铺沥青混合料路面是指沥青与矿料在热态下拌和、热态下铺筑施工成型的沥青路面。热拌热铺沥青混合料适用于各种等级公路的沥青面层。

高速公路、一级公路沥青面层均应采用沥青混凝土混合料铺筑，沥青碎石混合料仅适用于过渡层及整平层。其他等级公路的沥青面层的上面层，宜采用沥青混凝土混合料铺筑。

当沥青碎石混合料采用乳化沥青做结合料时，即为乳化沥青碎石混合料。适用于三级及三级以下公路的沥青面层、二级公路的罩面层施工及各级公路沥青路面的联结层或整平层。乳化沥青碎石混合料路面的沥青面层宜采用双层式。

沥青贯入式路面是在初步压实的碎石（或轧制砾石）上，分层浇洒沥青、撒布嵌缝料，经压实而成的路面结构，厚度通常为 4~8 cm；沥青贯入式路面适用于二级及二级以下公路，也可作为沥青混凝土路面的联结层。

沥青表面处治是用沥青和集料按层铺法或拌和方法裹覆矿料，铺筑成厚度一般不大于 3 cm 的一种薄层路面面层。适用于三级及三级以下公路、城市道路支路、县镇道路、各级公路施工便，道以及在旧沥青面层上加铺罩面层或磨耗层。

B. 水泥混凝土路面。以水泥混凝土面板和基（垫）层组成的路面，也称刚性路面。

C. 其他类型路面。主要是指在柔性基层上用有一定塑性的细粒土稳定各种集料的中低级路面。

路面还可以按其面层材料分类，如水泥混凝土路面、黑色路面（指沥青与粒料构成的各种路面）、砂石路面、稳定土与工业废渣路面及新材料路面。这种分类用于路面施工和养护工作及定额管理等方面。

二、公路建设的重点技术

（一）施工特点和路面基层

1. 公路技术施工特点

①从工艺角度来看，进行混凝土的拌和操作时，既可以选择在施工现场的路面上进行直接拌和，也可以在固定的搅拌站中进行。同时，也可以通过路拌机在进行道路施工的同时进行拌和操作，无论哪种方式都能够保证施工的质量。

②实现了抗拉能力的提升。作为路面的基层填料，水泥稳定层中抗拉强度影

响最大的是集料颗粒之间的黏结力及摩擦力，并且其抗拉能力与其他的填料相比提高了很多。同时，还可以针对不同路面的需求进行配比方式的调整，进而调节抗拉能力的强弱。

③水泥稳定碎石基层的强度与刚度是由其龄期所决定的。通过对数据进行分析，随着龄期的增长，水泥稳定碎石基层的强度及刚度会变大，增长期可能会超过两年。

④水泥稳定碎石的材料受到温度的影响。进行道路施工时，环境的影响因素有很多，而施工的温度是对施工影响最大的。水泥在高温下会发生化学反应，会直接影响其强度。通常情况下，温度越高，水泥的强度就会越大，当温度低于某一个值时，水泥甚至无法发挥其效用。

⑤在道路的施工过程中，需要遵守一定的道路施工规范。例如石灰粉及石灰土等工程材料不能作为道路的基层使用，但是却可以应用在底基层中。这些规定主要是根据材料的物理特性来制定的，所以在施工中要严格地遵守施工规范。

2. 公路路面基层施工的要求

（1）技术方面的要求

①刚度及强度要求。道路的基层要满足足够的强度及刚度要求，在道路预定的作用下，基层不会受到车轮荷载的影响而变形，也不会产生道路的残余等问题。

②稳定性要求。当道路出于某些原因进入较多的水时，不会对道路的基层强度产生太大的影响，保证道路基层是稳定的。

③抗冲刷能力。当有行车作用在道路上时，会对道路各个结构中的自由水产生一定的压力，这种压力会造成材料中细料等被反复地冲刷，长时间的作用下可能会产生浆液，使得路面形成一定的裂缝，影响道路的功能。

（2）材料方面的要求

级配砂砾是基层路面的主要材料，但是在进行材料的选择时，需要根据质量的要求从众多的种类中选择合适的一种，否则就会影响路面的质量。因此，需要对工程的实际情况进行分析，根据路面的施工要求与标准进行材料的选择，进而保证工程的质量与施工要求。

（3）施工人员的要求

通常进行施工的人员数量很多，为了保证施工的进度，这些人员之间必须能够进行完美的配合，并且为了保证施工的质量，对人员的能力也有一定的要求。对于一些对质量等有特殊要求的岗位还需要进行人员的特殊安排，挑选专门的施工人员来完成。

（4）设备方面的要求

机械设备是保证现代化施工的重要组成部分，在公路的基层施工中同样需要使用多种设备。而在进行设备的选择与应用时，要在施工要求的指引下，充分地考虑经济性。进行设备的选择时，首先要对施工的要求进行分析，当选择某一设备之后，在实际的开工前还需要进行设备的检验，以保证项目开工之后能够顺利地进行。

（二）路面基层施工工艺和质量控制

1. 施工工艺

在施工过程中，进行工艺的控制可以从以下四个方面进行：首先，对施工的原材料进行严格的把关。当选择好原材料之后，对所采购的材料质量进行认真的检查，之后要把施工过程中所需要的设备等准备完毕。其次，进行材料的配比计算及准备工作，将材料进行充分的拌和。再次，将准备好的混合之后的材料运输到现场，进行路面的施工，铺好材料之后，将下一步工作的压路机准备就绪。最后，对路面进行压实操作，并且对施工的结果及效果进行验收，并请相关的责任人进行项目的验收、签字。

（1）级配碎石拌和

级配碎石是道路施工过程中的一项重要的材料，但是由于该材料的特殊性，需要对材料的含水率进行深入的考虑。在不同的天气情况下，该材料需要添加不同的水量，以中和天气因素对材料含水量的影响；同时，还需要对材料的运输及施工设备等进行综合的考虑，在不同的情况下对水量进行一定的调整，从而保证工程的质量。

（2）级配碎石运输

由于级配碎石的特殊性，其在运输过程中会减少一部分的含水量，所以需要注意运输过程中的各种因素。例如运输时车内的材料要尽可能地平铺，为了减少水分的流失，可以在材料的上方进行一定的覆盖或者是遮挡。

（3）级配碎石摊铺

当材料运输到施工地之后，需要将材料摊铺到马路上，摊铺的工具主要有两种；一种是推土机，一种是摊铺机。每一种工具都有其各自的优点，对于摊铺机来说，可以使得材料被摊铺得更加平整，而推土机则可以摊铺得更加迅速，所以在实际的工作中，可以同时使用两种工具。

（4）级配碎石碾压

首先，对摊铺好的材料进行振实操作，其次采用压路机对道路进行进一步的碾压，在不同的天气及季节时，对碾压具有不同的要求，为了保证含水量在一个规定的范围之内，有时候还需要使用洒水车。

（5）级配碎石接缝处理

之后要对道路中碎石层的接缝进行进一步的处理。在进行材料的摊铺时，如果摊铺的道路过宽，一台机器无法摊平，则需要两台机器进行共同的作业。如果施工过程中无法保证两台摊铺机进行共同的作业，则为了避免缝隙的产生，一台摊铺机在进行工作时，需要对两幅操作之间的边部进行预留，之后再进行压实操作，从而保证道路的接缝处得到完美的处理。

2. 施工流程

（1）沥青混合料的搅拌与运输

进行物料的搅拌是路面基层施工工作的第一步，物料是否得到充分的搅拌会直接影响后面工序的顺利进行。所以，在进行物料的搅拌时，必须对其过程进行充分的监督，并且对物料的比例进行严格的控制。通常情况下，在进行大量的物料搅拌之前，会取部分样品进行试拌，进而保证物料的搅拌是正确的。在物料的搅拌过程中，也需要不断地观察是否搅拌得均匀，并且及时地进行搅拌操作的调整，保证物料搅拌得充分均匀。

在物料搅拌完成之后，要对物料的温度进行检测。为了减少物料的水分流失，需要选择专门的运输车进行物料的运输，同时要保证物料运输过程中水分不会由于操作上的失误而产生变化。

（2）沥青混合料的摊铺

当混合料运输到工地之后，需要在一定的速度要求之下均匀地进行摊铺工作。摊铺的速度不能过快，也不能过慢，否则会造成水分的流失。因此，摊铺的速度要结合材料的数量及摊铺的要求等进行综合的考虑。同时，摊铺过程中还要保证材料的厚度及宽度，这些都需要根据施工的要求来执行。

（3）路面夯压

完成了物料的摊铺之后，需要采用机械设备对混合料进行压实操作，进行压实操作时，要遵守一定的操作流程。首先，要保证压路机的速度，并且要匀速地进行；其次，为了避免一条道路进行了重复的压实，需要在每一次操作之后进行标记；再次，不要将任何设备停放在刚刚压实的道路上，避免道路出现不平整的情况；最后，当操作完成之后，需要专门的检查人员对道路进行测量与检查。

（4）施工接缝处理

在施工的过程中，如果出于某些原因导致了施工过程的中断，则在进行再次施工时需要采用横缝操作。如果没有在超过两个小时未施工的道路上设置横缝，则需要铲除附近的全面混合料，并且重新进行压实的操作，之后，还需要进行断面的设置。以上所做的操作都是为了避免道路中出现不必要的断缝隙，从而影响道路的质量与功能。

（5）检验

当施工完成之后，需要对施工的道路质量进行全面的检查，质量检查工作通常是由施工单位来进行的。在对施工的道路进行检查时，需要参考一定的检查标准，并且依据道路的建设要求，对施工的质量进行全面的检查。这时，施工单位可以聘请专门的质量检查单位来对施工的质量进行检测，从而保证检测结果的可信度。如果在对质量进行检查的过程中发现了问题，则需要及时地将问题反馈给施工单位进行进一步的处理。处理之后还需要进行重新检查，直到检查通过质量要求之后为止。

（三）混合料配合比

1. 上面层混合料拌和与配合

①控制室要使用打印机打印出所使用的各种料的用量与拌和温度，在规定时间对使用的仪器进行校核。

②试拌决定拌和时间。每盘料的拌和时间大于 45 s，才能使所有用料拌和均匀。

③在操作当中要及时注意混合料是否达到标准，对出现的不正常及时解决。如果是质量方面的原因，要及时改正。

④定时对拌和机混合料进行试做来进行验证，并同时检测各个指标数据，使其达到标准要求，增加对相对密度的试验，并和理论数据对比。

A. 油石比误差范围为：-0.1%~+0.2%。

B. 矿料级配关键筛孔与生产配合比设计标准级配的允许差值为：a. 0.075 mm ±1%；b. ≤2.36 mm±3%；c. ≥4.75 mm±5%。

⑤控制沥青和集料的加热温度与沥青混合料的出厂温度。集料温度比沥青温度高 10~15 ℃，热混合料成品经过储存后，其温度下降应该小于 10 ℃，贮料仓的储料时间要小于 72 h。

⑥工作完成后，进行各料的总结。抽查矿料级配，得出平均施工级配与油石比，并和标准要求对比，用产量来算出平均厚度，并和标准厚度比较。

⑦每个星期都要对检测的成果进行分析，根据各个指标的数据，来看生产的资料是不是在正常范围内。

2. 下面层混合料配合比

（1）级配及原料配比

按照要求，高速的底基层、基层综合稳定土的颗粒配比，应该使用施工规范 P10 表级配在理论上运用较为合理，通过试验得出，级配合理的材料具有更好的强度。根据所做的试验，级配不合理的材料如果要达到标准，需要水泥的量占比大于 6%，而级配合理的，水泥的量占比只要 4%，因此级配是很重要的。

（2）混合料的拌和

对于下面层的施工，使用加隆 5000 型拌和站。

①控制室逐盘打印集料用重和拌和温度，定时检测计量与测温。

②拌和时间为 45 s，这个时间经过试验是拌和最均匀的时间。

③目测混合料，对不正常的进行分析，出现问题要及时改正。

④在规定的时间对拌和机的混合料进行检验，检测油石比、矿料级配。

（3）对沥青和集料的加热温度及沥青混合料的出厂温度进行控制

应将集料温度控制在沥青温度之上 10~15 ℃，热混合料成品的储存温度的下降幅度应控制在 10 ℃ 以内。

（4）每日都要进行总量控制

根据各个部门具体情况对其进行检查，对平均施工级配和油石比对相关工作进行修正，统计平均厚度并根据设计厚度进行校准。

三、生态工程建设

（一）原则

生态工程是从系统思想出发，按照生态学、经济学和工程学的原理，运用现代科学技术成果、现代管理手段和专业技术经验组装起来的，以期获得较高的经济、社会、生态效益的现代农业工程系统。建立生态工程的良好模式必须考虑如下三项原则：

1. 因地制宜

必须因地制宜，根据不同地区的实际情况来确定本地区的生态工程模式。

2. 扩大系统的物质、能量、信息的输入

由于生态系统是一个开放、非平衡的系统，在生态工程的建设中必须扩大系统的物质、能量、信息的输入，加强与外部环境的物质交换，提高生态工程的有序化，增加系统的产出与效率。

3. 密集相交叉的集约经营模式

在生态工程的建设发展中，必须实行劳动、资金、能源、技术密集相交叉的集约经营模式，达到既有高的产出，又能促进系统内各个组成成分的互补、互利协调发展。生态工程建设的目标是使人工控制的生态系统具有强大的自然再生产和社会再生产的能力。在生态效益方面，要实现生态再生，使自然再生产过程中的资源更新速度大于或等于利用速度；在经济效益方面，要实现经济再生，使社会经济再生产过程中的生产总收入大于或等于资产的总支出，保证系统扩大再生产的经济实力不断增强；在社会效益方面，要充分满足社会的要求，使产品供应的数量和质量大于或等于社会的基本要求，通过生态工程的建设与生态工程技术的发展使三大效益能协调增长，实现高效益持续稳定的发展。

（二）基本原理

物质循环再生。理论基础：物质循环。意义：可避免环境污染及其对系统稳

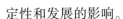

定性和发展的影响。

物种多样性。理论基础：生态系统的抵抗力稳定性。意义：生物多样性程度可提高系统的抵抗力稳定性，提高系统的生产力。

协调与平衡。理论基础：生物和环境的协调与平衡。意义：生物数量不超过环境承载力，可避免系统的失衡和破坏。

整体性。理论基础：社会—经济—自然复合系统。意义：统一协调各种关系，保障系统的平衡与稳定。

系统学与工程学。理论基础：系统的结构决定功能原理，即分布式优于集中式和环式。意义：改善和优化系统的结构以改善功能。

系统整体性原理。理论基础：整体大于部分。意义：保持系统很高的生产力。

（三）构成

其结构可以分成为生态核、生态基、生态库三个主要集合。

①核心圈。是人类社会，包括组织机构及管理、思想文化、科技教育和政策法令，是核心部分，称为生态核。

②内部环境圈。包括地理环境、生物环境和人工环境，是内部介质，称为生态基。常具有一定的边界和空间位置。

③外部环境。称为生态库，包括物质、能量和信息及资金、人力等。

（四）意义

模拟自然生态系统中物质能量转换原理并运用系统工程技术去分析、设计、规划和调整人工生态系统的结构要素、工艺流程、信息反馈关系及控制机构，以获得尽可能大的经济效益和生态效益。它是建立在生物工艺、物理工艺及化学工艺基础上的一门系统工艺学。

在生态系统演替过程中，有两种基本功能在起着重要作用：一是通过生物或子系统间相互协调形成的合作共存、互补互惠的共生功能；二是以多层营养结构为基础的物质转化、分解、富集和循环再生功能。这两种功能的强弱决定了生态系统的兴衰及其稳定性。生态系统动态过程中，通常包含复杂的物理作用、化学作用和生物作用，其中，生物起着传递者、触媒乃至建造者的作用。生物在长期演化和适应过程中，不仅建立了相互依赖和相互制约的食物链联系，而且由于生活习性的演化形成了明确的分工，能分级利用自然提供各种资源。正是出于这种原因，有限的空间内才能养育如此众多的生物种类，并可保持相对稳定状态和物质的持续利用。把自然生态系统中这种高经济效能的结构原理应用到人工生态系统中，设计和改造工农业生产工艺结构，促进系统组分间的再生和共生关系，疏通物质能量流通渠道，开拓资源利用的深度及广度，减少对外部"源"和"汇"的依赖性，以及促进环境和经济持续稳定发展是生态工程的基本目标。近年来，我国城乡建设中出现了各种不同类型的生态工程雏形，如：以下五种类型

1. 物质能量的多层利用工程

模拟不同种类生物群落的共生关系，包含分级利用和各取所需的生物结构，如利用秸秆生产食用菌和蚯蚓的生态工程设计。秸秆经过糖化过程被制成家畜喜食的饲料，再用家畜排泄物及残渣来培养食用菌；生产食用菌后的残余菌床又可用以繁殖蚯蚓，或与无毒有机废物及生活污水混合以生产沼气；最后把利用后的残物返回农田，这样就可以分级地充分利用其中的能量。这种分级利用的工艺不但可生产食用菌及沼气，还可以充分发挥秸秆的肥效。

2. 桑基鱼塘的水陆交互补偿工程

桑基鱼塘（或蔗基鱼塘）是中国广东农家行之有效的多目标生产措施。桑树通过光合作用生成有机物质桑叶，用桑叶饲蚕，生产出蚕蛹及蚕丝（加工工艺中的物质转化），桑树的脱落物蚕沙施用到鱼塘，经过鱼塘内另一食物链过程，转化为鱼的饲料。鱼的排泄物及其未被利用的有机物沉积于塘底，经底栖生物分解后可成为桑树的肥料，返回桑基。这种交互补偿水陆物质的方式，广泛适用于低湿地区。

3. 工业城市废物再生利用工程

工厂排出的余热，燃料释放的二氧化碳、二氧化硫和氮氧化物及某些加工工业废液中的重金属，是广泛存在的污染环境的污染物。回收和净化此类物质，是城市建设及工业建设必须重视的社会问题。利用工厂余热（包括气热及水热）作为冬季住房的热源的方法，已在许多城市实行。如能根据热系数，在工厂附近建造不同温梯度的温室，便可利用余热培植各种作物；作物的一部分制成饲料，

可饲养禽畜；禽畜排泄物可施于农田或园林。而环境中的林木还可吸收工厂燃料所产生的二氧化碳及其他一些在空中悬浮的废物。这种兼顾生产和环境保护的工艺，当能做到基本不排污时，称为无污染工艺；若干这种工艺所构成的工程体系，称为无污染工程。另外，不少陆生和水生生物可以吸附或者自身富集某些微量金属物质，因而可以用作回收某种微量元素的活性介质。

4. 区域污水多功能的自净系统

在结构复杂的自然生态系统中，往往同时在进行物质的富集与扩散、合成与分解、颉颃与加成等多种调控过程。在正常情况下，自然生态系统内部不易出现由于某种物质过度积累而造成死亡的情况，这是由于系统内具备自己解毒的机制（微生物）和解毒工艺过程（物理的、化学的作用过程）。即使由于某种物质积累破坏了系统原来的结构，也会出现适应新情况的生物更新。模拟这种复杂功能的工艺体系是今后解决和防止工业污染及实现废水资源化的有效途径，是系统生态原理在环境保护中的应用，这种生态工程包括相互交错的食物链及三个方向的物质流与能流，以及不同性质的输入与输出。

5. 多功能的农工商联合生产体系

把生态系统通过一定的网络结构与自调节功能而实现物质循环和生物生生不息的原理，应用到以农产品为原料的加工工业中，使农工业产品（包括副产品）在农工商发展中相互补偿原料，以保持该地区稳定的生产体系，减少废物，防止污染，并改善农村生态环境。农工商联合生产体结构模式应包括农、林、牧、副、渔业等一定范围的居民点设施；农、林、牧、渔、副业等的产品数量和加工工业的范围应与当地人口及计划产值保持相应的比例。此类型的农工商联合生产有机体系可作为现代化农村建设的模式之一。

（五）评价

由于农业生态系统是一个复合生态系统，生态工程必须具备多个方面的功能和效益，这里就有一个如何对生态工程进行综合评价的问题。对生态工程进行综合评价对于生态工程的规划与设计有着十分重要的意义，综合评价能使规划更加合理化并有利于不同生态工程的横向比较。

第二节 桥梁工程

一、桥梁的分类

（一）桥梁的基本体系

按结构体系划分，有梁式桥、拱桥、刚架桥、悬索桥四种基本体系，其他还有由几种基本体系组合而成的组合体系等。

1. 梁式体系

梁式体系是古老的结构体系。梁作为承重结构是以它的抗弯能力来承受荷载的。梁分简支梁、悬臂梁、固端梁和连续梁等。悬臂梁、固端梁和连续梁都是利用支座上的卸载弯矩去减少跨中弯矩，使梁跨内的内力分配更合理，以同等抗弯能力的构件断面就可建成更大跨径的桥梁。

2. 拱式体系

拱式体系的主要承重结构是拱肋（或拱箱），以承压为主，可采用抗压能力强的圬工材料（石、混凝土与钢筋混凝土）来修建。拱分单铰拱、双铰拱、三铰拱和无铰拱。拱是有水平推力的结构，对地基要求较高，一般常建于地基良好的地区。

3. 刚架桥

刚架桥是介于梁与拱之间的一种结构体系，它是由受弯的上部梁（或板）与承压的下部柱（或墩）整体结合在一起的结构。由于梁与柱的刚性连接，梁因柱的抗弯刚度而得到卸载作用，整个体系是压弯结构，也是有推力的结构。刚架分直腿刚架与斜腿刚架。刚架桥施工较复杂，一般用于跨径不大的城市桥或公路高架桥和立交桥。

4. 悬索桥

指以悬索为主要承重结构的桥。其主要构造是缆、塔、锚、吊索及桥面，一般还有加劲梁。其受力特征是：荷载由吊索传至缆，再传至锚墩，传力途径简捷、明确。悬索桥的特点是：构造简单，受力明确；在同等条件下，跨径越大，单位跨度的材料耗费越少，造价越低。悬索桥是大跨桥梁的主要形式。

5. 组合体系

①连续钢构。连续钢构是由梁和钢架相结合的体系，它是顶应力混凝土结构采用悬臂施工法而发展起来的一种新体系。

②梁、拱组合体系。这类体系中有系杆拱、桁架拱、多跨拱梁结构等。它们利用梁的受弯与拱的承压特点组成联合结构。

③斜拉桥。它是由承压的塔、受拉的索与承弯的梁体组合起来的一种结构体系。

（二）桥梁的其他分类

①按用途划分，有公路桥、铁路桥、公路铁路两用桥、农桥、人行桥、运水桥（渡槽）及其他专用桥梁（如通过管路、电缆等）。

②按桥梁全长和跨径的不同，分为特大桥、大桥、中桥和小桥。

③按主要承重结构所用的材料划分，有圬工桥（包括砖、石、混凝土桥）、钢筋混凝土桥、预应力混凝土桥、钢桥和木桥等。

④按跨越障碍的性质，可分为跨河桥、跨线桥（立体交叉）、高架桥和栈桥。

⑤按上部结构的行车道位置，分为上承式桥、下承式桥和中承式桥。

二、桥梁承重体系结构

（一）梁式桥

梁式桥是古老的结构体系之一。梁作为承重结构，主要是以其抗弯能力来承受荷载。在竖向荷载作用下，其支承反力也是竖直的，一般梁体结构只受弯、受剪，不承受轴向力。

常见的简支梁的跨越能力有限（一般在 50 m 以下），因此，分为悬臂梁和连续梁。它们通过改变或增强中间支承来减少跨中弯矩，更合理地分配内力，加大跨越能力。悬臂梁采用铰接或简支跨（称为挂孔）来连接其两端，其为静定结构，受力明确，计算简便，但因结构变形，在连接处不连续而对行车和桥面养护产生不利影响，近年来已很少采用。连续梁因桥跨结构连续，克服了悬臂梁的不足，是目前采用较多的梁式桥型。

梁式体系分实腹式和空腹式。前者梁的截面形式多为 T 形、工字形和箱形等，后者指主要由拉杆、压杆、拉压杆及连接件组成的桁架式桥跨结构。梁的高度和截面尺寸可在桥长方向保持一致或随之变化。对中小跨径的实腹式梁，常采用等高度 T 形梁，跨径较大时，可采用变高度箱形截面预应力混凝土连续梁桥。

（二）拱式桥

拱式桥的主要承重结构是具有曲线外形的拱（其拱圈的截面形式可以是实体矩形、肋形、箱形、桁架等）。在竖向荷载作用下，拱主要承受轴向压力，同时也承受弯矩、剪力。支承反力不仅有竖向反力，也承受较大的水平推力。

根据拱的受力特点，多采用抗压能力较强且经济合算的圬工材料和钢筋混凝土来修建拱桥，拱对墩台有较大的水平推力，对地基的要求较高，故一般宜建于地基良好之处。

按照力学分析，拱又分成单铰拱、双铰拱、三铰拱和无铰拱。因铰的构造较为复杂，一般常采用无铰拱体系。值得一提的是，由我国发明创造的桥型结构——双曲拱，其特点是使上部结构轻型化、装配化，南京长江大桥的南引桥即是双曲拱桥。

（三）刚架桥

刚架桥（也称为刚构桥）是指梁与立柱（墩柱）或竖墙整体刚性连接的桥梁。其主要特点是：立柱具有相当大的抗弯刚度，故可分担梁部跨中正弯矩，达到降低梁高、增大桥下净空的目的；在竖向荷载作用下，主梁与立柱（或竖墙）的连接处会产生负弯矩；主梁、立柱承受弯矩，也承受轴力和剪力；柱底约束处既有竖直反力，也有水平反力。刚架桥的形式大多是立柱直立的单跨或多跨的门形框架，柱底约束可以是铰接或固接。钢筋混凝土和预应力混凝土刚架桥适用于中小跨径、建筑高度要求较严的城市或公路跨线桥。

随着预应力技术和对称悬臂施工方法的发展，具有刚架形式和特点的桥梁可用于跨径更大的情况，如 T 形刚构桥。预应力混凝土 T 形刚构桥是因悬臂施工方法的发展而衍生出来的一种桥型。它的桥墩刚度较大，与梁部固结，仍采用跨中设铰或简支挂孔来连接两 T 构。它融合了悬臂梁桥和刚架桥的部分特点——因是静定结构，能减少次内力、简化主梁配筋；T 构有利于对称悬臂施工，但粗大的桥墩因承受弯矩较大而费料；桥面线形不连续而影响行车。目前，已很少采用这种桥式。

斜腿刚构桥的墩柱斜置并与梁部刚性连接，其受力特点介于梁和拱之间。在竖向荷载作用下，斜腿以承压为主，两斜腿之间的梁部也受到较大的轴向力。斜腿底部可采用铰接或固结形式，并受到较大的水平推力。对跨越深沟峡谷、两侧地形不宜建造直立式桥墩的情况，斜腿刚构桥表现出其独特之处。另外，墩柱在立面上呈 V 形并与梁部固结的桥梁，称为 V 形刚构桥，其在受力上具有连续梁和斜腿刚构的特点。V 形支撑既可加大跨径，也可适当减小梁高，外形也较美观。

连续刚构桥就是把刚度较小的桥墩（柱）与梁体固结起来。其特点是桥墩（称为薄壁墩）较为轻巧。这种桥式除保留了连续梁的受力优点外，还节省了大型支座的费用，减少了墩及基础的工程量，改善了结构在水平荷载下的受力性能，有利于简化施工程序，适用于需要布置大跨、高墩的桥位。近年来，连续刚构体系在桥梁工程中的应用越来越普遍，跨径已接近 300 m。

（四）悬索桥

悬索桥（也称为吊桥）主要由索（又称缆索）、塔、锚碇、加劲梁等组成。对跨径较小（如小于 300 m）、活载较大且加劲梁较刚劲的悬索桥，可以视其为缆与梁的组合体系。但大跨径（1000 m 左右）悬索桥的主要承重结构为缆索，组合体系的效应可以忽略。在竖向荷载作用下，其缆索受拉，锚碇处会产生较大的竖向（向上）和水平反力。缆索通常用高强度钢丝制成圆形大缆，加劲梁多采用钢桁架或扁平箱梁，桥塔可采用钢筋混凝土或钢结构。因缆索的抗拉性能得以充分发挥且大缆尺寸基本上不受限制，故悬索桥的跨越能力一直在各种桥型中名列前茅。不过，由于结构的刚度不足，悬索桥较难满足当代铁路桥梁的要求。

（五）斜拉桥

斜拉桥是由梁、塔和斜索（拉索）组成，结构形式多样，造型优美壮观。

在竖向荷载作用下，梁以受弯为主，塔以受压为主，斜索则承受拉力。梁体被斜索多点扣拉，表现出弹性支承连续梁的特点。因此，梁体荷载弯矩减小，梁体高度可以降低，从而减轻了结构自重并节省了材料。另外，塔和斜索的材料性能也能得到较充分的发挥。因此，斜拉桥的跨越能力仅次于悬索桥，是近几十年来发展很快的一种桥型。但由于刚度问题，斜拉桥在铁路桥梁上的应用极为有限。

（六）组合体系桥

将上述几种结构形式进行合理的组合应用，即形成组合体系桥梁。常见的组合方式是梁、拱结构的组合。梁、拱、吊组合体系同时具备梁的受弯和拱的承压特点，可以是刚性拱及柔性拉杆，也可以是柔性拱及刚性梁。这类结构的主要优点是：利用梁部受拉，来承受和抵消拱在竖直荷载下产生的水平推力。这样，桥跨结构既具有拱的外形和承压特点，又不存在很大的水平推力，可在一般地基条件下修建。相对而言，这种组合体系的施工较为复杂。此外，为获得更大跨越能力，可以由悬索和斜拉组合形成组合体系桥梁。

三、桥梁下部结构和支座构造

（一）分类

可分为重力式桥墩、重力式桥台、轻型桥墩、轻型桥台。

1. 重力式墩、台

重力式桥墩与重力式桥台的主要特点是靠自身重量来平衡外力而保持其稳定，因此，墩、台身比较厚实，可以不用钢筋，而用天然石材或片石混凝土砌筑。它适用于地基良好的大、中型桥梁，或流冰、漂浮物较多的河流中。在砂石料方便的地区，小桥也往往采用重力式桥墩。主要缺点是圬工体积较大，因而其自重和阻水面积也较大。

拱桥重力式桥墩分为普通墩与制动墩，制动墩要能承受单向较大的水平推力，防止出现一侧的拱桥坍塌，因而尺寸较厚实，与梁桥重力式桥墩相比较，具有拱座等构造设施。

梁桥和拱桥上常用的重力式桥台为 U 形桥台，它适用于填土高度在 8~10 m

或跨度稍大的桥梁。缺点是桥台体积和自重较大，也增加了对地基的要求。此外，桥台的两个侧墙之间填土容易积水，结冰后冻胀，使侧墙产生裂缝，所以宜用渗水性较好的土夯填，并做好台后排水措施。

2. 轻型墩、台

（1）梁桥轻型桥墩、台

①梁桥轻型桥墩：

钢筋混凝土薄壁桥墩：施工简便，外形美观，过水性良好，适用于低级土软弱的地区，但须耗费用于立模的木料和一定数量的钢筋。

柱式桥墩：外形美观，圬工体积少，而且重量较轻。

钻孔桩柱式桥墩：适合于多种场合和各种地质条件。通过增大桩径、桩长或用多排桩加建承台等措施，也能适用于更复杂的软弱地质条件及较大的跨径和较高的桥墩。

柔性排架桩墩：优点是用料省、修建简便、施工速度快；主要缺点是用钢量大，使用高度和承载能力受到一定限制。因此，它只适合于在低浅宽滩河流、通航要求低和流速不大的水网地区河流上修建小跨径桥梁时采用。

②梁桥轻型桥台：

设有支撑梁的轻型桥台：适用于单跨桥梁，桥孔跨径 6~10 m，台高不超过 6 m。

埋置式桥台：桥台所受的土压力小，桥台的体积相应地减少，但是由于台前护坡是用片石做表面防护的一种永久性设施，存在有被洪水冲毁而使台身裸露的可能，故设计时必须慎重地进行强度和稳定的验算。分为后倾式、肋形埋置式、双柱式、框架式等类型，其中桩柱式桥台对于各种土壤地基都适宜，其适用范围是：桥孔跨径 8~20 m，填土高度 3~5 m。当填土高度大于 5 m 时宜采用框架式埋置式桥台。

钢筋混凝土薄壁桥台：适用于软弱地基的条件，但其构造和施工比较复杂，并且钢筋用量也较多。

加筋土桥台：在台后路基填土不被冲刷的中、小跨径桥梁，台高 3~5m 时，可采用加筋土桥台。

（2）拱桥轻型桥墩、台

①拱桥轻型桥墩：

带三角杆件的单向推力墩：只在桥不太高的旱地上采用。悬臂式单向推力墩：适用于两铰双曲拱桥。

②拱桥轻型桥台：

适用于 13 m 以内的小跨径拱桥和桥台水平位移量很小的情况。其工作原理是；当桥台受到拱的推力后，便发生绕基底形心轴向路堤方向的转动，此时台后的土便产生抗力来平衡拱的推力，从而使桥台的尺寸较小。

八字形桥台：适合于桥下需要通车或过水的情况。

U 字形桥台：适合于较小跨径的桥梁。

背撑式桥台：适用于较大跨径的高桥和宽桥。

靠背式框架桥台：适合于在非岩石地基上修建拱桥桥台。

组合式桥台：适用于各种地质条件。

空腹式桥台：一般是在软土地基、河床无冲刷或冲刷轻微、水位变化小的河道上采用。

齿槛式桥台：适用于软土地基和路堤较低的中小跨径拱桥。

（二）构造特点与受力特点

1. 桥梁下部结构的构造特点

（1）重力式桥墩

梁桥重力式桥墩由墩帽、墩身、基础等组成，墩帽要满足支座布置和局部承压的需要。与梁桥重力式桥墩相比较，拱桥重力式桥墩具有拱座等构造设施，且制动墩要比普通墩尺寸更厚实，能承受单向较大的水平推力，防止坍塌。

（2）重力式桥台（U 形桥台）

由台帽、背墙、台身（前墙、侧墙）、基础、锥坡等几个部分组成，背墙、前墙与侧墙结合成一体，兼有挡土墙和支撑墙的作用。

（3）梁桥轻型桥墩

①钢筋混凝土薄壁桥墩：圬工体积小、结构轻巧，比重力式桥墩节约圬工量70%左右。②柱式桥墩：由分离的 2 根或多根立柱（或桩柱）组成，是公路桥梁

中采用较多的桥墩形式之一。③柔性排架桩墩：由单排或双排的钢筋混凝土桩与钢筋混凝土盖梁连接而成。

（4）梁桥轻型桥台

①设有支撑梁的轻型桥台。

②埋置式桥台。

③钢筋混凝土薄壁桥台。

④加筋土桥台。

（5）拱桥轻型桥墩

①带三角杆件的单向推力墩。

②悬臂式单向推力墩。

（6）拱桥轻型桥台

①八字形桥台。

②U 字形桥台。

③背撑式桥台。

④靠背式框架桥台。

2. 桥梁下部结构的受力特点

桥墩为多跨桥梁中的中间支承结构物，除承受上部结构产生竖向力、水平力和弯矩外，还承受风力、流水压力及可能发生的地震力、冰压力、船只和漂流物的撞击力。

桥台设置在桥梁两端，除了支承桥跨结构外，还又要衔接两岸接线路堤；它既要能挡土护岸，又能承受台背填土及填土上车辆荷载所产生的附加土侧压力。

桥梁墩台受力计算时的荷载及其组合应根据可能出现的各种荷载情况进行最不利的荷载组合。

（三）支座

支座的类型很多，可根据桥梁跨径、支点反力和对支座建筑高度的要求等选用常用的支座。常用的支座有以下八种：

1. 垫层支座

由油毡、石棉泥或水泥砂浆垫层做成的简单的支座，10 m 以下的跨径简支板、梁桥，可不设专门的支座，而将板或梁直接放在上述垫层上。变形性能较差，固定支座除了设垫层外，还应用锚栓将上下部结构相连。

2. 铸钢支座

（1）弧形钢板支座

弧形钢板支座又称切线式支座或线支座。上支座为平板，下支座为弧形钢板，二者彼此相切而成线接触的支座。钢板采用 40~50 mm 的铸钢板或热轧钢板，缺点是移动时要克服较大的摩阻力，用钢量大、加工麻烦，一般用于中小桥梁中。

（2）铸钢支座工艺

采用碳素钢或优质钢，经过制模、翻砂、铸造、机械加工和热处理等工艺制成的支座。

3. 新型钢支座

①不锈钢或合金钢支座。

②滑板钢支座。

③球面支座：又称点支座，为适应桥梁多方面转动的要求，将支座上、下两部分的接触面分别做成曲率半径相同的凸、凹的球面支座。

4. 钢筋混凝土支座

（1）摆柱式支座

活动部分由钢筋混凝土摆柱构成的活动支座。外形和活动机理与割边的单辊轴钢支座相同，但在构造上则用矩形截面的钢筋混凝土短柱来代替辊轴的中间部分，辊轴的顶部和底部为弧形钢板，常用于跨径大于 20 m 的钢筋混凝土或预应力混凝土梁桥。

（2）混凝土铰

通过缩小混凝土截面来降低截面刚度，产生少量转动后能承受足够的轴力的一种简化支座。

5. 板式橡胶支座

由几层橡胶片和嵌在其间的各类加劲物构成或仅由一块橡胶板构成的支座。外形有长方形、梯形、圆形等。

6. 盆式橡胶支座

橡胶块紧密地放置在钢盆里的大吨位橡胶支座。由于橡胶块受到三向压力作用，因此，使支座的极限承载能力有所加强。

7. 拉力支座

拉力支座又称负反力支座，是可以同时承受正负反力的支座。分为拉力铰支座和拉力连杆支座两类，前者又分为固定式和活动式：固定式铰支的上摇座锚于梁端，下摇座锚于墩顶或桥台，之间用钢销连接而成；活动式的下摇座锚于墩顶或台顶的防拔块间，并在座下加辊轴，使其既能受拉，又能沿纵向移动。

8. 减震支座

附设有减震器而具有减震和抗震功能的支座。减震器分为油压减震器和橡胶减震器。减震器的机理主要是利用液体介质的黏滞性或橡胶的弹性所产生的阻尼力，来减小地震力的影响。

四、桥面系构造

桥面系指的是桥梁附属设施中，直接承受车辆和人群等荷载并将其传递至主要承重构件的桥面构造系统，包括桥面铺装、桥面板、纵梁、横梁、遮板、人行道等。是由桥面板、加筋肋、纵梁、横梁等构件组成的直接承受车辆荷载作用的桥面构造系统。桥面系包括纵梁、横梁和纵梁间的连接系。

（一）桥面系施工

1. 横隔板、中横梁

①横隔板、中横梁端头混凝土表面要进行清理，表面要凿毛、露出石子，同时，注意不要破坏混凝土外露部分。

②钢筋绑扎时，调直预埋钢筋，然后绑扎和焊接钢筋。

③钢筋安装、绑扎和焊接应严格执行《公路桥涵施工技术规范》及设计文件的有关规定。

④支立侧模时两侧模之间用套管拉筋拉紧，侧模和混凝土及底模与混凝土之间用海绵胶条夹紧防止漏浆。底模用拉筋固定在横梁上，拉筋外套 PVC 管，以便模板拆除。横梁落在梁顶面上，用木楔顶进。拆模后将拉筋抽出。

⑤混凝土浇筑时要采用小型插入式振捣器振捣，保证密实。

2. 湿接缝

①模板用拉筋固定在横梁上，拉筋外套 PVC 管，以便模板拆除。横梁落在梁顶面上，用木楔顶进，使模板和翼缘板密贴，防止漏浆。

②调直梁翼缘板预留筋，再绑扎和焊接现浇钢筋，焊接及绑扎搭接长度符合规范要求。

③混凝土浇筑时，表面抹平后再进行拉毛处理，控制混凝土表面标高。

④用土工布覆盖，洒水养生。

3. 负弯矩张拉及体系转换

①人工凿除梁头混凝土表面的浮浆，露出石子清除混凝土碎屑，并用水冲洗干净。

②连接连续接头段钢筋，设置接头板束波纹管并穿束。

③负弯矩孔道采用波纹管成型，按其坐标连接固定好，然后进行钢筋焊接、绑扎，支立模板。

④在日温最低时，浇筑连续接头，从桥梁每联的两端孔向中孔依次浇注连续接头混凝土。

⑤强度达到设计强度85%时且砼龄期不小于 7 d 后，方可进行负弯矩预应力张拉，张拉时应对称张拉。

⑥张拉锚固后检查钢绞线的滑断丝情况，并不得超过有关规定。张拉锚固后，检查锚板有无裂纹，并且其开裂程度不得超过有关规定。

⑦张拉油顶使用完毕后，各液压缸必须回程到底，保持进出口油路的清洁，并妥善保管。张拉过程中，构件两端严禁站人，油泵不允许超负荷工作，安全阀必须按额定油压或实际使用油压调整。

⑧孔道压浆及封锚，压浆前应用压力水冲洗孔道，压力水从一端压入，从另一端排出。一般每一孔道宜于两端先后各压一次。两次间隔时间以达到先压注的水泥浆既未充分泌水又未初凝为度，一般宜为 30~45 min。当构件两端的排气孔排出水、稀浆及浓浆时，用木塞塞住，并加大压力，持荷稳压 3~5 min，再从压浆孔拔处喷嘴，立即用木塞塞住。当气温高于 35℃时，压浆在夜间进行。压浆后先将周围冲洗干净、凿毛，然后封锚，封锚砼为 C50。

⑨拆除临时支座（砂筒），拆除一联临时支座应严格按照负弯矩张拉次序（先两端跨后中间跨）依次解除，使连续梁结构落在支座上，完成体系转换。

4. 防撞护栏

①首先要求测量放样要准确，特别加强平、纵曲线位置控制。放样时要分段进行，每5.0 m设一个控制点；曲线半径较小时每2.0 m设一个控制点。

②钢筋安装、绑扎和焊接应严格执行《公路桥涵施工技术规范》的有关规定，预埋铺装网片伸入护栏内侧部分不小于30 cm。

③要准确预埋钢板、护栏螺栓、防坠网螺栓等预埋件。要确保护栏钢管顶面、侧面平顺，与线形保持一致。

④模板采用特制钢模板，刚度大、表面光洁、接缝平整光滑、不漏浆。

⑤在模板与桥面的连接处，用砂浆进行封堵，以确保模板底边与桥面连接处牢固、不漏浆。

⑥防撞护栏混凝土浇筑时，在底部变截面处易产生气泡，不易排出。施工时，混凝土按一定厚度、顺序，纵向分层浇筑，充分振捣，防止过振。为克服温度应力变化影响产生裂缝，护栏每5 m设置一道宽20 mm的断缝（沥青麻絮填充），在每墩顶位置处设置施工缝。

⑦振捣时，应避免振捣棒碰撞模板及钢筋，使混凝土得以充分振捣，保证混凝土质量。

⑧防撞护栏混凝土顶面进行收浆、抹面、压光处理，并在混凝土浇筑完成后及时覆盖土工布进行洒水养生。

⑨为保证桥梁整体美观，防撞护栏混凝土所使用的水泥、砂石料等材料都要使用同一品牌、同一产地材料。

⑩护栏安装必须全桥对直、校平（弯桥、坡桥要求平顺），保证线形顺适、外形美观。

5. 桥面铺装

①桥面铺装采用整幅施工，同一幅桥面尽量不设纵向施工缝，以增强桥面的整体性。要严格控制桥面铺装层的厚度、平整度，采用机械化施工。

②桥面铺装施工时注意预埋防撞墙、人行道、伸缩缝装置、泄水管等构件。

③浇筑桥面铺装混凝土前，必须将梁顶面浮浆油污清洗干净并凿毛露出新鲜

混凝土面，以保证新老混凝土接合牢固，然后用高压水枪清洗桥面。

④桥面铺装的钢筋网，纵向钢筋在上面，横向钢筋在下面，在钢筋网下面垫预制混凝土垫块或钢筋头支撑，保证保护层厚度。

⑤混凝土浇筑时，先用人工粗平，后用混凝土振动梁整平、振实、提浆。待混凝土表面无泌水时用金属抹刀抹平，经修整后混凝土表面不应留有浮浆。

⑥抹平的混凝土表面应在初凝前做拉毛处理，拉毛工具使用压滚。混凝土铺装浇筑完成并在其收浆、拉毛后，及时用土工布覆盖洒水养护。

⑦养护期间要封闭交通，在混凝土达到设计强度后方可通行。

6. 伸缩缝

大中桥梁采用 ZEY80、ZEY160 型伸缩装置，13 m 跨径中小桥根据桥长采用 ZEY40 型伸缩缝，单孔可一端采用背墙连续。伸缩装置的材料及其成品的技术要求应符合有关规定，并注意在桥台背墙、预制梁梁端处预埋钢筋、预留槽口。防撞护栏施工时，同样需要根据图纸要求提前预埋预留孔。本桥伸缩缝槽内混凝土采用 C50 钢纤维混凝土浇筑，伸缩缝预留槽内用 C50 钢纤维混凝土填充捣实。

（二）安全保障体系

为保证桥面系工程施工的顺利进展，应认真贯彻"安全第一、预防为主、综合治理"的安全生产方针；坚持"管生产必须管安全"的原则，结合桥面系工程施工现场实际情况，制定如下安全生产保证措施：

1. 确定安全生产目标、建立健全安全生产保证体系并有效运行

（1）安全生产目标

安全目标：伤亡事故为零，无机械、火灾、交通事故发生。

（2）成立安全生产领导组织机构

项目部成立以项目经理为首的安全生产领导小组，成员为安全生产领导小组全体成员，安保部配备安全工程师、专职安全员；施工队对应成立安全生产领导小组，队长为组长，技术负责人、安全员、技术员、施工员及施工班班长为成员，形成自上而下的安全生产管理体系，并保证安全保证体系的有效运行。

（3）加强安全生产管理，全面落实安全生产责任制

从项目部各职能部门到施工队、各作业班组必须全面落实安全生产责任制，

层层明确安全生产责任人，签订安全生产经济责任书。

（4）加强安全生产宣传，完善安全管理标志

在施工现场及危险源，应设置公示牌及醒目的安全标语，安全警示标志、安全操作规程等。

（5）加强特殊工种人员资质管理

电工与电焊机等国家规定的其他特殊作业的人员，应取得相应的专业资质，持证上岗。

（6）加强安全技术培训与交底

对参加管理与生产作业的所有人员（含民工），均要进行安全技术培训或教育，并对重要方面进行测验考试；各项工程开工前，均要进行安全技术交底。

（7）加强保险与劳动保护工作

按规定为所有人员购买保险，特殊工种、高危工种由项目部为操作人员配备相关的劳动保护用品。

（8）坚持安全生产检查制度

对于施工的高空作业、机械操作、用电安全、地质灾害等方面，进行反复的检查治理。通过安全检查以发整改通知书、罚款、扣分等手段，随时发现、纠正、处理安全隐患和违规行为。

（9）加强安全信息管理、建立安全生产档案

所有安全生产的信息、活动进入安全档案，建立安全管理台账，以便分析、总结，提高安全生产管理水平。

2. 特殊季节安全技术保障措施

项目所在地阿拉善盟额济纳旗，常见多风天气，尤其以春季为甚，年均≥8级以上大风天气44天，且大风常伴随沙尘暴，年均沙尘暴次数14次，须做好防风沙保障措施，并且又由于风季气候变化恶劣，风沙较多、较大且频繁，在进入风季施工时，一定要加强现场的风期施工管理，注意风期施工安全，注意观察和记录本工程所在地的气候变化，采取切实可行的风季施工措施，确保风季施工安全。具体做法如下。

①在高空处作业时操作人员必须正确使用安全带，即高挂低用且必须戴好安全帽，挂好安全网。遇有五级以上强风、沙尘暴等恶劣的气候，不得从事露天高

空作业。

②对所有架空用电线路进行风期检查，防止线路弛度过大，随风摆动大，以免造成短路和其他危害的发生。

③在高处用气割或电焊时，应采取措施防止火花随风落下伤人及引爆易燃物。焊接剩余的焊条头、工具等不得随意下丢。

④对于吊装作业，一定要设专人指挥，若风力超过五级必须停止作业；若风力微小时，也要加护绳保护，防止其他安全隐患的发生，并随时注意现场变化，以采取相应措施。

（三）文明施工及环境保护措施

1. 文明施工管理措施

①制定严格的文明施工管理制度，明确现场文明施工管理责任。对全体员工做好现场文明施工宣传工作和教育，使员工牢固树立文明意识，自觉遵守规章制度，文明生产。

②施工现场与周边道路实行隔离管理，周边设置稳固安全围挡。在施工现场悬挂以质量、安全、进度、文明施工为主的彩旗、标语，字体要整洁美观。营造出文明施工、科学管理的气氛。

③施工现场各类机械设备、建筑材料和废弃物分类堆放。材料应分类、定点存放，摆放要整齐，有防雨、防潮措施，并做到每天清场一次。机械设备专人使用，危险品仓库 24 h 派人看守。

④施工现场道路做到畅通平整。设置排水系统，保证施工现场道路畅通、场地平整，无大面积的积水。污水未经处理，绝对不允许排入排水系统。

⑤施工现场防火、用电安全，严格执行国家或地方有关规定，禁止违章行为。在施工区、生活区内显眼处张挂防火、安全警示牌。

⑥搞好施工现场及周围的环境卫生。施工现场及周边道路安排洒水车不间断洒水降尘，防止施工区域、施工道路内扬尘的产生，施工现场内临时堆放的土料必须做好覆盖。

⑦施工区域内的围挡、交通警示牌，要保持干净、清晰，尽力做到随脏随洗，道路路面保持干净、无淤泥、无积水。

⑧文明施工做到组织落实、责任落实、形成网络，工程处每月进行一次文明施工检查，将文明施工管理列入生产活动议事日程当中，做到常抓不懈。

⑨施工现场采用硬质围挡，将施工区域与周围环境分隔开，并设专人进行维护。工地各主要出入口设置交通指示标志和警示灯，确保车辆和行人安全。

⑩施工完毕，队伍撤离，要人离场清，文明撤离。

2. 环境保护管理措施

①建立环境保护责任制度，加强环保教育，使参建人员牢固树立环保意识，自觉地遵守环保规定。

②加强环保教育和激励措施，把环保作为全体施工人员的上岗教育内容之一，提高环保意识，对违反环保的班组和个人进行处罚。

③环境保护具体措施 A. 在生活区、施工现场应经常清理环境卫生，排除积水，并及时整治运输道路和停车场地，经常洒水，清理污物，防止施工车辆产生扬尘，做到文明施工。B. 废弃的水泥混凝土、所有机械设备的修理残渣和油污等废弃物和生活垃圾应分类、集中堆放或掩埋，防止污染水源和环境。C. 原材料和施工现场临时堆放的材料均应分类、有序堆放。施工现场的钢筋、工具、机械设备等应摆放整齐。D. 对于施工中废弃的零碎配件、水泥袋、包装箱等及时收集清理并搞好现场卫生以保护施工环境。E. 现场各种材料按规格、品牌及批次和规范要求进行存放，并按照物资管理程序进行明确标识，使之井然有序。

④防止大气污染措施：A. 清理施工垃圾时使用容器吊运，严禁随意凌空抛撒造成扬尘。施工垃圾及时清运，清运时，适量洒水减少扬尘；B. 配备洒水车，施工场地和周边道路随时清扫洒水，减少道路扬尘。作业场地及运输车辆及时清扫、冲洗，保证场地及车辆的清洁；C. 易飞扬的细颗粒散体材料尽量库内存放，如露天存放时应采用严密苫盖。运输和卸运时防止遗洒飞扬；D. 在施工区严禁燃烧各种垃圾及废弃物。

第二章　路基路面施工

路基是路面的基础，是线形承重主体，它承受着土体的自重和路面结构的重量，以及由路面传递下来的行车荷载。没有稳定坚固的路基，就不会有一个好的路面，松软的路基会产生不均匀下沉现象，造成路面开裂和不平整，进而影响行车的速度、安全性、舒适度和道路的畅通。

第一节　一般路基施工

一、土质路堤施工

（一）施工取土

①路基填方取土，应根据设计要求，结合路基排水和当地土地规划、环境保护要求进行，不得任意挖取。

②施工取土应不占或少占良田，尽量利用荒坡、荒地，取土深度应结合地下水等因素考虑，以便利于复耕。原地面耕植土应先集中存放，以利再用。

③自行选定取土方案时，应符合下列技术要求：A. 地面横向坡度大于1∶10时，取土坑应设在路堤上侧；B. 桥头两侧不宜设置取土坑；C. 取土坑与路基之间的距离，应满足路基边坡稳定的要求，与路基坡脚之间的护坡道应平整密实，表面设1%~2%向外倾斜的横坡；D. 取土坑兼做排水沟时，其底面宜高出附近水域的常水位或与永久排水系统及桥涵出水口的标高相适应，纵坡不宜小于0.2%，平坦地段不宜小于0.1%；E. 线外取土坑等与排水沟、鱼塘、水库等蓄水（排洪）设施连接时，应采取防冲刷、防污染的措施。

④对取土造成的裸露面，应采取整治或防护措施。

（二）施工方法

1. 分层填筑法

分层填筑是指路堤填筑根据不同的土质，从原地面逐层填起并分层压实，每层填土的厚度可按压实机具的有效压实深度和压实度确定。分层填筑法又可分为水平分层填筑和纵向分层填筑两种。

（1）水平分层填筑

填筑时按照横断面全宽分成水平层次，逐层向上填筑，如原地面不平，应由最低处分层填起，每填一层，经过压实符合规定要求之后，再填上一层，依此循环进行，直至达到设计高程。

（2）纵向分层填筑

适用于推土机从路堑取土且填筑距离较短的路堤，按纵坡方向分层，逐层向上填筑，原地面纵坡大于12%的地段常采用此法。

2. 竖向填筑法

竖向填筑是指从路基一端或两端同时按横断面的全部高度，逐步推进填筑。此方法适用于无法自下而上填筑的深谷、陡坡、断岩、泥沼等机械无法进场的路堤。

竖向填筑因填土过厚、不易压实，施工时要选用沉陷量较小、透水性较好及颗粒粒径均匀的砂石材料或附近开挖路堑的废石方，并一次填足路堤全宽度；选用振动式或夯击式压实机械；暂时不修建较高级的路面，容许短期内自然沉落。

3. 混合填筑法

混合填筑是指在路堤下层竖向填筑，上层水平分层填筑，使上部填土经分层压实获得需要的压实度。此方法适于因地形限制或填筑堤身较高，不宜采用水平分层填筑法和竖向填筑法自始至终进行填筑的情况。在深谷陡坡地段填筑路堤，尽量采用混合填筑法。施工时可以单机作业，也可多机作业，一般沿线路分段进行，每段距离以20~40 m为宜，多在地势平坦或两侧有可利用的山地土场的场合采用。

（三）施工要点

1. 地基表层处理应符合下列规定

①二级及二级以上公路路堤基底的压实度应不小于90%；三、四级公路应不

小于 85%。路基填土高度小于路面和路床总厚度时，基底应按设计要求处理。②原地面坑、洞、穴等，应在清除沉积物后，用合格填料分层回填、分层压实。③泉眼或露头地下水，应按设计要求，采取有效导排措施后方可填筑路堤。④当地基为耕地、松散土、水稻田、湖塘、软土、高液限土时，应按设计要求进行处理，局部软弱的部分也应采取有效的处理措施。⑤地下水位较高时，应按设计要求进行处理。⑥陡坡地段、土石混合地基、填挖界面、高填方地基等都应按设计要求进行处理。

2. 路堤填筑应符合下列规定

①性质不同的填料，应水平分层、分段填筑，并分层压实。同一水平层路基的全宽应采用同一种填料，不得混合填筑。每种填料的填筑层压实后的连续厚度不宜小于 500 mm。填筑路床顶最后一层时，压实后的厚度应不小于 100 mm。②潮湿或冻融敏感性小的填料应填筑在路基上层，强度较小的填料应填筑在下层。在有地下水的路段或临水路基范围内，宜填筑透水性好的填料。③在透水性不好的压实层上填筑透水性较好的填料前，应在其表面设 2%~4% 的双向横坡，并采取相应的防水措施。不得在由透水性较好的填料所填筑的路堤边坡上覆盖透水性不好的填料。④每种填料的松铺厚度应通过试验确定。⑤每一填筑层压实后的宽度不得小于设计宽度。⑥路堤填筑时，应从最低处起分层填筑，逐层压实；当原地面纵坡大于 12% 或横坡大于 1:5 时，应按设计要求挖台阶，或设置坡度向内并大于 4%、宽度大于 2 m 的台阶。⑦填方分几个作业段施工时，接头部位如不能交替填筑，则先填路段，按 1:1 坡度分层留台阶。如能交替填筑，则应分层相互交替搭接，搭接长度不小于 2 m。

3. 压实度检测应符合以下两项规定

①用灌砂法、灌水（水袋）法检测压实度时，取土样的底面位置为每一压实层底部；用环刀法试验时，环刀中部应处于压实层厚的 1/2 深度；用核子仪试验时，应根据其类型，按说明书要求处理。②施工过程中，每一压实层均应检验压实度，检测频率为每 1000 m^2 至少检验 2 点，不足 1000 m^2 的检验 2 点，必要时可根据需要增加检验点。

二、填石路堤施工

（一）填料要求

路堤填料粒径应不大于 500 mm，并不宜超过层厚的 2/3，不均匀系数宜为 15~20，路床底面以下 400 mm 范围内，填料粒径应小于 150 mm；路床填料粒径应小于 100 mm。膨胀岩石、易溶性岩石不宜直接用于路堤填筑，强风化石料、崩解性岩石和盐化岩石不得直接用于路堤填筑。

（二）填筑方法

填石路堤的填筑施工方式有倾填（含抛填）和分层填筑两种。倾填又可分为石块从岩面爆破后直接散落在准备填筑的路堤内和用推土机将爆破后堆置在半路堑上的石块及用自卸汽车从远处运来的爆破石块推入路堤两种情况。高速公路、一级公路和铺设高级路面的其他等级公路的填石路堤不宜采用倾填方式施工，而应采用分层填筑、分层压实的方法。二级及二级以下且铺设低级路面的公路，在陡峻山坡段施工特别困难或大量爆破以挖作填时，可采用倾填方式将石料填筑于路堤下部，但倾填路堤在路床底面下不小于 1 m 范围内仍应分层填筑、分层压实。

采用分层填筑方式施工，又可分为机械作业和人工作业两种方法。机械施工分层填筑时，高速公路及一级公路分层松铺厚度一般为 50 cm，其他公路为 100 cm。施工中应安排好石料运行路线，由专人指挥，按水平分层，先低后高、先两侧后中央的顺序卸料。由于每层填筑厚度较大，故摊铺平整工作必须采用大型推土机进行，个别不平处应配合人工用细石块、石屑找平，如果石块级配较差、粒径较大、填层较厚，石块间的空隙较大时，可于每层表面的空隙里扫入石渣、石屑、中砂、粗砂，再以压力水将砂冲入下部，反复数次，使空隙填满。人工摊铺、填筑填石路堤，当铺填粒径 25 cm 以上的石料时，应先铺填大块石料，大面向下、小面向上、摆平放稳，再用小石块找平、石屑塞填，最后压实；铺填粒径 25 cm 以下的石料时，可直接分层摊铺、分层碾压。

（三）施工要点

①基层处理时，其承载力应满足设计要求；在非岩石地基上填筑填石路堤前，应按设计要求设过渡层。

②路堤施工前应先修筑试验路段，确定满足孔隙率标准的松铺厚度、压实机械型号及组合、压实速度及压实遍数、沉降差等参数。

③路床施工前应先修筑试验路段，确定能达到最大压实干密度的松铺厚度、压实机械型号及组合、压实速度及压实遍数、沉降差等参数。

④岩性相差较大的填料应分层或分段填筑，严禁将软质石料与硬质石料混合使用。

⑤中硬、硬质石料填筑路堤时应进行边坡码砌。码砌边坡的石料强度、尺寸及码砌厚度应符合设计要求。边坡码砌与路基填筑宜基本同步进行。

⑥压实机械宜选用自重不小于 18 t 的振动压路机。

⑦在填石路堤顶面与细粒土填土层之间应按设计要求设过渡层。

（四）质量检验

①上、下路堤的压实质量标准应符合相关规定。

②填石路堤施工过程中的每一压实层，可用试验路段确定的工艺流程和工艺参数来控制压实过程，并用试验路段确定的沉降差指标检测压实质量。

③填石路堤填筑至设计标高并整修完成后，其施工质量应符合相关规定。

④填石路堤成型后的外观质量标准：路堤表面无明显孔洞；大粒径石料不松动，铁锹挖动困难；边坡码砌紧贴、密实，无明显孔洞、松动，砌块间承接面向内倾斜，坡面平顺。

三、土石路堤施工

土石路堤是指石料含量占总质量 30%~70% 的土石混合材料填筑的路堤。

（一）填料要求

①膨胀岩石、易溶性岩石等不宜直接用于路堤填筑，崩解性岩石和盐化岩石

等不得直接用于路堤填筑。

②天然土石混合填料中，中硬、硬质石料的最大粒径不得大于压实层厚的2/3，石料最大粒径不得大于压实层厚。

（二）填筑方法

土石路堤不得采用倾填方法，只能分层填筑、分层压实。

当土石混合料中石料含量超过70%时，宜采用人工铺填，即先铺填大块石料，且大面向下、放置平衡，再铺小块石料、石渣或石屑嵌缝找平，最后碾压。当土石混合料中石料含量小于70%时，可用推土机将土石混合料铺填，每层铺填厚度应根据压实机械类型和规格确定，不宜超过40 cm。用机械铺填时应注意避免硬质石块。

（三）施工要点

①在陡、斜坡地段，土石路堤靠山一侧应按设计要求做好排水和防渗处理。

②压实机械宜选用自重不小于18 t的振动压路机。

③施工前应根据土石混合材料的类别分别进行试验路段施工，确定能达到最大压实干密度的松铺厚度、压实机械型号及组合、压实速度及压实遍数、沉降差等参数。

④碾压前应使大粒径石料均匀分散在填料中，石料间孔隙应填充小粒径石料、土和石渣。

⑤压实后透水性差异大的土石混合材料，应分层或分段填筑，不宜纵向分幅填筑。如确须纵向分幅填筑，应将压实后渗水良好的土石混合材料填筑于路堤两侧。

⑥土石混合材料来自不同料场，其岩性或土石比例相差较大时，宜分层或分段填筑。

⑦填料由土石混合材料变换为其他填料时，土石混合材料最后一层的压实厚度应小于300 mm，该层填料最大粒径宜小于150 mm，压实后，该层表面应无孔洞。

⑧中硬、硬质石料的土石路堤，应进行边坡码砌，码砌边坡的石料强度、尺

寸及码砌厚度应符合设计要求。边坡码砌与路堤填筑宜基本同步进行。软质石料土石路堤的边坡按土质路堤边坡处理。

（四）质量检验

①中硬、硬质石料土石路堤在施工过程中的每一压实层，可用试验路段确定的工艺流程和工艺参数来控制压实过程，并用试验路段确定的沉降差指标检测压实质量。路基成型后质量应符合规定。

②软质石料填筑的土石路堤应符合地基表层处理的规定。

③土石路堤的外观质量标准：路基表面无明显孔洞；大粒径填石不松动，铁锹挖动困难；中硬、硬质石料土石路基边坡码砌紧贴、密实，无明显孔洞、松动，砌块间承接面向内倾斜，坡面平顺。

四、挖方路基施工

（一）土质路堑开挖

1. 土方开挖方法

路堑开挖施工，除须考虑当地的地形条件、采用的机具等因素外，还须考虑土层的分布及利用。在路堑开挖前，应做好现场伐树除根等清理工作和排水工作。如果以挖作填，还应将表层土单独摒弃，或按不同的土层分层挖掘，以满足路堤填筑的要求。路堑的开挖方法根据路堑深度、纵向长短及现场施工条件，可采用横挖法、纵挖法和混合式掘进开挖法。

（1）纵向全宽掘进开挖（横挖法）

在路线一端或两端，沿路线纵向向前开挖。单层掘进开挖，其高度等于路堑设计深度，掘进时逐段成型向前推进，由相反方向运土送出。单层掘进的高度会受到人工操作安全及机械操作有效因素的限制，如果施工紧迫，对于较深路堑，可采用双层纵向掘进开挖，上层在前，下层随后，下层施工面上留有上层操作的出土和排水通道。双层或多层开挖，增加了施工工作面，加快了施工进度，层高应视施工方便且能保证安全而定，一般为 1.5~2.0 m。

（2）横向通道掘进开挖（纵挖法）

先在路堑纵向挖出通道，然后分段同时从横向掘进。此法工作面多，既可人工施工，也可机械施工，还可分层纵向开挖，即将路堑分为宽度和深度都合适的纵向层次向前掘进开挖，可采用各式铲运机施工。当距离短或坡度大时，可用推土机施工；对于较长、较宽的路堑，可用铲运机并配以运土机具进行施工。

（3）混合式掘进开挖

横挖法和纵挖法的混合使用，即先顺路堑开挖通道，然后沿横向坡面挖掘，以增加开挖坡面，每一开挖坡面应能容纳一个施工组或一台开挖机械作业。在较大的挖土地段，还可沿横向再挖沟，配以传动设备或布置运土车辆。当路线纵向长度和深度都很大时，宜采用混合式掘进开挖法。

2. 土方开挖施工要点

①土方开挖应自上而下进行，不得乱挖、超挖，严禁掏底开挖，土方应分类开挖、分类使用，非适用材料应按设计要求处理或作为弃方按规定处理。开挖过程中，应采取措施保证边坡稳定。开挖至边坡线前，应预留一定宽度，预留的宽度应保证刷坡过程中设计边坡线外的土层不受到扰动。

②路基开挖中，基于实际情况，如须修改设计边坡坡度、截水沟和边沟的位置及尺寸等，应及时按规定报批。边坡上稳定的孤石应保留。开挖至零填、路堑路床部分后，应尽快进行路床施工；如不能及时进行，宜在设计路床顶标高以上预留至少 300 mm 厚的保护层。应采取临时排水措施，确保施工作业面不积水。挖方路基路床顶面终止标高，应考虑因压实而产生的下沉量，其值通过试验确定。

③边沟与截水沟应从下游向上游开挖，截水沟通过地面凹处时，应将凹处填平夯实。边沟及截水沟开挖后，应及时进行防渗处理，不得渗漏、积水、冲刷边坡及路基。

④挖方路基施工遇到地下水时，应采取排导措施，将水引入路基排水系统，不得随意堵塞泉眼。路床土含水量高或为含水层时，应采取设置渗沟、换填、改良土质等处理措施，路床填料应具有良好的透水性能。

（二）石质路堑开挖

1. 石质路堑开挖注意事项

采用松土法或破碎法施工应注意的事项与土质路堑开挖基本相同。当采用爆破施工时，应注意以下六个方面事项：

①爆破影响区内既有建筑物、管线的调查。一旦确定采用爆破法开挖岩石后，应查明爆破区内有无电力、电信、供排水管道等地面、地下管线，以及既有建筑物的类型、权属、年限等。若有地面、地下管线，还应明确其具体的平面位置、埋置深度、迁移可行性。此外，对开挖边线范围外的既有建筑物、各类管线、距离、权属也应充分调查，以便制订爆破方案，确保线外建筑物、管线的安全。

②报请当地公安等部门审批爆破方案。对大、中型爆破，确定方案后，应分别报送当地公安局、建筑物及管线的直接管理单位和主管部门、监理工程师审批。

③持证上岗。持证上岗是杜绝爆破伤亡事故的根本保证。凡从事爆破作业的施工人员均必须经过专业培训，取得爆破证书后才能上岗。必须一人一证，严禁一证多人使用。

④清渣工作。清渣应自上而下，将松动的、破碎的岩石撬落。不准掏"神仙渣"（在下面往里掏成悬岩状，石渣在自重的作用下坍落），以免坍塌伤人。目前多用大功率推土机集石，装载机装车；或直接用斗容量 1.5~2.0m³ 的正铲挖掘机装车。对特大的孤石，可采用钢钎炮二次爆破。

⑤安全。爆破施工安全包括爆破器材安全管理和施工操作安全管理。爆破施工是一项危险作业，要求杜绝各种事故的发生，做到安全生产。对爆破作业的每一道工序，都必须认真执行各有关爆破安全规程，有组织、有计划、有步骤地进行施工。为了避免事故，石方爆破作业及爆破器材的管理、加工、运输检验和销毁等均应按国家现行的《爆破安全规程》执行。

A. 爆破器材安全管理。所有爆破器材、雷管、炸药应在指定地点分开存放，间距不得小于 1 km，与施工现场距离不得小于 3 km。存放仓库应保持良好的通风，设置避雷设施。库房周围设围墙，无关人员不得入内，严禁烟火。仓库应配备 24 h 全天候看守的警卫值勤人员，配备良好的、足够的防火设备。临时性爆破器材仓库禁止使用电灯照明，可用自然采光或安全手电筒照明。临时性爆破器材仓库的最大库存量为：炸药 10 t，雷管 20 000 发，导火索 10 000 m。库房内设单独的发放间，雷管和炸药分开存放，间距在 8 m 以上。爆破器材应由专人负责入库、发出，健全各种手续。在雷雨、黑夜天气，不得办理爆炸物品的收发工作。

B. 施工操作安全管理。爆破施工环节，包括钻孔、导洞开挖、装药、堵塞、起爆、瞎炮处理等，这些环节都具有危险性。钻孔和导洞开挖时，所有作业人员必须戴安全帽和配备必要的劳保用品。洞口和险道设置栏杆，并应有足够的照明。洞内采用 12~36 V 的低压安全灯，严禁高压或明火照明。洞口开挖前应处理危石，以确保安全，否则应采取支撑。导洞深度超过 6 m 时，应采取通风措施。应经常检查洞内风量、气压和有害气体含量。装药、堵塞、起爆阶段，应注意以下七点：炮孔、洞室完成后及时报验，合格后方可装药；加工起爆药包只准在爆破作业面附近的安全地点进行；在炸药、雷管送达洞口前，将洞内所有电线取出，改用绝缘手电筒或蓄电池灯照明，严禁烟火；装药、堵塞严格按设计要求操作，不准用块石压盖药包，并注意保护起爆线；装药、堵塞后，由经过专职培训合格的爆破工连线；爆破区边界和通道设岗哨和标志，爆破信号和解除信号要及时、显著；爆破后应对爆破现场进行认真检查，发现瞎炮及时、安全处理。

⑥排水。节理发育的岩石，例如石灰岩地区，地表水会沿裂缝缝隙往下渗入，一般不用设截水天沟，但在开挖区内应使纵、横向形成坡面，确保工作面不积水。其他石质路堑视现场情况而定。

2. 炮型的选择

公路工程爆破炮型种类繁多，分类方法也不尽相同。影响炮型选择的因素很多，包括石方的集中程度，路堑开挖深度，地质、地形条件，公路路基横断面形状及施工机械。其中施工机械往往是决定炮型选择的关键因素。

按工作动力不同，凿岩机可分为风动凿岩机、液压凿岩机、电动凿岩机和内燃凿岩机。风动凿岩机以压缩空气为动力，结构简单，质量轻，工作安全可靠，操作维修方便，适用于任何硬度的岩石。液压凿岩机是近年来发展起来的一种新型凿岩机，具有单一动力、低消耗、可一人多机操作、可现场调整参数等优点，目前爆破作业大多采用这类凿岩机械。电动凿岩机、内燃凿岩机或因可靠性差，或因笨重，实际没有前两种凿岩机使用普遍。

3. 公路工程特殊爆破技术

公路工程施工中比较常用的爆破技术有光面爆破、预裂爆破、定向爆破、微差爆破、松动爆破等。下面对以上前四种特殊爆破技术做简要介绍。

（1）光面爆破

在开挖界面的周边，适当排列一定间隔的炮孔，在有侧向临空面的情况下，用控制抵抗线和落量的方法使爆破后的坡面保持光滑、顺直、平整而不受明显破坏。

光面爆破具有以下特点：爆破后成型规整，路基断面符合设计轮廓，特别在松软岩层中更能显示出光面爆破的作用；爆破后不产生或很少产生爆震裂隙，新岩面保持原有稳定性，岩体承载能力不下降，因而可有效地保证施工安全，为快速施工创造有利条件；新岩壁平整，通风阻力小，岩面上应力集中现象减少，在深部岩壁表面可以减少岩爆危害。光面爆破属于控制爆破，其机理是沿开挖轮廓线布置间距较小的平行炮眼，在这些岩面炮眼中进行药量减少的不耦合装药（采用间隔药包、间隔钻孔装药，通常是使炮孔直径大于药卷直径1~2倍），然后同时起爆，爆破时沿这些炮眼的中心连线破裂成平整的光面。光面爆破时由于采用不耦合装药，药包爆炸后，炮眼壁上的压力显著降低，此时药包的爆破作用为准静压作用，当炮孔压力值低于岩石抗压强度时，在炮眼壁上不至于造成"压碎"破坏，因此爆炸引起的应力和凿岩时在炮眼壁上造成的应力状态相似，只能引起少量的径向细微裂隙。裂隙数目及其长度随不耦合系数（一般为1.1~3.0，多为1.5~2.5）和装药量的不同而不同，一般在药包直径一定时，不耦合系数值越大，药量越小，则细微裂隙数越少，而长度也越短。光面炮眼同时起爆时，由于起爆器材存在起爆时间误差，药包不可能在同一时刻爆炸，先起爆的药包的爆炸应力作用在炮眼周围，产生细微径向裂隙，由于相邻炮眼的导向作用，沿相邻两炮眼中心连线的那条径向裂隙得到优先发育。在爆炸气体作用下，这条裂隙继续延伸和扩展，在相邻两炮眼的炮眼连线与眼壁相交处产生应力集中，此处拉应力值最大，该相邻两炮眼中爆炸气体的气楔作用将这些径向裂隙加以扩展，成为贯通裂隙，最后形成光面。

光面爆破施工的技术要点如下：①选择要求工作空间较小的优良钻机，精确凿岩，控制炮眼底部的偏离，严格保持炮孔在同一平面内。②光面爆破应在主炮起爆之后，间隔时间在25~50 ms范围内；同一排炮孔必须同时爆破，以免影响起爆质量，最好用传爆线起爆。③采用恰当的药包结构，并控制装药量。一般地，光面爆破装药量比正常量少 1/3~1/2，炮孔直径大于药卷直径的 1~2 倍，但不应大于 50 mm，或采用间隔药包、间隔钻孔装药。④边孔间距可通过计算确定，也可由工地试验决定，曲线边孔应加密到 0.2 m，采用小孔径，可间隔 1~2 孔装药。

（2）预裂爆破

沿岩体设计开挖面与主孔之间布置一排预裂主炮孔，并使预裂炮孔超前主炮孔起爆（一般超前 50~150 ms 起爆），从而沿设计开挖面将岩石拉断，形成贯通预裂，使爆破主体与山体分离，形成隔震减震带，是全部爆破完成后为使岩石开挖面形成要求的轮廓所采用的一种爆破方法。

预裂爆破是在没有侧向空面和最小抵抗线的情况下，按一定间距钻一排小孔距平行炮孔，孔内装入少量炸药。在主爆区起爆之前，这些炮孔首先爆破，预裂出一条裂缝，预裂缝在一定范围减小主炮炮孔的爆破震动效应，使开挖界限以外的山体或建筑物免遭爆破震动的破坏，并且防止额外超爆，有效保护开挖边坡，减少破坏。预裂爆破是在光面爆破基础上发展起来的一项特殊爆破技术。

施工时，为了获得良好的预裂爆破效果，除选择合理的爆破参数、起爆顺序和布孔方式外，更应精确掌握施工方法、操作要点，掌握好"孔深、方向和倾斜角度"三大要素，一般孔底的钻孔偏差不应大于 15 cm。对钻孔的质量应十分重视，且应符合设计要求。

（3）定向爆破

利用爆破的作用，将大量的岩石和土按照指定的方向搬移到一定的地点，并堆积成一定形状的填方。定向爆破的基本原理，就是炸药在岩石或土内部爆炸时，岩石和土沿着最小抵抗线，即沿着从药包到临空面最短距离的方向抛出去，因此，合理选择临空面并布置炮孔是定向爆破的一个重要问题。临空面可以利用自然的地形，也可以在爆破地点，使用人工方法造成的孔穴或空槽作为临空面，以便能够按照需要的方向将爆破的岩石抛向指定的位置。

（4）微差爆破

微差爆破指前后或相邻炮孔内的药包以毫秒的时间间隔（一般为 15~75 ms）依次起爆。微差爆破的特点如下：在装药量相等的条件下，可减震 1/3~2/3；前发药包为后发药包开创了临空面，从而扩大了自由面，有利于应力和岩块间碰撞挤压作用的增大，进而加强岩石的破碎效果；降低各排孔一次爆破的堆积高度，有利于挖掘机作业；由于逐发或逐排依次爆破，减少了岩石挟制力，可节省近20%的炸药量，并可增大孔距，提高每钻孔炸落方量。

使用光面爆破的地质条件如下：岩体稳定性好，坡顶上部无倾向路基的堆积覆盖层；有多向临空面；岩体的结构面层理、产状与路线平行；岩体构造无软弱结构面、不整合面、软弱夹层。

施工中应注意的问题如下：施工前必须准确地测定设计边坡线和预裂孔的位置；施工中切实控制好"孔深、方向和倾斜角度"三大要素，各预裂孔应相互平行，孔底应落在同一水平面上，预裂孔的角度与边坡坡度应一致；严格保持炮孔在同一平面内，炮孔间距和最小抵抗线之比应小于0.8，控制装药量，采用间隔药包，炮孔直径应大于药卷直径的1~2倍；光面炮在主炮之后起爆，时间间隔25~50 ms；同一排孔要同时起爆，应尽量采用传爆起爆，以提高爆破效果；严格执行《爆破安全规程》，确保爆破安全。

（三）挖方路基边坡坡度

土质挖方边坡坡度主要与边坡高度，土的湿度、密实程度，地下水、地面水情况，土的成因、类型及生成时代等因素有关。岩石挖方边坡坡度主要与岩性、地质构造、岩石的风化破碎程度、边坡高度、地下水及地面水等因素有关。挖方路基的边坡坡度要求与施工要点如下：

①土质挖方边坡坡度应根据调查路线附近已建工程的人工边坡及自然山坡稳定状况确定。

②砾石土的挖方边坡坡度主要与砾石土成因、岩块成分和大小、密实程度及休止角有关，并应结合当地水文条件和边坡高度进行对比分析、论证，确定边坡坡度大小。

③在边坡施工中，由于设计的边坡坡度可能与现场的实际土质等情况不符合。因此，施工技术人员应注意随着填、挖的进行，对影响边坡坡度稳定的因素进行认真的观察分析，如发现设计的边坡坡度不能满足边坡稳定要求，应按相关规定考虑变更设计，以确保边坡稳定。

（四）机械化施工要点

①采用机械按横挖法开挖路堑且弃土（或以挖作填）运距较远时，宜用挖掘机配合自卸汽车作业，每层台阶高度可增加到 3~4 m，也可用推土机开挖。若弃土或以挖作填运距超过推土机的经济运距时，可用推土机推土堆积，再用装载机配合自卸汽车运土。

②机械开挖路堑时，边坡配以平地机或人工分层修刮平整。

③采用机械按纵挖法开挖路堑时，应注意的要点如下：A. 当采用分层纵挖法挖掘的路堑长度较短（小于 100 m），开挖深度不大于 3 m，地面坡度较陡时，宜采用推土机作业。B. 推土机作业时，每一铲挖地段的长度应能满足一次铲切达到满载的要求，一般为 5~10 m。铲挖宜在下坡时进行，对于普通土，下坡坡度宜为 10%~18%，不得大于 30%；对于松土，下坡坡度不宜小于 10%，不得大于 15%。傍山卸土的运行通道应设有向内稍低的横坡，但应同时留有向外排水的通道。C. 当采用分层纵挖法挖掘的路堑长度较长（超过 100 m）时，宜采用铲运机作业。D. 对于拖式铲运机和铲运推土机，铲斗容积为 4~8 m³ 的适宜运距为 100~400 m；铲斗容积为 9~12 m³ 的适宜运距为 100~700 m。自行式铲运机适宜运距可按照上述运距加倍。铲运机在路基上的作业距离不宜小于 100 m。有条件时宜配备一台推土机（或铲运推土机）配合铲运机作业。E. 铲运机运土通道，单道宽度不应小于 4 m，双道宽度不应小于 8 m；重载上坡纵坡不宜大于 8%，空驶上坡纵坡不得大于 50%；弯道应尽可能平缓，避免急弯；路基表层应在回驶时刮平，重载弯道处表面应保持平整。F. 铲运机作业面的长度和宽度应使铲斗易于达到满载状态。在地形起伏的工地，应充分利用下坡铲装；取土应沿其工作面有计划地均匀进行，不得局部过度取土而造成坑洼积水。G. 铲运机卸土场的大小应满足分层铺卸的需要，并留有回转余地。填方卸土应边走边卸，防止成堆，行走路线外侧边缘至填方边缘的距离不宜小于 20cm。

④当路线纵向长度和挖深都很大时，宜采用混合式掘进开挖法，先沿路堑纵向挖通道，然后沿横向坡面挖掘，以增加开挖坡面。每一坡面应设一个施工小组或一台机械作业。

⑤开挖边沟、修筑路拱、刷刮边坡、整平路基表面时，宜采用平地机配合其

他土方机械作业。

⑥弃方处理时应注意的要点如下：A. 施工前，应对设计提供的弃土方案进行现场核对，若有疑问，应及时处理。B. 弃土不得占用耕地，沿河弃土不得影响排洪、通航，不得加剧河岸冲刷。不得向水库、湖泊、岩溶漏斗或暗河口处弃土。禁止在贴近桥墩台、涵洞口处弃土。C. 沿线弃土堆设置应符合设计要求。设计无要求时应符合下列规定：弃土应相对集中堆放，并与周边环境相协调，严禁随意处理；弃土堆的几何尺寸、压实程度、位置，应保证路基边坡和弃土堆自身的稳定。弃土堆的边坡坡度不大于 1∶1.5，顶面向外设不小于 2%的横坡，其内侧高度不宜大于 3 m；在地面横坡坡度大于 1∶5 的路段，不得在高于路堑边坡顶的山坡上方设弃土堆；在山坡上侧的弃土堆，应连续而不间断，并在弃土堆上侧设置截水沟。山坡下侧的弃土堆，应每隔 50～100 m 设宽度不小于 1 m 的缺口排水，排水主流方向不得对地面结构物及农田等造成不利影响，必要时可设人工沟渠导引排水。弃土堆坡脚应进行防护和加固。D. 弃土应按设计要求进行压实并及时完成弃土场的防护、排水工程。

第二节　特殊路基施工

一、软土路基施工

（一）软土路基处理方法

1. 换填法

换填法是将原路基一定深度和范围内的淤泥挖除，换填符合规定要求的材料，使之达到规定压实度的方法。换填时，应选用水稳性或透水性好的材料，分层铺筑、逐层压实。

2. 抛石挤淤法

抛石挤淤法是在路基底从中部向两侧抛投一定数量的碎石，将淤泥挤出路基范围，以提高路基强度的方法。所用碎石宜采用不易风化的大石块，尺寸一般不小于 0.15 m。抛石挤淤法施工简单、迅速、方便，适用范围包括：常年积水的洼地，排水困难，泥炭呈流动状态，厚度较薄，表层无硬壳，片石能沉达底部的泥沼或厚度为 3~4 m 的软土；在特别软的地面上施工机械无法进入时，或是表面存在大量积水无法排出时；石料丰富，运距较短的情况。

3. 排水固结法

排水固结法包括堆载预压法、真空预压法、降水预压法、电渗排水法，适用于处理厚度较大的饱和软土和冲填土路基，但对于较厚的泥炭层要慎重选择。

4. 胶结法

胶结法包括水泥搅拌桩法、高压喷射注浆法、灌浆法、水泥土夯实桩法。

（1）水泥搅拌桩法

适用范围为淤泥、淤泥质土、含水量较高的地层、地基承载力不大于 120 kPa 的黏性土、粉土等软土路基。在有较厚泥炭土层的软土路基上，宜通过试验确定其适用性，并可适量添加磷石膏以提高搅拌桩桩身强度。当地下水中含有大量硫酸盐时，应选用抗硫酸盐水泥。冬期施工时，应注意负温。注意十字板剪切强度（35 kPa 所对应的静力触探总贯入阻力约为 750 kPa）对处理效果的影响。

（2）高压喷射注浆法

适用范围为淤泥、淤泥质土、黏性土、黄土、砂土、人工填土和碎石土等路基，尤其适用于软弱路基的加固。湿陷性黄土，以及土中含有较多的大粒径块石、坚硬性黏性土、大量植物根茎或过多有机质时，应根据现场试验结果确定其适用程度。对地下水流速较大或涌水工程及对水泥有严重侵蚀的路基应慎用。

（3）灌浆法

适用于处理淤泥、淤泥质土、粉土和含水量较高且路基承载力标准值不大于 120 kPa 的黏性土等地基。当用于处理泥炭土或地下水具有侵蚀性时，宜通过试验以确定其适用性。

（4）水泥土夯实桩法

适用于地下水位以上的素填土、淤泥质土和粉土等。

5. 加筋土法

适用范围为人工填土、砂土的路堤、挡墙、桥台等。土工织物适用于砂土、黏性土和软土的加固，或用作反滤、排水和隔离的材料；树根桩适用于各类土，主要用于既有建筑物的加固及稳定土坡、支挡结构物；锚固法能可靠地锚固土层和岩层。对软弱黏土宜通过重复高压灌浆或采用多段扩体或端头扩体以提高锚固段锚固力。液限大于50%的黏性土，相对密度小于0.3的松散砂土及有机质含量较高的土层，均不得作为永久性锚固地层。

6. 振冲置换法

适用于不排水剪切强度大于或等于20 kPa且小于或等于50 kPa的饱和软黏土、饱和黄土及冲填土。对不排水剪切强度小于20 kPa的地基应慎重选择。此法能使天然路基承载力提高20%~60%。

7. 水泥粉煤灰碎石桩（简称CFG桩）法

适用于淤泥、淤泥质土、杂填土、饱和及非饱和的黏性土、粉土，能使天然路基承载力提高70%以上。

8. 钢渣桩法

适用于淤泥、淤泥质土、饱和及非饱和的黏性土、粉土。

9. 石灰桩法

适用于渗透系数适中的软黏土、杂填土、膨胀土、红黏土、湿陷性黄土；不适合地下水位以下的渗透系数较大的土层。当渗透系数较小时，软土脱水加固效果不好的土层慎用。

10. 强夯置换法

适用于饱和软黏土，一般用于3~6 m的浅层处理。

11. 砂桩法

适用于软弱黏性土，但应慎用，且需要较长的时间，对不排水剪切强度小于15 kPa的软土应采用袋装砂井桩。

12. 夯坑基础法

适用于软黏土、非饱和的黏性土、夯填土、湿陷性黄土。

13. 强夯法

适用于碎石、砂土、杂填土、素填土、湿陷性黄土及低饱和度的粉土和黏性土。对于高饱和度的粉土和黏性土，须经试验论证后方可使用，且应设置竖向排水通道。该法处理深度可达10 m以上，但强夯的震动可能会对周围环境造成不良影响，因此，使用时要考虑周围环境因素。

14. 振冲法

一种不添加砂石材料的振冲挤密法，宜用于 0.75 mm 以上颗粒占土体 20% 以上的砂土，而添加砂石材料的振冲挤密法宜用于粒径小于 0.005 mm、黏粒含量不超过 10% 的粉土和砂土。

15. 挤密碎石桩法

适用于松散的非饱和黏性土、杂填土、湿陷性黄土、疏松的砂性土。对饱和软黏土应慎重使用。

（二）软土路基施工方法

1. 抛石挤淤施工

①抛石挤淤应按设计要求或监理工程师的要求进行。

②应选用不易风化的片石，片石厚度或直径不宜小于 300 mm。

③当软土地层平坦，软土呈流动状时，填土应沿路基中线向前呈三角形形式投放片石，再逐渐向两侧全宽范围扩展，使泥沼或软土向两侧挤出。当软土地层横坡坡度大于 1∶10 时应自高侧向低侧抛投，并在低侧边部多抛填，使低侧边部约有 2 m 的平台。

④片石抛出软土面或抛出水面后，应用较小的石块填塞垫平，用重型压路机压实。

2. 垫层施工

垫层施工通常用于松软过湿的表面，采用排水、铺设填料或以掺加剂加固使地表层强度增加，防止地基局部剪切变形，从而保证重型机械通行，又使填土荷载均匀分布在地基上。垫层材料宜采用无杂物的中、粗砂，其含泥量应不小于 5%；也可采用天然级配型砾料，其最大粒径应小于 50 mm，石料强度应不低于四级。垫层应分层摊铺压实，碾压到规定的压实度。垫层宽度应宽出路基边脚 500~1000 mm，两侧宜用片石护砌或采用其他方式防护。垫层采用砂砾料时，应避免粒料离析。在软、湿路基上铺以 0.3~0.5 m 厚度的排水层，有利于软湿表层的固结，并形成填土的底层排水，在一定程度上能提高地基强度，使施工机械顺利通行。碎石、岩渣垫层的一般厚度为 0.4 m 左右，并铺设单层或双层土工织物或土工网格，有利于均匀支承填土荷载，提高地基承载力，减少地基的沉降量。掺合料垫层做法是将掺合料（石灰、水泥、土、加固剂）以一定剂量混合在填料土中，以改变地基的压缩性和强度特性，从而保证施工机械的通行，垫层大部分松散，应进行大部或全部防护。

3. 袋装砂井施工

①袋装砂井施工工艺流程为：施工设备的准备→沉入套管→袋装砂沉入→就地填砂入袋成井→预制砂袋沉放。

②袋装砂浆的成孔方法可根据机械设备条件进行比较选择。专用的施工设备一般为导管式的振动打设机械，只是在运行方式上有差异。成孔的施工方法有五种，即锤击沉入法、射水法、压入法、钻孔法及振动贯入法。

③施工要点如下：

A. 中、粗砂中大于 0.6mm 颗粒的含量宜占总质量的 50% 以上，含泥量小于 3%，渗透系数大于 5×10^{-2} mm/s。砂袋的渗透系数应不小于砂的渗透系数。

B. 袋装砂井施工应符合以下规定：砂袋露天堆放时，应有遮盖措施，不得长时间曝晒；砂袋应垂直下井，不得扭结、缩颈、断裂、磨损；拔钢套管时，如将砂袋带出或损坏，应在原孔位边缘重打；连续两次将砂袋带出时，应停止施工，查明原因并处理后方可施工；砂袋在孔口外的长度，应能顺直伸入砂垫层至少 300 mm。

C. 袋装砂井施工质量应符合规定。

4. 塑料排水板施工

（1）塑料排水板的材料要求

塑料排水板是由芯板和滤套组成的复合体，或是由单种材料制成的多孔管道板带（无滤套）。芯板一般由聚乙烯或聚丙烯加工而成的多孔管道或其他形式的板带组成，应具有足够的抗拉强度和垂直排水能力，其抗拉强度不应小于 130 N/cm。当周围土体压力在 15 m 深度范围内不大于 250 kPa 或在大于 15 m 深度范围不大于 350 kPa 时，其排水能力应不低于 30 cm^2/s。芯板应具有耐腐性和足够的柔性，保证塑料排水板在地下的耐久性，并在土体固结变形时不会被折断或破裂。滤套一般由无纺织物制成，应具有一定的隔离土颗粒和渗透功能，应等效于 0.025 mm 孔隙，其最小自由透水表面积宜为 1500 cm^2/m，渗透系数应不小于 5×10^{-3} cm/s。

（2）施工机械

主要机具是插板机，基本上可与袋装砂井打设机具共用，只是将圆形套管换成矩形套管。对振动打设工艺、锤击振力大小，可根据每次打设根数、导管断面大小、入土长度和地基均匀程度确定。

（3）塑料排水板加固软土地基的施工工艺流程

塑料排水板加固软土地基的施工工艺流程为：整平原地面→摊铺下层砂垫层→机具就位→塑料排水板穿靴→插入套管→拔出套管→割断塑料排水板→机具移位→摊铺上层砂垫层。

（4）塑料排水板施工质量要求

①施工现场堆放的塑料排水板盘带应加以适当覆盖，以防暴露在空气中老化。

②插入过程中导轨应垂直，钢套管不得弯曲，透水滤套不应被撕破和污染；排水板底部应有可靠的锚固措施，以免拔出套管时将芯板带出。

③塑料排水板留出孔口长度应保证伸入砂垫层不小于 50 cm，使其与砂垫层贯通，并将其保护好，以防机械、车辆进出时受损，影响排水效果。

④塑料排水板搭接应采用滤套内平接的方法，芯板对扣，凹凸对齐，搭接长度不少于 20 cm；滤套包裹，用可靠措施固定。

⑤施工中防止泥土等杂物进入套管中，一旦发现须及时清除。

⑥塑料排水板施工允许偏差应满足规范要求。

5. 碎石柱（砂桩）施工

①材料要求。采用中、粗砂，粒径大于 0.6 mm 颗粒含量宜占总重的 50% 以上，含泥量应小于3%，渗透系数大于 5×10^{-2} mm/s。也可使用砂砾混合料，含泥量应小于5%。未风化碎石或砾石，粒径宜为 19~63 mm，含泥量应小于 10%。

②对砂桩质量要求较为严格或采用小直径管打大直径砂桩时，可以采用双管冲击法或单管振动重复压拔法成桩。

③施工前应按规定要求进行成桩试验，详细记录冲孔、清孔、制桩时间和深度、水压、冲水量、压入碎石用量及工作电流的变化等。通过试桩确定水压、工作电流等变化的幅值和规律（主要指土层变化与水压、工作电流的相应变化），并验证设计参数和施工控制的有关参数，作为振冲碎石桩成桩的施工控制指标。

④填料方式：采用"先护壁，后制桩"的方式施工。成孔时先达到软土层上部1~2 m位置，将振冲器提出孔口加一批填料；下降振冲器使这批填料挤入孔壁，把这段孔壁加强以防塌孔；然后使振冲器下降至下一段软土中，用同样的方法加料护壁。如此重复进行，直至达到设计深度。孔壁护好后，就可按常规步骤制桩。

⑤桩的施工。桩的施工一般采用由里向外、由一边推向另一边，或间隙跳打的方式。制桩操作步骤：先用振冲器成孔，然后借循环水清孔，再倒入填料，最后用振冲器沉至填料进行振实成型。

⑥施工要点：A. 采用单管冲击法、一次打桩管成桩法或复打成桩法施工时，应使用饱和砂；采用双管冲击法、重复压拔法施工时，可使用含水量为7%~9%的砂；饱和土中施工可用天然湿砂。B. 地面下1~2m土层应超量投砂，通过压挤提高表层砂的密实程度。C. 成桩过程应连续。D. 实际灌砂量未达到设计用量时，应进行处理。⑦碎石（砂）桩施工质量应符合相关规定。

6. 加固土桩施工

①材料要求：A. 生石灰粒径应小于2.36 mm，无杂质，氧化镁和氧化钙总量应不小于85%，其中氧化钙含量应不小于80%。B. 粉煤灰中二氧化硅和三氧化二铝含量应大于70%，烧失量应小于10%。C. 水泥宜用普通或矿渣水泥。

②成桩试验：加固土桩施工前必须进行成桩试验，桩数不宜少于5根，且满足以下要求：应取得满足设计喷入量的各种技术参数，如钻进速度、提升中速度、搅拌速度、喷气压力、单位时间喷入量等；应确定能保证胶结料与加固软土拌和均匀性的工艺；掌握下钻和提升的阻力情况，选择合理的技术措施；根据地层、地质情况确定复喷范围。

③应根据固化剂喷入的形态（浆液或粉体），采用不同的施工机械组合。

④采用浆液固化剂时，制备好的浆液不得离析，不得停置过长时间。停置超过2 h的浆液应降低等级使用。浆液拌和均匀、不得有结块，供浆应连续。

⑤采用粉体固化剂时，应符合以下规定：A. 严格控制喷粉标高和停粉标高，不得中断喷粉，确保桩体长度；严格控制喷粉时间、停粉时间和喷入量；应采取措施防止桩体上下部喷粉不匀、下部剂量不足、上下部强度差异大等问题；应按设计要求的深度复搅。B. 当钻头提升到地面以下小于500 mm时，送灰器停止送

灰，用同剂量的混合土回填。钻头直径的磨损量不得大于 10 mm。如喷粉量不足，应整桩复打，复打的喷粉量不小于设计用量。因故喷粉中断时，必须复打，复打重叠长度应大于 1 m。C. 施工设备必须配有自动记录的计量系统。

⑥加固土桩施工质量应符合相关规定。

7. CFG 桩施工

（1）材料要求

①集料：应根据施工方法，选择合理的集料级配和最大粒径。

②水泥：宜选用普通硅酸盐水泥。

③粉煤灰：宜选用袋装 Ⅱ、Ⅲ 级粉煤灰。

（2）成桩试验

施工前应进行成桩试验，试桩数量宜为 5~7 根。CFG 桩试桩成功，经监理验收合格后，方可开始施工。

（3）CFG 柱施工要求

①桩体施工应选择合理的施打顺序，一般应隔行隔桩跳打，相邻桩施工间隔时间应大于 7 天，避免对已成桩造成损害。

②成桩过程中，应对已打桩的桩顶进行位移监测。

③混合料应拌和均匀，在施工中，每台机械每天应做 1 组（3 块）试块（试块为边长 150 mm 的立方体），经标准养生，测定其立方体抗压强度，测定结果应符合图纸规定。

④CFG 桩沉管时间宜短，拔管速度控制为 1.2~1.5 m/min，不允许反插，以防止桩缩颈、断桩及桩身强度不均。

⑤桩顶设 500 mm 保护桩长，CFG 桩施工完成 7 d 后，开挖至设计高程，截去保护桩长。CFG 桩施工完成 28 d 后，方可填筑路基。

⑥冬季施工时混合料入孔温度不得低于 5 ℃，对桩头和桩间土应采取保温措施。

8. 铺设土工合成材料

①土工合成材料的质量应符合设计要求及规范要求，在采用土工合成材料加筋的路堤填筑正式开工前，应结合工程先修筑试验路段，以指导施工。

②铺设土工合成材料应按图纸施工，在平整的下承层上全断面铺设，铺设

时，土工织物应拉直平顺，紧贴下承层，不得出现扭曲、褶皱。在斜坡上摊铺时，应保持一定松紧度。可采用插钉等措施将土工合成材料固定于填土下承层表面。

③土工合成材料在铺设时，应将强度高的方向置于垂直于路堤轴线的方向。

④应保证土工合成材料的整体性，当采用搭接法连接时，搭接长度宜为300~600 mm；采用缝接法时，缝接宽度应不小于50 mm；采用黏结法时，黏结宽度不应小于50 mm，黏结强度应不低于土工合成材料的抗拉强度。

⑤铺设土工合成材料的土层表面应平整，表面严禁有碎石、块石等坚硬凸出物；在距土工合成材料层80 mm以内的路堤填料，其最大粒径不得大于60 mm。

⑥土工合成材料摊铺以后，应及时填筑填料，以避免其受到阳光过长时间的曝晒，一般情况下，间隔时间不应超过48 h。填料应分层摊铺、分层碾压，所选填料及其压实度应符合规范的要求。与土工合成材料直接接触的填料中严禁含强酸性、强碱性物质。

⑦土工合成材料上的第一层填土摊铺宜采用轻型推土机或前置式装载机，一切车辆、施工机械只能沿路堤的轴线方向行驶。

⑧对于软土地基，应采用后卸式货车沿加筋材料两侧边缘倾卸填料，以形成运土的交通便道，并将土工合成材料张紧。填料不能直接卸在土工合成材料上面，必须卸在已摊铺完毕的土面上；卸土高度以不大于1 m为宜，以免造成局部承载能力不足。卸土后应立即摊铺，以免出现局部下陷。

⑨填成施工便道后，再由两侧向中心平行于路堤中线对称填筑，第一层填料宜采用推土机或其他轻型压实机具进行压实；只有当已填筑压实的垫层厚度大于600 mm后，才能采用重型压实机械压实。

⑩双层土工合成材料上、下层接缝应交替错开，错开长度不应小于500 mm。

⑪施工过程中土工织物不应出现任何损坏，以保证工程质量。

二、黄土地区路基施工

（一）黄土路基的特点

湿陷性黄土一般呈黄色或黄褐色，粉土含量常在60%以上，含有大量的碳酸盐、硫酸盐等可溶性盐，天然孔隙比值在1左右，肉眼可见大孔隙。在自重压力或自重压力与附加压力共同作用下，受水浸湿后土的结构迅速破坏而发生显著附加下沉。

（二）施工准备工作

黄土地区路基施工，应做好施工期排水，将水迅速引离路基。在填挖交界处引出边沟时，应做好出水口的加固，排水设施接缝处应坚固、不渗漏。

（三）湿陷性黄土地基的处理方法

湿陷性黄土地基应采取拦截、排除地表水的措施，防止地表水下渗，减少地基地层湿陷下沉。其地下排水构造物与地面排水沟渠必须采取防渗措施。

若地基土层有强湿陷性或较高的压缩性，且容许承载力低于路堤自重压力时，应考虑地基在路堤自重和活载作用下所产生的压缩下沉。除采用防止地表水下渗的措施外，可根据湿陷性黄土工程特性和工程要求，因地制宜采取换填土、重锤夯实、强夯法、预浸法、挤密法、化学加固法等措施对地基进行处理。

（四）黄土填筑路堤要求

①路床填料不得使用老黄土，路堤填料不得含有粒径大于100 mm的块料。
②在填筑横跨沟堑的路基土方时，应做好纵横向界面的处理。
③黄土路堤边坡应拍实，并应及时予以防护，防止路表水冲刷。
④浸水路堤不得用黄土填筑。

（五）黄土路堑施工要求

①路堑路床土质应符合设计要求，密实度不足时，应采取措施碾压至要求的压实度。
②路堑施工前，应做好堑顶地表排水导流工程，路堑施工期间，开挖作业面应保持干燥。
③路堑施工中，如边坡地质与设计不符，可提出修改边坡坡度。

（六）地基陷穴处理方法

陷穴表面的防渗处理层厚度不宜小于 300 mm，并引离流向陷穴的附近地面水。对现有的陷穴、暗穴，可以采用灌砂、灌浆、开挖回填等措施，开挖的方法可以采用导洞法、竖井法和明挖法等。

对挖方边坡坡顶以外 50 m 范围内、路堤坡脚以外 20 m 范围内的黄土陷穴进行处理。挖方边坡坡顶以外的陷穴，若倾向路基，应做适当处理。对串珠状陷穴应彻底进行处置。

三、膨胀土路基施工

（一）路基特性

①膨胀土黏粒含量很高，其中粒径 0.002 mm 的胶体颗粒一般超过 20%，黏粒主要由亲水矿物组成。土的液限 W_L >40%，塑性指数 I_p >17，多数为 22~35，自由膨胀率一般超过 40%。

②膨胀土有显著的吸水膨胀、失水收缩两种变形特性，一般强度较高、压缩性低，易被误认为是较好的地基土。

（二）路堤填筑技术

强膨胀土稳定性差，不应作为路堤填料；中等膨胀土宜经过加工后作为填料，用于二级及二级以上公路路堤填料时，经改性处理后胀缩总率应不大于0.7%；弱膨胀土可根据当地气候、水文情况及道路等级加以应用，对于直接使用中、弱膨胀土填筑路堤时，应及时对边坡及顶部进行防护。

高度不足 1 m 的路堤，应按设计要求采取换填或改性处理等措施。表层为过湿土时，应按设计要求采取换填或进行固化处理等措施。填土高度小于路面和路床的总厚度，基底为膨胀土时，宜挖除地表 0.30~0.60 m 的膨胀土，并将路床换填为非膨胀土或进行掺灰处理。若为强膨胀土，挖除深度应达到大气影响深度。

（三）路基碾压施工

根据膨胀土自由膨胀率的大小，选用工作质量适宜的碾压机具，碾压时应保持最佳含水量；压实土层松铺厚度不得大于 30 cm；土块应击碎至粒径为 5 cm 以下。在路堤与路堑交界地段，应采用台阶方式搭接，其长度不应小于 2 m，并碾压密实。

（四）路堑开挖

挖方边坡不要一次挖到设计线，沿边坡预留厚度 30~50 cm 一层，待路堑挖完时，再削去边坡预留部分，并立即进行浆砌护坡封闭。膨胀土地区的路堑，高速公路、一级公路的路床应超挖 30~50 cm，并立即用粒料或非膨胀土分层回填或用改性土回填，按规定压实，其他各级公路可用膨胀土掺石灰处置。

（五）路基填筑

膨胀土路基填筑松铺厚度不得大于 300 mm；土块粒径应小于 37.5 mm。路基完成后，当年不能铺筑路面时，应按设计要求做封层，其厚度应不小于 200 mm，横坡不小于 2%。

四、滑坡地段路基施工

①对于滑坡的处置，应分析滑坡的外表地形、滑动面，滑坡体的构造、滑动体的土质及饱水情况，以了解滑坡体的形式和形成的原因，根据公路路基通过滑坡体的位置、水文、地质等条件，充分考虑路基稳定的施工措施。

②路基滑坡直接影响到公路路基稳定时，不论采用何种方法处理，都必须做好地表水及地下水的处理。

③对于滑坡顶面的地表水，应采取截水沟等措施处理，不让地表水流入滑动面内。必须在滑动面以外修筑 1~2 条环形截水沟，对于滑坡体下部的地下水源应截断或排出。

④在滑坡体未处置之前，禁止在滑坡体上增加荷载（如停放机械，堆放材料、弃土等）。

⑤对于挖方路基上边坡发生的滑坡，应修筑一条或数条环形截水沟，但最近一条必须离滑动裂缝面最少 5 m，以截断流向滑动面的水流。截水沟可采用砂浆封面浆或砌片（块）石修筑，滑坡上面出现裂缝须填土进行夯实，避免地表水继续渗入；或结合地形，修建树枝形及相互平行的渗水沟与支撑渗沟，将地表水及渗水迅速排走。

⑥当挖方路基上边坡发生的滑坡不大时，可采用刷方（台阶）减重、打桩或修建挡土墙进行处理以使路基边坡达到稳定。采用打桩时，桩身必须深入到滑动面以下或设计要求的深度；采用修建挡土墙时，挡土墙基础必须置于滑动面以下的硬岩层上。同时，宜修筑排水沟、暗沟（或渗沟）以排出地下水。滑坡较大时，可采用修建挡土墙、钢筋混凝土锚固桩或预应力锚索等方法处理。不论采用何种方法处理，其基础都必须置于滑动面以下的硬岩层上或达到设计要求的深度。同时，宜修筑深渗沟、排水涵洞（管）或集水井。

⑦填方路堤发生的滑坡，可采用反压土方或修建挡土墙等方法处理。

⑧沿河路基发生的滑坡，可采用修建河流调治构造物（堤坝、丁坝、稳定河床等）及挡土墙等方法处理。

⑨滑坡表面处置可采用整平夯实山坡、填筑积水坑、堵塞裂隙的方式或进行山坡绿化固定表土。

第三节 路面基层施工

一、概述

基层（底基层）材料可分为无机结合料稳定类和粒料类。无机结合料稳定类又称半刚性类，包括水泥稳定类、石灰稳定类和综合稳定类。粒料类常分为嵌锁型和级配型。

半刚性基层材料的显著优点是整体性强、承载力高、刚度大、水稳性好，而且较为经济。其强度不仅与使用材料本身性质有关，而且与混合料加水拌和碾压后发生的一系列物理、化学作用密切相关，并随时间增加而逐渐提高。这类基层的最大缺点是干缩或低温收缩时易于开裂。粒料类主要有填隙碎石、级配碎

（砾）石、天然砂砾等几种，我国主要将此类基层用于高等级道路的底基层或垫层。粒料类基层（底基层）的主要特点是透水性大、施工方便。

嵌锁型粒料基层的整体强度主要依靠粒料之间的嵌锁和摩阻作用，颗粒间的黏结力很小。

嵌锁型结构强度主要取决于石料的强度、形状、尺寸、均匀性、表面粗糙度及施工时的压实程度。当石料强度高，形状接近立方体，有棱角，表面粗糙，压实度高时，结构层的强度就高。级配型粒料基层的强度与稳定性取决于粗集料的内摩阻角和黏结力大小，而内摩阻角和黏结力大小取决于集料的类型、集料的最大粒径和级配、混合料中粒径在 0.5 mm 以下细粒的含量及塑性指数，同时还与其密实程度有关。对级配型粒料，主要应控制最大粒径、细粒含量及塑性指数和现场压实度。

二、半刚性基层施工

在我国，高等级道路半刚性基层施工中，混合料的拌和方式有路拌法和厂拌法，摊铺方式有人工和机械两种。从施工程序来看，一般是先通过修筑试验路段，制定标准施工方法后再进行大面积施工。半刚性基层施工及注意问题如下：

（一）路拌法施工

1. 准备下承层

半刚性基层的下承层表面应平整、坚实，具有规定的路拱，没有任何松散的材料和软弱地点。下承层的平整度和压实度应符合有关技术规范的要求。

2. 施工放样

在底基层或老路面或土基上恢复中线，直线段每 15～20 m 设一桩，平曲线段每 10～15 m 设一桩，并在两侧路肩边缘外设指示桩。应进行水平测量，在两侧指示桩上用明显标记标出水泥稳定土层边缘的设计高程。

3. 备料、摊铺土

（1）备料

备料包括利用老路面或土基上部材料及料场的土（包括细粒土、中粒土和粗粒土）。根据各路段水泥稳定土层的宽度、厚度及预定的干密度，计算各路段需要的干燥土的数量。根据料场土的含水量和所用运料车辆的吨位，计算每车料的堆放距离。根据水泥稳定土层的厚度和预定的干密度及水泥剂量，计算每平方米水泥稳定土需要的水泥用量，并确定水泥摆放的纵横间距。在预定堆料的下承层上堆料前应先洒水，使其表面湿润，但不应过分潮湿而造成泥泞。

（2）摊铺土

应事先通过试验确定土的松铺系数。将土均匀地摊铺在预定的宽度上，表面应力求平整，并有规定的路拱。摊料过程中，应将土块、超尺寸颗粒及其他杂物拣出。如土中有较多土块，应进行粉碎。松铺土层的厚度应符合预定要求。施工中除洒水车外，严禁其他车辆在土层上通行。

4. 洒水闷料

如已整平的土（含粉碎的老路面）含水量过小，应在土层上洒水闷料。洒水应均匀，防止出现局部水分过多的现象。严禁洒水车在洒水段内停留和掉头。细粒土应经一夜闷料；中粒土和粗粒土，视其中细土含量的多少，可缩短闷料时间。

5. 整平和轻压

对人工摊铺的土层整平后，用 6～8 t 两轮压路机碾压 1～2 遍，使其表面平整，并有一定的压实度。

6. 摆放和摊铺无机结合料

计算出每袋水泥的纵横间距，在土层上做安放标记。应当日将水泥直接送到摊铺路段，卸在做标记的地点，并检查有无遗漏和多余的。运水泥的车应有防雨设备。用刮板将水泥均匀摊开，并注意使每袋水泥的摊铺面积相等。水泥摊铺完后，表面应没有空白位置，也没有水泥过分集中的地点。

7. 拌和（干拌）

①对二级及二级以上公路，应采用专用稳定土拌和机进行拌和，并设专人跟随拌和机，随时检查拌和深度，并配合拌和机操作员调整拌和深度。拌和深度应达稳定层底并宜侵入下承层 5～10 mm，以利于上下层黏结。严禁在拌和层底部留有素土夹层。

②对于三、四级公路，在没有专用拌和机械的情况下，可用农用旋转耕作机（或缺口圆盘耙）与多铧犁或平地机相配合进行拌和，但应注意拌和效果，拌和

时间不能过长。

8. 洒水并拌和（湿拌）

①在拌和过程结束时，如果混合料的含水量不足，应用喷管式洒水车（普通洒水车不适宜用于路面施工）补充洒水。

②洒水后，应再次进行拌和，使水分在混合料中分布均匀。拌和机械应紧跟在洒水车后面进行拌和，减少水分流失。

③洒水及拌和过程中，应及时检查混合料的含水量。含水量宜略大于最佳值。对于稳定粗粒土和中粒土，宜较最佳含水量大 0.5%～1.0%；对于稳定细粒土，宜较最佳含水量大 1%～2%。

④在洒水拌和过程中，应配合人工拣出超尺寸颗粒，消除粗细颗粒"窝"及局部过分潮湿或过分干燥处。

⑤混合料拌和均匀后应色泽一致，没有灰条、灰团和花面，即应无明显粗细集料离析现象。

9. 整形

①混合料拌和均匀后，应立即用平地机初步整形。在直线段，平地机由两侧向路中心进行刮平；在平曲线段，平地机由内侧向外侧进行刮平。必要时，再返回刮一遍。

②用拖拉机、平地机或轮胎压路机立即在初平的路段上快速碾压一遍，以暴露潜在的不平整的地方。

③再用平地机整形，整形前应用齿耙将轮迹低洼处表层 5 cm 以上耙松，并再碾压一遍。

④对于局部低洼处，应用齿耙将其表层 5 cm 以上耙松，并用新拌的混合料找平。

⑤再用平地机整形一次。应将高处料直接刮出路外，不形成薄层贴补现象。

⑥每次整形都应达到规定的坡度和路拱，并应特别注意接缝必须顺适平整。

⑦当用人工整形时，应用锹和耙先将混合料摊平，用路拱板进行初步整形，再用拖拉机初压 1～2 遍后，根据实测的松铺系数，确定纵横断面的标高，并设置标记和挂线。

⑧在整形过程中，严禁任何车辆通行，并保持无明显的粗细集料离析现象。

10. 碾压

①根据路宽、压路机的轮宽和轮距的不同，制订碾压方案，应使各部分碾压到的次数尽量相同，路面的两侧应多压 2~3 遍。

②整形后，当混合料的含水量为最佳含水量（1%~2%）时，应立即用轻型压路机并配合 12 t 以上压路机在结构层全宽内进行碾压。直线和不设超高的平曲线段，由两侧路肩向路中心碾压时，应重叠 1/2 轮宽，后轮必须超过两段的接缝处，后轮压完路面全宽时，即为一遍，一般须碾压 6~8 遍。压路机的碾压速度，前两遍采用 1.5~1.7 km/h 为宜，以后宜采用 2.0~2.5 km/h。采用人工摊铺和整形的稳定土层，宜先用拖拉机或 6~8 t 两轮压路机或轮胎压路机碾压 1~2 遍，再用重型压路机碾压。

③严禁压路机在已完成的或正在碾压的路段上掉头或急刹车，应保证稳定土层表面不受破坏。

④碾压过程中，水泥稳定土的表面应始终保持湿润，如水分蒸发过快，应及时补洒少量的水，但严禁洒大量水碾压。

⑤碾压过程中，如有"弹簧"、松散、起皮等现象，应及时翻开重新拌和（加适量的水泥）或用其他方法处理，使其达到质量要求。

⑥经过拌和、整形的水泥稳定土，宜在水泥初凝前并且在试验确定的延迟时间内完成碾压，碾压后应达到要求的密实度，同时没有明显的轮迹。

⑦在碾压结束之前，用平地机再终平一次，使其纵向顺适，路拱和超高符合设计要求。终平应仔细进行，必须将局部高出部分刮除并扫到路外；对于局部低洼之处，不再进行找补，可留待铺筑沥青面层时处理。

（二）厂拌法施工

1. 准备设备

厂拌法施工前，应先调试拌和设备。调试的目的在于找出各料斗闸门的开启刻度（简称开度），以确保按设计配合比拌和。先要测定各种原材料的流量—开度曲线。然后按厂拌设备的实际生产率及各种原材料的设计质量比计算各自的要求流量，从流量—开度曲线上可查出各个闸门的刻度。按得出的刻度试拌一次，测定其级配、含水量及结合料剂量，如有误差则进行个别调整后再试拌。一般试拌一两次即可达到要求。

2. 备料

选择原则同路拌法。各种不同材料（水泥、土、外掺剂等）及不同规格集料（碎石或砾石、石屑、砂）应隔离，分别堆放。在潮湿多雨地区或其他地区的雨季施工时，应采取措施保护集料，特别是细集料（如石屑和砂等）应遮盖，防止雨淋。

3. 拌和

集中拌和时应注意以下五个方面事项：

①拌和机与摊铺机的生产能力应互相匹配。对于高速公路和一级公路，为了保持摊铺机连续摊铺，拌和机的产量宜大于 600 L/h，并宜采用两台拌和机。

②在正式拌制混合料之前，必须先调试所用的设备，使混合料的颗粒组成和含水量都达到规定的要求。原集料的颗粒组成发生变化时，应重新调试设备。

③配料应准确，拌和应均匀。

④拌和出来的混合料的含水量宜略大于最佳值，以使混合料运到现场摊铺碾压后的含水量不小于最佳值。因此，在拌和过程中应根据集料和混合料含水量的大小及时调整加水量。

⑤当采用连续式的稳定土拌和设备拌和时，应保证集料的最大粒径和级配符合要求。

4. 运输

将拌好的混合料从拌和机直接卸入自卸车，尽快送到铺筑现场。为了减少水分损失，自卸车上的混合料应遮盖。运输的时间一般限制在 30 min 内。

5. 摊铺

对于高速公路和一级公路，必须采用沥青混凝土摊铺机或专用的稳定粒料摊铺机摊铺。对于其他道路，有条件的宜用摊铺机摊铺，但必须采用平地机摊铺，个别面积较小的路段可以采用人工摊铺。

6. 接缝处理

①集中厂拌法施工时不宜中断，如因故中断时间超过 2 h，应设置横向接缝，摊铺机应驶离混合料末端。

②人工将末端含水量合适的混合料弄整齐，紧靠混合料放两根方木，方木的

高度应与混合料的压实厚度相同，整平紧靠方木的混合料。方木的另一侧用砂砾或碎石回填约 3 m 长，其高度应高出方木几厘米，最后将混合料碾压密实。

③在重新开始摊铺混合料之前，将砂砾（或碎石）和方木除去，并将下承层顶面清扫干净。摊铺机返回已压实层的末端，重新开始摊铺混合料。

④如摊铺中断后，未按上述方法处理横向接缝，而中断时间已超过 2 h，则应将摊铺机附近及其下面未经压实的混合料铲除，并将已碾压密实且高程和平整度符合要求的末端挖成与路中心线垂直并向下的断面，再摊铺新的混合料。

⑤应避免纵向接缝。高速公路和一级公路的基层应分两幅摊铺，宜采用两台摊铺机一前一后相隔 5~10 m 同步向前摊铺混合料，并一起进行碾压，但必须注意横坡的一致性。在不能避免纵向接缝的情况下，纵缝必须垂直相接，严禁斜接。用平地机摊铺混合料时，横向接缝和纵向接缝的处理方法同路拌法。

三、粒料类基层（底基层）施工

（一）级配碎石施工

级配碎石施工有路拌法和中心厂拌和两种方法。以下只介绍路拌法，施工顺序及要求如下：

①准备下承层，要求同半刚性基层施工。

②施工放样，要求同半刚性基层施工。

③备料。根据各路段基层或底基层的宽度、厚度及规定的压实干密度，按确定的配合比分别计算各段需要的未筛分碎石和石屑的数量或不同粒级碎石和石屑的数量，并计算每车料的堆放距离。未筛分碎石和石屑可按预定比例在料场混合，同时洒水加湿，使混合料的含水量超过最佳含水量约 1%。

④运输和摊铺集料。运输宜由远到近卸置集料。摊铺集料时应事先通过试验确定集料的松铺系数并确定松铺厚度。采用不同粒级的碎石和石屑时，应将大碎石铺在下层，中碎石铺在中层，小碎石铺在上层。洒水使碎石湿润后，再摊铺石屑。

⑤拌和及整形。对于二级及二级以上公路，应采用专用稳定土拌和机拌和级配碎石。对于二级以下的公路，在无稳定土拌和机的情况下，可采用平地机或多铧犁与缺口圆盘耙相配合进行拌和。拌和结束时，混合料的含水量应均匀，并较最佳含

水量大 1%左右，同时应没有粗细颗粒离析现象。用平地机将拌和均匀的混合料，按规定的路拱进行整平和整形，在整形过程中，应注意消除粗细集料离析现象。

⑥碾压。整形后，当混合料的含水量略大于或等于最佳含水量时，立即用 12 t 以上三轮压路机、振动压路机或轮胎压路机进行碾压。直线和不设超高的平曲线段，由两侧路肩开始向路中心碾压；在设超高的平曲线段，由内侧路肩向外侧路肩进行碾压。碾压时，后轮应重叠 1/2 轮宽；后轮必须超过两段的接缝处。

接缝的处理：横缝两作业段的衔接处应搭接拌和。第一段拌和后，留 5~8 m 不进行碾压，第二段施工时，前段留下未压部分与第二段一起拌和整平后进行碾压。碾压应避免纵向接缝。在必须分两幅铺筑时，纵缝应搭接拌和。前一幅应全宽碾压密实，在后一幅拌和时，应将相邻的前幅边部约 30 cm 搭接拌和，整平后一起碾压密实。

（二）级配砾石施工

①准备下承层。要求同半刚性基层施工。

②施工放样。要求同半刚性基层施工。

③计算材料用量。根据各路段基层或底基层的宽度、厚度及预定的干密度，计算各段需要的集料数量。如级配砾石由两种集料组成，应分别计算两种集料的数量；根据料场集料的含水量及所用运料车辆的吨位，计算每车材料的堆放距离。

④运输和摊铺集料。应严格控制卸料距离，避免料不够或过多。采用两种集料时，应先将主要集料运到路上，待主要集料摊铺后，再运另一种集料并摊铺。如粗细两种集料的最大粒径相差很多，应在粗集料处于潮湿状态下摊铺细集料。集料的松铺系数和松铺厚度应通过试验确定。用平地机或其他合适的机具将料均匀地摊铺在预定的宽度上，摊铺时应力求表面平整并有规定的路拱横坡度。同时摊铺路肩用料。

⑤拌和及整形。拌和结束时，混合料的含水量应均匀，并较最佳含水量大 1%左右，应无粗细颗粒离析现象。用平地机将拌和均匀的混合料，按规定的路拱进行整平和整形。在整形过程中，严禁任何车辆通行。

⑥碾压。要求同级配碎石施工。

⑦横缝的处理。要求同级配碎石施工。

⑧纵缝的处理。要求同级配碎石施工。

（三）填隙碎石施工

1. 准备下承层

基层的下承层是底基层及其以下部分，底基层的下承层可能是土基，也可能还包括垫层，不论填隙碎石结构层下面是底基层、垫层还是土基，都要求表面严整坚实，无松散或柔软处，平整度、压实度、路拱横坡度、控制高程都要符合《公路路面基层施工技术细则》的规定。

2. 施工放样

在下承层上恢复中线。直线段每 15~20 m 设一桩，平曲线段每 10~15 m 设一桩，并在两侧路肩边缘外设指示桩，在两侧指示桩上用明显标记标示出基层或底基层边缘的设计高程。

3. 备料

根据各路段基层或底基层的宽度、厚度及松铺系数，计算各段需要的粗碎石数量；根据运料车辆的车厢体积，计算每车料的堆放距离。填隙料的用量为粗碎石质量的 30%~40%。

4. 运输和摊铺粗碎石

应严格控制卸料距离，避免有的路段料不够或料过多。用平地机或其他合适的机具将粗碎石均匀地摊铺在预定的宽度上，应力求表面平整，并有规定的路拱。同时摊铺路肩用料。

5. 撒铺填隙料和碾压

施工方法有干法施工和湿法施工。

（1）干法施工（干压碎石）

①初压。用 8t 两轮压路机碾压 3~4 遍，使粗碎石稳定就位。在直线和不设超高的平曲线段上，碾压从两侧路肩开始，逐渐错轮向路中心进行；在设超高的平曲线段上，碾压从内侧路肩开始，逐渐错轮向外侧路肩进行。错轮时，每次重叠 1/3 轮宽。在第一遍碾压后，应再次找平。初压结束时，表面应平整，并具有符合要求的路拱和纵坡。

②撒铺填隙料。用石屑撒布机或类似的设备将干填隙料均匀地撒铺在已压稳的粗碎石层上，松铺厚度为2.5~3.0 cm。必要时，用人工或机械扫匀。

③碾压。用振动压路机慢速碾压，将全部填隙料振入粗碎石间的孔隙中。如没有振动压路机，可用重型振动板。

④再次撒布填隙料。用石屑撒布机或类似的设备将干填隙料再次撒铺在粗碎石层上，松铺厚度为2.0~2.5 cm。用人工或机械扫匀。

⑤再次碾压。在碾压过程中，对局部填隙料不足之处，人工进行找补。局部多余的填隙料应扫除。

⑥再次碾压后，如表面仍有未填满的孔隙，则应补撒填隙料，并用振动压路机继续碾压，直到全部孔隙被填满为止。同时，应将局部多余的填隙料铲除或扫除。填隙料不应在粗碎石表面自成一层。表面必须有能看得见的粗碎石。如填隙碎石层上为薄沥青面层，应使粗碎石的棱角外露3~5 mm。

⑦当须分层铺筑时，应将已压成的填隙碎石层表面粗碎石外露5~10 mm，然后在其上摊铺第二层粗碎石。

⑧填隙碎石表面孔隙全部填满后，用12~15 t三轮压路机再碾压1~2遍。在碾压过程中，不应有任何蠕动现象。在碾压之前，宜在表面先洒少量水，洒水量宜为3 kg/m²以上。

（2）湿法施工（水结碎石）

①粗碎石层表面孔隙全部填满后，立即用洒水车洒水，直到饱和，但应注意避免多余水浸泡下承层。

②用12~15 t三轮压路机跟在洒水车后进行碾压。在碾压过程中，将湿填隙料继续扫入所出现的孔隙中。需要时，再添加新的填隙料。洒水和碾压应一直进行到填隙料和水形成粉砂浆为止。粉砂浆应填塞全部孔隙，并在压路机轮前形成微波纹状。

③干燥。碾压完成的路段应让水分蒸发一段时间，结构层变干后，表面多余的细料以及细料覆盖层都应扫除干净。

④当须分层铺筑时，应待结构层变干后，将已压成的填隙碎石层表面的填隙料扫除一些，使表面粗碎石外露5~10 mm，然后在其上摊铺第二层粗碎石。

第四节　路面面层施工

一、沥青路面施工

（一）冷拌沥青混合料路面施工

1. 基本要求

冷拌沥青混合料适用于三级及三级以下公路的沥青面层，也可用于二级公路的罩面层，以及各级公路沥青路面的基层、连接层或整平层。在养护工程中，冷拌改性沥青混合料可用于沥青路面的坑槽冷补。

冷拌沥青混合料所采用的结合料包括乳化沥青、液体沥青和改性乳化沥青等。结合料的类型与型号、标号都应根据公路等级、交通特点、气候、水温状况、施工季节、施工机具等各种因素，参照规范规定精心选择。冷拌沥青混合料宜采用密级配沥青混合料，当采用半开级配的冷拌沥青碎石混合料时，路面应铺筑上封层。

2. 冷拌沥青混合料路面施工工艺

冷拌沥青混合料应具有良好的施工和易性，混合料的拌和、运输、摊铺都应在乳液破乳前完成。在拌和与摊铺过程中已破乳的混合料应废弃。袋装乳化沥青混合料应加入适宜的稳定剂，以防提前破乳。包装应密封，存放时间不得超出乳液的存放时间。

乳化沥青混合料宜采用拌和厂机械拌和及沥青摊铺机摊铺的方式。混合料摊铺后应立即碾压。通常先用 6 t 左右的轻型压路机初压 1~2 遍，使混合料初步稳定，再用轮胎压路机或钢筒式压路机碾压 1~2 遍。当乳化沥青开始破乳、混合料由褐色转变成黑色时，改用 12~15 t 轮胎压路机碾压，将水分挤出，复压 2~3 遍后停止，待晾晒一段时间，水分基本蒸发后继续复压至密实为止。当压实过程中有推移现象时应停止碾压，待稳定后再碾压。当天不能完全压实时，可在较高气温状态下补充碾压。当缺乏轮胎压路机时，也可采用钢筒式压路机或较轻的振动压路机碾压。

乳化沥青混合料路面的上封层应在压实成型、路面水分完全蒸发后加铺。施工结束后宜封闭交通2~6 h，并注意做好早期养护。如施工遇雨应立即停止铺筑，以防雨水将乳液冲走。

3. 冷补沥青混合料

用于修补沥青路面坑槽的冷补沥青混合料宜采用适宜的改性沥青结合料制造，并应具有良好的耐水性。冷补沥青混合料的集料必须符合相关规范对热拌沥青混合料集料的质量要求。

冷补沥青混合料有良好的低温操作和易性。用于冬季寒冷季节补坑的混合料，应能在松散状态下经温度为-10 ℃的冰箱保持24 h无明显的凝聚结块现象，且能用铁铲方便地拌和。冷补沥青混合料应有足够的黏聚性，马歇尔试验稳定度宜不小于3 kN。

（二）热拌沥青混合料路面施工

1. 准备工作

热拌沥青混合料路面在施工前应对其下承层的厚度、密实度、平整度、路拱等进行检查。下承层如果有坎坷不平、松散、坑槽情况等，必须在混合料铺筑之前整修完毕，并清扫干净。对沥青混合料中的沥青、改性沥青、纤维、集料等原材料应按照施工要求进行合理选择。

施工前的另一项准备工作为施工放样，放样的目的是检查下承层的厚度和标高，以及对将要施工的一层进行厚度和标高的控制。

施工前应对摊铺机、压路机等机械的工作性能进行常规检查，以保证施工的正常运行。各种机械均处于良好状态之后，方可正式投入施工。

2. 混合料摊铺

为了使铺筑层与下承层黏结良好，应在铺筑前4~8 h，在粒料类的下承层上洒布透层沥青；若下承层为旧沥青路面或水泥混凝土路面，则要在旧路面上洒布一层黏层沥青；若下承层为灰土类基层，为防止水渗入基层，加强基层与面层的黏结，要在面层铺筑前铺下封层。

热拌沥青混合料应采用沥青摊铺机摊铺，在喷洒有黏层油的路面上铺筑改性沥青混合料或SMA混合料时，宜使用履带式摊铺机。摊铺机的受料斗应涂刷薄层隔离剂或防黏结剂。铺筑高速公路、一级公路沥青混合料时，一台摊铺机的铺筑宽度不宜超过 6 m（双车道）~7.5 m（三车道以上），通常宜采用两台或更多台的摊铺机前后错开 10~20 m 成梯队方式同步摊铺，两幅之间应有 30~60 mm 宽度的搭接，并错开车道轮迹带，上下层的搭接位置宜错开 200 mm 以上。摊铺机开工前应提前 0.5~1 h 预热熨平板，使其温度不低于 100 ℃。铺筑过程中应选择熨平板的振动频率和振幅，以提高路面的初始压实度。熨平板加宽连接处应仔细调节至摊铺的混合料没有明显的离析痕迹。

摊铺机必须缓慢、均匀、连续、不间断地摊铺，不得随意变换速度或中途停顿，以提高路面平整度和减少混合料的离析。摊铺速度宜控制在 2~6 m/min。对改性沥青混合料及 SMA 混合料宜放慢至 1~3 m/min。当发现混合料出现明显的离析、波浪、裂缝、拖痕时，应分析原因，予以消除。

摊铺机应采用自动找平方式，下面层或基层宜采用钢丝绳引导的高程控制方式，上面层宜采用平衡梁或雪橇式摊铺厚度控制方式，中面层根据情况选用找平方式。沥青混合料的松铺系数应根据混合料类型通过试铺试压确定。

沥青路面施工的最低气温应符合相关的要求，寒冷季节遇大风降温，不能保证迅速压实时不得铺筑沥青混合料。

3. 压实及成型

（1）初压

初压应紧跟摊铺机后碾压，并保持较短的初压区长度，以尽快使表面压实，减少热量散失。对摊铺后初始压实度较大，经实践证明采用振动压路机或轮胎压路机直接碾压无严重推移而有良好效果时，可免去初压，直接进入复压工序。初压的目的主要是使混合料初步稳定，通常宜采用钢轮压路机静压 1~2 遍。碾压时应将压路机的驱动轮面向摊铺机，从外侧向中心碾压，在超高路段则由低处向高处碾压，在坡道上也应将驱动轮从低处向高处碾压。初压后应检查平整度、路拱，有严重缺陷时进行修整甚至返工。

（2）复压

复压应紧跟在初压后开始，且不得随意停顿。压路机碾压段的总长度应尽量缩短，通常不超过 60~80 m。采用不同型号的压路机组合碾压时宜安排每一台压路机都做全幅碾压，以防止不同部位的压实度不均匀。密级配沥青混凝土的复压宜优先采用重型的轮胎压路机进行搓揉碾压，以增加密实性，其总质量不宜小于25 t。碾压时相邻轮迹带应重叠 1/3～1/2 的碾压轮宽度，碾压至要求的压实度为止。对以粗集料为主的较大粒径的混合料，宜优先采用振动压路机复压。厚度小于 30 mm 的薄沥青层不宜采用振动压路机碾压。碾压时相邻轮迹带重叠宽度为100～200 mm。振动压路机折返时应先停止振动。当采用三轮钢筒式压路机时，总质量不宜小于 12 t，相邻碾压带宜重叠后轮的 1/2 宽度，并不应少于 200 mm。对路面边缘、加宽及港湾式停车带等大型压路机难以碾压的部位，宜采用小型振动压路机或振动夯板做补充碾压。

（3）终压

终压应紧接在复压后进行，主要是为了消除碾压轮迹。终压可选用双轮钢筒式压路机或关闭振动的振动压路机碾压，碾压不宜少于 2 遍，直至无明显轮迹为止。

（4）SMA 路面

SMA 路面宜采用振动压路机或钢筒式压路机碾压。振动压路机应遵循"紧跟、慢压、高频、低幅"的原则，即紧跟在摊铺机后面，采取高频率、低振幅的方式慢速碾压。

（5）OGFC 路面

OGFC 路面宜采用小于 12 t 的钢筒式压路机碾压。碾压轮在碾压过程中应保持清洁，有混合料黏轮应立即清除。对钢轮可涂刷隔离剂或防黏结剂，但严禁刷柴油。

压路机不得在未碾压成型路段上转向、掉头、加水或停留。在当天成型的路面上，不得停放各种机械设备或车辆，不得有矿料、油料等杂物散落。

4. 接缝处理及开放交通

沥青路面的施工必须接缝紧密、连接平顺，不得产生明显的接缝离析。上下层的纵缝应错开 150 mm（热接缝）以上或 300～400 mm（冷接缝）。相邻两幅及上下层的横向接缝均应错位 1 m 以上。

摊铺时采用梯队作业的纵缝应采用热接缝，将已铺部分留下 100～200 mm 宽度暂不碾压，作为后续部分的基准面，然后做跨缝碾压以消除缝迹。当半幅施工或出于特殊原因而产生纵向冷接缝时，宜加设挡板或加设切刀切齐，宜在冷却后采用切割机做纵向切缝。摊铺另半幅前必须将缝边缘清扫干净，并浇洒少量黏层沥青。

高速公路和一级公路的表面层横向接缝应采用垂直的平接缝，以下各层可采用自然碾压的斜接缝，沥青层较厚时也可做阶梯形接缝。其他等级公路的各层均可采用斜接缝。铺筑接缝时，可在已压实部分上面铺设一些热混合料使之预热软化，以加强新旧混合料的黏结。但在开始碾压前应将预热用的混合料铲除。

热拌沥青混合料路面应待摊铺层完全自然冷却，混合料表面温度低于 50 ℃后，方可开放交通。须提早开放交通时，可洒水冷却以降低混合料温度。

（三）层铺法沥青路面施工

层铺法沥青路面施工主要包括沥青表面处治和沥青贯入式路面施工。

1. 沥青表面处治

沥青表面处治宜在干燥和较热的季节施工，并在最高温度低于 15 ℃以前半个月及雨季前结束，适用于三级及三级以下公路的沥青面层。

沥青表面处治宜采用层铺法施工，厚度不宜大于 3 cm，可采用沥青洒布机及集料撒铺机联合作业。层铺法沥青表面处治通常采用先油后料的方法，即先洒布一层沥青，后铺撒一层矿料，主要有两层式和三层式沥青表面处治方式。以三层式沥青表面处治为例，其施工工序如下：施工前准备工作→浇洒透层沥青→浇洒第一层沥青→撒铺第一层集料→碾压→浇洒第二层沥青→撒铺第二层集料→碾压→浇洒第三层沥青→撒铺第三层集料→碾压→控制交通→初期养护。

两层式沥青表面处治与三层式沥青表面处治相比，仅减少一次洒油、撒料工序，碾压厚度为 1.5~2.5 cm。沥青表面处治施工应确保各工序紧密衔接，每个作业段长度应根据施工能力确定，并在当天完成。除乳化沥青表面处治应待破乳、水分蒸发并基本成型后方可通车外，沥青表面处治在碾压结束后即可开放交通，并通过开放交通补充压实、成型稳定。在通车初期应设专人指挥交通或设置障碍物控制行车，限制行车速度不超过 20 km/h，严禁畜力车及铁轮车行驶，使全部路面均匀压实。沥青表面处治应注意初期养护，当发现有泛油时，应在泛油处补撒与最后一层石料规格相同的嵌缝料并扫匀，过多的浮料应扫出路外。

2. 沥青贯入式路面施工

沥青贯入式路面适用于三级及三级以下公路，也可作为沥青路面的连接层或基层。

沥青贯入式路面的厚度宜为 4~8 cm，但乳化沥青贯入式路面的厚度不宜超过 5 cm。沥青贯入式路面宜选择在干燥和较热的季节施工，并宜在日最高温度降低至 15 ℃以前半个月结束，使贯入式结构层通过开放交通碾压成型。

沥青贯入式路面施工工序为：备料→施工放样→清扫基层→浇洒透层沥青→撒布主层集料→第一次碾压→浇洒第一层沥青→撒布第一层嵌缝料→第二次碾压→浇洒第二层沥青→撒布第二层嵌缝料→第三次碾压→浇洒第三层沥青→撒布封层料→最后一次碾压→开放交通。

摊铺主层集料采用碎石摊铺机、平地机或人工摊铺。铺筑后严禁车辆通行。撒布后应采用 6~8 t 的轻型钢筒式压路机自路两侧向路中心碾压，碾压速度宜为 2 km/h，每次轮迹重叠约 30 cm。浇洒第一层沥青如为乳化沥青，为防止乳液下漏过多，可在主层集料碾压稳定后，先撒布一部分上一层嵌缝料，再浇洒主层沥青。集料撒布机撒布嵌缝料时尽量均匀，不足处应找补。当使用乳化沥青时，石料撒布必须在乳液破乳前完成。撒布后立即用 8~12 t 钢筒式压路机碾压嵌缝料，轮迹重叠轮宽的 1/2 左右，宜碾压 4~6 遍，直至稳定为止。碾压时随压随扫以使嵌缝料均匀嵌入。按上述方法浇洒第二层沥青、撒布第二层嵌缝料，然后碾压；再浇洒第三层沥青。

二、水泥混凝土路面施工

（一）轨道式摊铺机施工

1. 施工前的准备工作

施工前的准备工作包括材料准备及质量检验、混合料配合比检验与调整、基层检验与整修等。

（1）材料准备及质量检验

根据施工进度计划，在施工前分批备好所需要的各种材料（包括水泥、砂、石料及必要的外加剂），并在实际使用时核对调整。对已备好的砂和石料抽样检测含泥量级配、有害物质含量、坚固性；对碎石还应抽检其强度、软弱及针片状颗粒含量和磨耗值等。如含泥量超过允许值，应提前 1~2 天冲洗或过筛至符合规定为止，若其他项目不符合规定，应另选料或采取有效的补救措施。已备水泥除应查验其出厂质量报告单外，还应逐批抽验其细度凝结时间，安定性及 3 d、7 d 和 28 d 的抗压强度等是否符合要求。为节省时间，可采用 2 h 压蒸快速测定方法。受潮结块的水泥禁止使用。另外，新出厂的水泥至少要存放一周后才可使用。外加剂按其性能指标检验，并须通过试验判定其是否适用。

（2）混合料配合比检验与调整

混凝土施工前必须检验其设计配合比是否合适，若不合适，应及时调整。

①和易性的检验与调整。按设计配合比取样试拌，测定其坍落度，必要时还应通过试铺实地检验。

②强度的检验。按和易性符合要求的配合比，成型混凝土抗弯拉及抗压试件，养生 28 d 后测定强度，或压蒸 4 h 快速测定强度后推算 28 d 强度。强度较低时，可采用提高水泥标号、降低水灰比或改善集料级配等措施。除进行上述检验外，还可以选择不同用水量、不同水灰比、不同砂率或不同集料级配等配制混合料，通过比较，从中选出经济合理的方案。施工现场砂和石子的含水量经常变化，必须逐班测定，并调整实际用量。

（3）基层检验与整修

①基层质量检验。基层强度应以基层顶面的当量回弹模量值或以黄河标准汽车测定的计算回弹弯沉值作为检查指标。基层完成后，应加强养护，控制行车，不得出现车槽。如有损坏，应在浇筑混凝土板前采用相同材料修补压实，严禁用松散粒料填补。对加宽的部分，新旧部分的强度应一致。

②测量放样。测量放样是水泥混凝土路面施工的一项重要工作。首先应根据设计图纸放出路中心线及路边线，在路中心线上一般每隔 20 m 设一中心桩，同时应设胀缩缝、曲线起讫点和纵坡转折点等中心桩，并相应在路边各设一对边桩。放样时，基层的宽度应比混凝土板每侧宽出 25~35 cm。膨胀土路基上的基层，其宽度应横贯整个路基。主要中心桩应分别固定在路旁稳固位置。临时水准点应设置在路线两旁的固定建筑物上或另设临时水准桩，每隔 100 m 左右设置一个，间隔不宜过长，以便施工时就近对路面进行标高复核。根据放好的中心线及

边线，在现场核对施工图纸的混凝土分块线。要求分块线距窨井盖及其他公用事业检查井盖的边线至少 1 m，否则应移动分块线的位置。放样时为，了保证曲线地段中线内外侧车道混凝土块有较合理的划分，必须保持横向分块线与路中心线垂直。对测量放样必须经常进行复核（包括在浇捣混凝土过程中），要做到勤测、勤核、勤纠偏。

2. 混凝土拌和与运输、卸料

（1）混凝土拌和

在拌和机的技术性能满足混凝土拌和要求的条件下，混凝土各组成材料的技术指标和配比计量的准确性是混凝土拌制质量的关键。在机械化施工中，混凝土拌和的供料系统应尽量采用配有电子秤的自动计量设备。在施工前，应按混凝土配合比要求，对水泥、水和各种集料的用量进行准确调试，输入到自动计量的控制存储器中，经试拌检验无误，再正式拌和生产。一般国产强制式拌和机，拌制坍落度为 1~5 cm 的混凝土，其最佳拌和时间的控制如下：立轴强制拌和机为 90~180 s，双卧轴强制拌和机为 60~90 s。最短拌和时间不低于最低时限，最长拌和时间不超过最短拌和时间的 3 倍。拌和过程中，如须加入外加剂，应对外加剂单独计量。混凝土各组成材料的计量精度为：水和水泥±1%，粗细骨料±3%，外加剂±2%。

（2）运输

为保证混凝土的和易性，在运输中应考虑蒸发失水和水化失水（指水泥在拌和之后，开始水化反应，流动度下降），以及因运输的颠簸和震动使混凝土发生离析等的情况。要减少这些因素的影响，关键是缩短运输时间，并采取适当措施防止水分损失（如用帷布或其他适当方法将其表面覆盖）和离析。机械化施工时，可以采用自卸汽车或搅拌车运输混凝土。一般情况下，坍落度大于 5.0 cm 时用搅拌车运输。从开始搅拌到浇筑的时间，用自卸汽车运输时不得超过 1 h，用搅拌车运输时不得超过 1.5 h，若运输时间超过限值，或者在夏天铺筑路面时，宜使用缓凝剂。

（3）卸料

卸料机械有侧向和纵向两种。侧向卸料机在路面铺筑范围外操作，自卸汽车不进入路面铺筑范围，因此须有可供卸料机和汽车行驶的通道。纵向卸料机在铺筑范围内操作，由自卸汽车后退供料，在基层上不能预先安设传力杆及其支架。

3. 混凝土的摊铺与振捣

（1）摊铺

轨模式摊铺机有刮板式、箱式及螺旋式三种类型，摊铺时将卸在基层上或摊铺箱内的混凝土拌和物按摊铺厚度均匀地充满轨模范围。刮板式摊铺机本身能在轨道上前后自由移动，刮板旋转时可将卸在基层上的混凝土拌和物向任意方向摊铺。这种摊铺机质量轻，容易操作，易于掌握，使用较普遍，但摊铺能力较弱。箱式摊铺机摊铺时，先将混凝土拌和物通过卸料机一次卸到钢制料箱内，摊铺机向前行驶时料箱内的混合料摊铺于基层上，通过料箱横向移动，按松铺厚度准确、均匀地刮平拌和物。螺旋式摊铺机由可以正向和反向旋转的螺旋布料器将拌和物摊平，螺旋布料器的刮板能准确调整高度。螺旋式摊铺机的摊铺质量优于前述两种摊铺机，摊铺能力较强。

（2）振捣

摊铺机摊铺时，振捣机跟在摊铺机后面对拌和物做进一步的整平和捣实。在振捣梁前方设置一道长度与铺筑宽度相同的复平梁，用于纠正摊铺机初平的缺陷，并使松铺的拌和物在全宽范围内达到正确的高度，复平梁的工作质量对振捣密实度和路面平整度影响很大。复平梁后面是一道弧面振动梁，以表面平板式振动将振动力传到全宽范围。拌和物的坍落度通常不大于 25 cm，骨料最大粒径控制在 40 mm 左右。当混凝土拌和物的坍落度小于 2 cm 时，应采用插入式振捣器对路面板的边部进行振捣，以使其达到应有的密实度和均匀性。振捣机械的工作行走速度一般控制在 0.8 m/min 左右，但随拌和物坍落度的增减可适当变化，混凝土拌和物坍落度较小时可适当放慢速度。

4. 表面修整与养生

混凝土振实后还应进行表面整平、精光、纹理制作等工序，使竣工后的混凝土路面具有良好的路用性能。

（1）表面整平

振捣密实的混凝土表面用能纵向移动或斜向移动的表面整修机整平。纵向表面整修机工作时，整平梁在混凝土表面纵向往返移动，通过机身的移动将混凝土表面整平。斜向表面整修机通过一对与机械行走轴线成 10° 左右夹角的整平梁做相对运动来完成整平作业，其中一根整平梁为振动梁。机械整平的速度取决于混凝土的易整修性和机械特性。机械行走的轨模顶面应保持平顺，以便整修机械能顺畅通行。整平时应使整平机械前保持有高度为 10~15 cm 的壅料，并使壅料向较高的一侧移动，以保证路面板平整，防止出现麻面及空洞等缺陷。

（2）精光及纹理制作

精光是对混凝土路面进行最后的精平，使混凝土表面更加致密、平整、美观，此工序是提高混凝土路面外观质量的关键工序之一。混凝土路面整修机配置有完善的精光机械，只要在施工过程中加强质量检查和校核，便可保证精光质量。

在混凝土表面制作纹理是提高路面抗滑性能的有效措施之一。制作纹理时用纹理制作机在路面上拉毛、压槽或刻纹，纹理深度控制在 12 mm 内。纹理可在不影响路面平整度的前提下提高其构造深度，并提高表面的抗滑性能。纹理应与路面前进方向垂直，相邻板的纹理应相互连通，以利排水。纹理制作时间从混凝土表面无波纹水迹开始，过早或过晚均会影响纹理质量。混凝土表面整修完毕，应立即进行湿治养护，使混凝土在开放交通时具有规定的强度，尤其在气温较高时，必须保持已浇筑的混凝土表面湿润，以免混凝土表面干裂。在养护初期，可用活动三角形罩棚遮盖混凝土，以减少水分蒸发，避免阳光照射，防止风吹、雨淋等。混凝土泌水消失后，可在表面均匀喷洒薄膜养护剂。喷洒时在纵横方向各喷一次。在高温、干燥、大风时，喷洒后应及时用草帘、麻袋、塑料薄膜、湿砂等遮盖混凝土表面并适时均匀洒水。养护时间由试验确定，以混凝土达到 28 d 强度的 80% 以上为准。使用普通硅酸盐水泥约为 14 d，使用早强型水泥约为 7 d，使用中热硅酸盐水泥约为 21 d。在养护期间，应禁止车辆通行，以保护混凝土路面。

5. 接缝施工

混凝土路面在温度变化时会产生较大的温度变形，使混凝土板发生胀缩和翘曲等，为消除和减小温度变形受到约束后产生的温度应力，避免混凝土路面出现不规则开裂，必须在混凝土路面的纵横方向上设置胀缝和缩缝。同时，在混凝土路面施工过程中，出于各种原因造成的路面施工中断都会形成施工缝。接缝施工质量的好坏将直接影响混凝土路面的使用性能及养护维修工作量。因此，各类接缝的施工应做到位置准确、构造及质量符合设计和规范要求。

（1）胀缝施工

胀缝应与混凝土路面中心线垂直，缝壁垂直于板面，宽度均匀一致，缝中不得有黏浆或坚硬杂物，相邻板的胀缝应设在同一横断面上。胀缝传力杆的准确定位是胀缝施工成功的关键，传力杆固定端可设在缝的一侧或交错布置。施工过程中固定传力杆位置的支架应准确、可靠地固定在基层上，使固定后的传力杆平行于板面路中线的误差不大于 5 mm。铺筑混凝土拌和物时严禁造成传力杆移位，否则将导致混凝土路面接缝区的破坏。在传力杆滑动端安装长度为 10 cm 的套筒，套筒内底与传力杆的间隙为 1~1.5 cm，空隙内用沥青麻絮填塞，滑动端涂沥青。

机械化施工混凝土路面时，胀缝可在连续铺筑混凝土拌和物的过程中完成，也可在施工结束时完成。施工时用方木、钢挡板及钢钎固定胀缝板，钢钎间距 1 m。在摊铺机前方，先在路面胀缝的传力杆范围内铺筑混凝土拌和物，用两个插入式振捣器在胀缝两侧 0.5~1.0 m 的范围内对称均匀地捣实。摊铺机摊铺至胀缝两侧各 0.5 m 范围内时，将振动梁提起，拔去钢钎，拆除方木和挡板，留下的空隙用混凝土拌和物填充，并用插入式振捣器捣实，人工进行粗面，并通过摊铺机的振动修平梁进行最终修平。待接缝板以上的混凝土硬化后，用锯缝机按接缝板的位置和宽度锯两条缝，凿除接缝板上的混凝土和临时插入物，然后用填缝料填满。这种施工方法可确保接缝施工质量，胀缝的外观也较好。

施工结束时设置胀缝的方法是先浇筑传力杆以下的混凝土拌和物，用插入式振捣器振捣密实，并注意校正传力杆的位置，再摊铺传力杆以上的混凝土拌和物。摊铺机摊铺胀缝另一侧的混凝土时，先拆除端头钢挡板及钢钎，然后按要求铺筑混凝土拌和物。填缝时必须将接缝板以上的临时插入物清除。胀缝两侧相邻板的高差应符合如下要求：高速公路及一级公路应不大于 3 mm，其他等级公路应不大于 5 mm。

（2）横向缩缝施工

混凝土面板的横向缩缝一般采用锯缝的办法形成。混凝土结硬后应适时锯缝，合适的锯缝时间应控制在混凝土已达到足够的强度并且收缩变形受到约束时产生的拉应力将混凝土面板拉断之前。经验表明，锯缝时间以施工温度与施工后时间的乘积为 200~300 个温度小时或混凝土抗压强度为 5~10 MPa 时为宜，也可按相关规范的规定或通过试锯确定适宜的锯缝时间。缝的深度一般为板厚的 1/4~1/3。

（3）纵缝施工

纵缝施工应符合设计规定的构造，保持顺直、美观。纵缝为平缝带拉杆时，应根据设计要求，预先在模板上制作拉杆置放孔，模板内侧涂刷隔离剂，拉杆采用螺纹钢筋制作。缝槽顶面采用锯缝机切割，深度为 3~4 cm，并用填缝料灌缝。不切割顶面缝槽时，应及时清除面板上的黏浆。假缝型纵缝的施工，应预先用门形支架将拉杆固定在基层上，或在施工时用拉杆置放机置入。假缝顶面的缝槽采用锯缝机切割，深 6 cm，使混凝土在收缩时能从切缝处规则开裂。

（4）施工缝设置

施工中断形成的横向施工缝应尽可能设置在胀缝或缩缝处，多车道路面的施工缝应避免设在同一横断面上。施工缝设在缩缝处应增设一半锚固、另一半涂刷沥青的传力杆，传力杆必须垂直于缝壁、平行于板面。

（5）接缝填封

混凝土养护期满即可填封接缝，填封时接缝必须保持清洁、干燥。填缝料应与缝壁黏附紧密、不渗水，灌注高度一般比板面低 2 mm 左右。当使用加热施工型填缝料时，应加热到规定的温度并搅匀，采用灌缝机或灌缝枪灌缝；气温较低时应用喷灯加热缝壁，使填缝料与缝壁结合良好。

第三章 桥梁下部结构施工

桥梁下部结构施工是桥梁建设中的关键环节，主要包括桥墩、桥台及基础的施工，对于确保桥梁整体稳定性和安全性至关重要。在施工前，需进行详细的地质勘查和水文调查，以确定合适的基础类型和施工方法。常见的基础形式有桩基、沉井、扩大基础等，选择时需综合考虑地质条件、水文环境以及桥梁荷载等因素。桥墩和桥台的施工则通常采用现浇混凝土或预制构件安装的方式，其中现浇混凝土可以更好地适应复杂地形和设计要求，而预制构件则能显著提高施工效率和质量控制水平。

第一节 桥梁扩大基础施工

一、基坑开挖流程

（一）施工准备工作

①首先要熟悉设计文件、研究施工图纸，必要时进行现场核查、补充调查，对基底高程、基础尺寸、桩位坐标、工程数量进行复核计算。对设计图纸的疑问和有关建议，应及时向设计单位书面提出，以求补全更正。

②编制分项工程施工方案及开工报告，报请监理工程师审批。

③认真进行施工放样测量，设置控制桩，同时放出相邻几个墩台基础，对其相对位置和坐标进行复核，确保准确无误。

④准备好基础施工所需的设备、材料、相应配套设施。例如临时便道要畅通，砂石、水泥、钢材等材料要运至现场，电力供应要正常，凡与工程有关的事项均应协调妥当，保障工程开工后顺利实施。

⑤制定完善的安全技术措施，进行安全技术交底。

（二）围堰

基础施工最好在无水或静水的条件下进行，但桥梁墩台基础常常位于地表水位以下，有时水流流速较大，这样就需要采用围堰法进行水中基础施工。围堰的作用主要是防水、围水和搭建施工平台，有时还起着支撑基坑坑壁的作用。

1. 围堰的类型

公路桥梁中应用的围堰类型很多，应根据水深、流速、地质情况、基础形式及通航要求等条件进行选择合适的类型。其中常用的类型如下：

（1）土围堰

适用条件：水深 1.5 m 以内、流速 0.5 m/s 以内，河床土质渗水性较小且满足泄洪要求时，可筑土围堰。

在筑堰之前，应将堰底河床处的树根、石块及其他杂物清除干净。筑堰材料宜采用黏性土或砂夹黏土，填筑应自上游开始至下游合龙，超出水面之后应进行夯实。堰外坡面有受水流冲刷的危险时，应采用合适的材料对其进行防护。

（2）土袋围堰

适用条件：水深在 3 m 以内，流速在 1.5 m/s 以内，河床土质渗水性较小且满足泄洪要求时，可筑土袋围堰。

袋内填土宜采用黏性土，装填量宜为 60% 左右；水流流速较大时，在过水面及迎水面，袋内可装填粗砂或卵石。堆码时土袋的上下层和内外层应相互错缝，搭接长度占比宜为 1/3~1/2，堆码应密实平整。围堰中心部分可填筑黏土及黏性土心墙。堰外边坡坡度宜为 1:0.5~1:1，堰内边坡坡度宜为 1:0.2~1:0.5。

（3）竹笼、木笼、铅丝笼及钢笼围堰

适用条件：水深在 4 m 以内，水流流速较大，且能满足泄洪要求时，可筑竹、木或铅丝笼围堰；水深超过 4 m 时可筑钢笼围堰。

各种笼体的制作应坚固，并满足使用要求。围堰的层数宜根据水深、流速、基坑大小及防渗要求等因素确定；宽度宜为水深的 1.0~1.5 倍；宜在堰底外围堆填土袋，防止堰底渗漏。

（4）单行板桩围堰

适用条件：水深在 3~4 m 以内，土质河床。

可节约部分筑堰用土量，增加打拔木板桩工作量，由于支撑关系，坑内工作面尺寸加大。

（5）双行板桩围堰

适用条件：水深在 4 m 以上，河床土质松软的情况。

板桩与板桩之间应尽量严密，沉入时注意防止歪斜，随时校正位置，行与行之间用金属拉系拉结牢固。

（6）膜袋围堰

膜袋围堰亦称"大型土工织物充填袋围堰"，适用条件：水深 5 m 以内，流速在 3.0 m/s 以内，且河床较平缓时。

膜袋的缝合应牢固严密，袋内可采用砂或水泥固化土材料填充，填充后应采取有效措施降低膜袋内的水分。围堰沉降稳定后可进行基坑的排水，排水时应控制水位降速。

（7）钢板桩围堰

适用条件：各类土（包括强风化岩）的深水基坑。

钢板桩的施打要求板桩竖直，接口严密，减少和避免渗水，降低排水工作量。

2. 围堰的一般规定和要求

①围堰顶面的高程应高出施工期间可能出现的最高水位（包括浪高）0.5～0.7 m。

②围堰的外形应考虑河流断面被压缩后流速增大导致水流对围堰本身和河床的集中冲刷，以及对河道泄洪、通航和导流的影响等不利因素。

③堰内的平面尺寸应满足基础施工作业的需要（包括坑内集水沟、排水井、工作富余空间等所需的工作面）。

④围堰要进行专项设计，对钢围堰应进行强度、刚度和稳定性计算；土石围堰的填筑应分层进行，减少渗漏。

（三）基坑开挖

基坑一般采用挖掘机等机械开挖，工程量不大的无水基坑，可用人工开挖；基坑开挖前应根据水文、地质、开挖方式及施工环境条件等因素，确定是否对坑壁采取支护措施和排水设施。

1. 降水与排水

地下水位较高或者围堰渗水等都会增加基坑开挖难度，极易造成质量事故和安全事故，渗水量较大时应当先采取措施降低地下水位，然后开挖基坑；渗水量较小时，可采取边开挖边排水或降水的措施。

（1）集水坑（井）排水

适用于粉细砂土质以外的各种地层基坑。

基坑开挖中，在坑底基础范围之外设置集水坑并沿坑底周围开挖排水沟，使水汇入集水坑内，排出坑外。集水坑（井）的尺寸应根据渗水的情况而定。

（2）井点法排水

井点降水适用于粉砂、细砂、地下水位较高、有承压水、挖基较深、坑壁不易稳定的土质基坑；在无砂的黏质土中不宜使用。井点类别的选择，宜按照土壤的渗透系数、要求降低水位深度及工程特点而定。井管的成孔可根据土质分别用射水成孔、冲击钻机、旋转钻机及水压钻探机成孔。井点降水曲线至少应深于基底设计高程 0.5 m。

井点布置应随基坑形状与大小、土质、地下水位高低与流向、降水深度等要求而定。同时，应做好沉降及边坡位移观测，确保水位降低区域内建筑物的安全。尽可能将滤水管埋设在透水性较好的土层中，并对井点孔位加强维护和检查，保证不间断地进行抽水。

2. 直接放坡开挖

当基坑深度较小且坑壁土层稳定时，可直接放坡开挖。当为无水基坑且土层构造均匀时，基坑坑壁的坡度可按表 3-1 确定；当土的湿度有可能使坑壁不稳定而引起坍塌时，基坑坑壁坡度应缓于该湿度下的天然坡度。

表 3-1　基坑坑壁坡度

坑壁土类	坑壁坡度		
	坡顶无荷载	坡顶有静荷载	坡顶有动荷载
砂类土	1：1	1：1.25	1：1.5
卵石、砾类土	1：0.75	1：1	1：1.25
粉质土、黏质土	1：0.33	1：0.5	1：0.75

坑壁土类	坑壁坡度		
	坡顶无荷载	坡顶有静荷载	坡顶有动荷载
极软岩	1：0.25	1：0.33	1：0.67
软质岩	1：0	1：0.1	1：0.25
硬质岩	1：0	1：0	1：0

注：①坑壁有不同土层时，基坑坑壁坡度可分层选用，并酌情设置平台。

②坑壁土类按照现行《公路土工试验规程》划分；岩面单轴抗压强度小于 5 MPa、为 5～30 MPa、大于 30 MPa 时，分别定为极软、软质、硬质岩。

③基坑深度大于 5 m 时，基坑坑壁坡度可适当放缓或加设平台。

3. 坑壁支护开挖

坑壁土层不易稳定且有地下水影响，或放坡开挖场地受限，或放坡开挖工程量大时，应选择适宜的坑壁支护方案开挖。

基坑较浅且渗水量不大时，可采用竹排、木板、混凝土板或钢板等对坑壁进行支护；基坑深度不大于 4 m 且渗水量不大时，可采用槽钢、H 型钢或工字钢支护；基坑深度大于 4 m 时，宜采用锁扣钢板或锁扣钢管桩围堰进行支护。坑壁还可采用喷射混凝土、锚杆喷射混凝土、预应力锚索和土钉支护等方式。

支护结构应进行设计计算，当支护结构受力过大时应加设临时支撑，支护结构和临时支撑的刚度、强度及稳定性应满足基坑开挖施工的要求；不论采用何种加固方式，均应按设计要求逐层开挖、逐层加固，坑壁或边坡上有明显出水处应设置导管排水。

4. 基坑开挖的一般要求和规定

①挖基施工宜安排在枯水或少雨季节进行。基坑的开挖应连续施工，对有支护的基坑应采取防碰撞的措施；基坑附近有其他结构物时，应有可靠的防护措施。

②基坑边缘的顶面应设置防止地面水流入基坑的拦水和排水设施。基坑开挖时，应对基坑边缘顶面的各种荷载进行严格限制，并应在基坑边缘与荷载之间设置护道，基坑深度小于或等于 4 m 时护道的宽度应不小于 1 m；基坑深度大于 4 m 时护道的宽度应按边坡稳定计算的结果进行适当加宽，水文和地质条件较差时应采取加固措施。

③在开挖过程中进行排水时，应不对基坑的安全产生影响，在确认基坑坑壁稳定的情况下，方可进行基坑内的排水。排水困难时，宜采用水下挖基方法，但应保持基坑中的原有水位高程。

④采用机械开挖时应避免超挖，宜在挖至基底前预留一定的厚度，再由人工开挖至设计高程；如超挖，则应将松动部分清除，并对基底进行处理。

⑤基坑开挖施工完成后不得长时间暴露、被水浸泡或被扰动，应及时检验其尺寸、高程和基底承载力，检验合格后应立即进行基础工程的施工。

⑥在基坑的底部，为了施工方便应留有一定宽度的工作面。其宽度因土质的不同而取不同值，一般基底应比基础的平面尺寸增宽 0.5~1.0 m。

⑦基坑开挖过程及使用过程中应加强监测，监测的主要内容包括基坑周边地表沉降、周边重要建筑沉降、周边建筑及地面裂缝、支护结构的受力及变形、坑内地下水位、坑底隆起等。

二、基底检验与扩大基础施工

（一）基底检验

1. 检验内容

①检查基底的平面位置、尺寸和基底高程是否符合设计要求。

②检查基底的地质情况和承载力是否与设计资料相符。

③检查基底处理和排水情况是否符合规范要求。

④检查施工记录及有关试验资料是否齐全等。

2. 承载力检验方法

按桥涵大小、地基土质复杂（如溶洞、断层、软弱夹层、易溶岩等）程度及结构对地基有无特殊要求，可采用以下三种检查方法：

①小桥涵的地基检验可采用直观或触探器方法，必要时可进行土质试验，以鉴定土的容许承载力。

②大、中桥和地基土质复杂、结构对地基有特殊要求的地基检验，宜采用触探和钻探（钻深至少 4 m）取样做土工试验或按设计文件的特殊要求进行荷载试验。

③特大桥按设计要求进行处理。

（二）基底处理

符合设计要求的细粒土、特殊土基底，修整妥善后，应尽快进行基础施工，不得使基底浸水和长期暴露。地基不符合设计要求时，应采取相应的方法进行处理，地基处理的范围应宽出基础之外不小于0.5 m。

1. 细粒土或特殊土地基的处理

对强度低、稳定性差的细粒土或特殊土地基，如饱和软弱黏土层、粉砂土层、湿陷性黄土、膨胀土、季节性冻土等，处理时应视该类土的处置深度和含水率等情况，采取固结、换填等措施。

2. 粗粒土和巨粒土的处理

对于强度和稳定性满足设计要求的粗粒土及巨粒土基底，应将其承重面平整夯实，其范围应满足基础的要求，然后采用灌浆固结处理。基底有水不能彻底排干时，应将水引至排水沟，然后在其上进行基础的施工。

3. 岩层基底的处理

岩石的风化程度对其承载力影响很大。风化岩层应尽快进行封闭；未风化的岩层，基础施工前，应先将淤泥、苔藓、松动的石块清除干净，并凿出新鲜岩面；对于坚硬的倾斜岩层，宜将岩层面凿平；倾斜度较大无法凿平时，则应凿成多级台阶，台阶的宽度不宜小于0.3 m。

4. 多年冻土地基的处理

基础不应置于季节冻融土层上，并不得直接与冻土接触。基础位于多年冻土层（永冻土）上时，基底之上应设置隔温层或保温层材料，且铺筑宽度应在基础外缘加宽1 m。

按保持冻结的原则设计的明挖基础，其多年平均地温等于或高于−3 ℃时，应于冬季施工；多年平均地温低于−3℃时，可在其他季节施工，但应避开高温季节。

5. 溶洞地基的处理

处理溶洞地基时，不得堵塞溶洞的水路。对于干溶洞可挖除洞内软弱充填物后用砂砾石、碎石、干砌或浆砌片石及灰土等回填密实；基底干溶洞较大，回填处理有困难时，可采用桩基处理，桩基应进行设计，并经有关单位批准。

6. 泉眼地基的处理

可将有螺口的钢管紧密打入泉眼，盖上螺帽并拧紧，阻止泉水流出；或向泉眼内压注速凝的水泥砂浆，再打入木塞堵眼。

堵眼有困难时，可采用管子塞入泉眼，将水引流至集水坑排出或在基底下设盲沟引流至集水坑排出，待基础施工完成后，再向盲沟压注水泥浆堵塞。采用引流方式排水时，应注意防止砂土流失，引起基底沉陷。应采取必要措施尽量使地基承载力均衡。

（三）混凝土扩大基础施工

1. 基底处理

当扩大基础的基底为非黏性土或干土时，在施工前将其润湿，并应按设计要求浇筑混凝土垫层，垫层的顶面不得高于基础底面设计高程。

地基为淤泥或承载力不足时，应按设计要求进行处理。

基底为岩层时，应用水冲洗干净，且在基础施工前铺设一层不低于基础混凝土强度等级的水泥砂浆。

2. 混凝土浇筑

扩大基础施工宜采用钢模板，宜在全平面范围内水平分层浇筑混凝土；大体积混凝土可采用分块浇筑。

3. 基坑回填

一般要到结构物的拆模期终了 3 d 之后进行回填。如果混凝土养生条件不正常，应延长时间。桥台和桥墩基础等周围的回填，应同时在两侧及基本相同的高程上进行，特别要防止对结构物形成单侧受土压。

回填材料应分层摊铺，并用符合要求的设备压实。需回填的基坑应及时排水。若无法排除基坑积水时，则应采用砂砾材料回填，并在水中分薄层铺筑，直到回填进展到该处的水全部被回填的砂砾材料所掩盖并达到能充分压实的程度时，再进行充分夯实。

4. 扩大基础质量检验

扩大基础检查项目见表 3-2。

表 3-2　扩大基础检查项目

项次	检查项目		规定值或允许偏差
1	混凝土强度/MPa		在合格标准内
2	平面尺寸/mm		±50
3	基础底面高程 /mm	土质	±50
		石质	+50，-200
4	基础顶面高程/mm		±30
5	轴线偏位/mm		±25

第二节　桩基础施工

桩基础按施工方法不同可分为钻孔灌注桩、挖孔灌注桩、打入桩等。实际工程中钻孔灌注桩应用最为广泛，其原理是采用特定的钻孔方法，在土中形成一定直径的井孔，达到设计高程后将钢筋骨架（笼）吊入井孔内，灌注混凝土形成桩基础。由于其施工速度快，质量稳定，受气候环境影响小，因而被普遍采用。以下只讲述钻孔灌注桩的施工。钻孔灌注桩的施工工艺流程：施工准备工作→钻孔施工→清孔→吊放钢筋骨架→下放。

一、桩基础施工准备工作

灌注桩基础施工为水下浇筑混凝土，施工中一旦出现问题很难进行处理，因此应十分重视施工前的各项准备工作，只有准备充分才能保证施工顺利进行。其准备工作包括桩位施工放样、钻孔场地准备、设备和材料准备、埋设护筒、制备泥浆等。

（一）桩位施工放样

桩位的放样要满足规范、设计要求的精度，并用不同的测量方法或仪器进行校核，确保桩位放样的准确性。

（二）钻孔场地准备

桩位位于旱地时，可在原地适当平整并填土压实形成工作平台。

位于浅水区时，宜采用筑岛形成施工平台。

位于深水区时，宜搭设钢制平台。当水位变动不大时，亦可采用浮式工作平台；施工钻孔场地应按桩基设计的平面尺寸、钻机数量和钻机基座平面尺寸、钻机移位要求、施工方法及其他配合设施布置等情况决定。施工场地或工作平台的平面尺寸应满足钻孔成桩作业的需要，顶面高程应高于桩施工期间可能出现的最高水位 1.0 m 以上，在受波浪影响的水域，还应考虑波高的影响。

（三）设备、材料准备

1. 机电设备准备

根据地质土质、桩径大小、入土深度等资料，确定科学合理的钻孔方法和选用适当的钻孔设备，施工前应仔细检修施工机械，并准备好备用机械、设备（经调试处于待运转状态）和备用的发电设备，发生故障时立即启用备用设备，以保证施工连续进行。

2. 材料及试验准备

进场的砂、石、水泥、钢筋等原材料必须进行检查验收，提前进行水下混凝土的配合比试验，并报请监理工程师的批准。

水下混凝土的配制要求为：

①水泥可采用火山灰质硅酸盐水泥、粉煤灰硅酸盐水泥、普通硅酸盐水泥或硅酸盐水泥，采用矿渣硅酸盐水泥时应采取防离析措施。

②粗集料宜选用卵石，如采用碎石宜适当增加混凝土配合比中的含砂率，粗集料的最大粒径不应大于导管内径的 1/8~1/6 和钢筋最小净距的 1/4，同时不应大于 37.5 mm。

③细集料宜采用级配良好的中砂。

④掺用外加剂、粉煤灰等时，其技术条件及掺用量可参照产品说明书经实验确定；混凝土的初凝时间应根据气温、运距及灌注时间长短等因素确定，可经试验掺配适量缓凝剂。

⑤混凝土拌和物应具有良好的和易性，灌注时应能保持足够的流动性，其坍落度当桩孔直径 $D < 1.5$ m 时，宜为 180~220 mm，$D \geq 1.5$ m 时，宜为 160~200 mm，且应充分考虑气温、运距及施工时间的影响导致的坍落度损失。

（四）埋设护筒

1. 护筒的作用

埋设护筒起到以下作用：固定钻孔位置；对钻头起导向作用；保护孔口，防止孔口土层坍塌；隔离地面表层水流入井孔，保证孔内水位（泥浆）高出地下水或施工水位一定高度，形成静水压力，以稳定孔壁、防止坍塌。

2. 护筒制作

护筒宜采用钢板卷制。在陆上或浅水区筑岛处的护筒，其内径应大于桩径至少 200 mm，壁厚应能使护筒保持圆筒状且不变形；在水中以机械沉设的护筒，其内径和壁厚应考虑护筒的平面、垂直度偏差要求及长度等因素，确定并应在护筒的顶、底口处采取适当的加强措施，保证其在沉设过程中不变形。

护筒顶宜高出地面 0.3 m 或水面 1.0~2.0 m，同时应高于桩顶设计高程 1 m。在有潮汐影响的水域，护筒顶应高出施工期最高潮水位 1.5~2.0 m，并应在施工期间采取稳定孔内水头的措施；当桩孔内有承压水时，护筒顶应高于稳定后承压水位 2.0 m 以上。

护筒埋置深度在旱地或筑岛处宜为 2~4 m，在水中或特殊情况下应根据设计要求或桩位的水文、地质情况经计算确定。对有冲刷影响的河床，护筒宜沉入施工期局部冲刷线以下 1.0~1.5 m，且宜采取防止河床在施工期过度冲刷的防护措施。

3. 钢护筒的埋设定位

在旱地和筑岛处设置护筒时，可采用挖坑埋设法实测定位，且护筒的底部和外侧四周应采用黏质土回填并分层夯实，使护筒底口处不致漏失泥浆；在水中沉设护筒时，宜采用导向架定位，并应采取有效措施保证其平面位置、倾斜度的准确。

护筒在埋设定位时，除设计另有规定外，护筒中心与桩中心的平面位置偏差应不大于 50 mm，护筒在竖直方向的倾斜度应不大于 1%；对深水基础中的护筒，在竖直方向的倾斜度宜不大于 1/150，平面位置的偏差可适当放宽，但应不大于 80 mm。

（五）　制备泥浆

钻孔泥浆由水、黏土（或膨润土）和添加剂按适当比例配制而成。其作用为：

①在孔内产生较大的静水压力，可防止坍孔。

②泥浆向孔外土层渗漏，在孔壁表面形成一层胶泥，具有护壁的作用。

③将孔内外水流切断，稳定孔内水位。

④泥浆相对密度较大，能悬浮钻渣，利于钻渣的排出。

泥浆的配合比和配制方法宜通过现场试验确定，不宜硬性规定指标，但应与钻孔方法、土层情况相适应。

调制泥浆时，将土加水浸透，然后用泥浆搅拌机或人工拌制成合格的泥浆。钻孔过程中，应随时对孔内泥浆的性能进行检测，不符合要求时应及时调整。钻孔泥浆宜进行循环处理后重复使用，减少排放量，施工完成后废弃的泥浆应采取集中沉淀再处理的措施，严禁随意排放，注意保护环境和水域。

二、钻孔施工

（一）　常用的钻孔方法

钻孔灌注桩成孔常用的钻机机械有回旋钻机、冲抓钻机、冲击钻机、旋挖钻机等。

1. 正循环回旋钻孔

钻机利用钻具旋转切削土体钻进，泥浆泵形成高压把泥浆压入空心钻杆，并使其从钻杆底部射出，底部的钻头（钻锥）在回转时将土层搅松成为钻渣，钻渣悬浮在泥浆中，随着泥浆上升而溢出流出井外，经过沉淀池沉淀净化，泥浆再循环使用。

正循环回旋钻成孔的优点是钻进与排渣同时连续进行，成孔速度较快，钻孔深度较大。

2. 反循环回旋钻孔

同正循环回旋钻孔相反，泥浆由钻杆外流（注）入井孔，用真空泵或其他方法（如空气吸泥机）将钻渣从钻杆中吸出排放到沉淀池。

反循环回旋钻成孔的优点是排渣连续性好，速度较正循环快。

3. 冲抓钻孔

用冲抓锥张开抓瓣冲入土石中，然后收紧锥瓣绳，抓瓣将土抓入锥中，提升冲抓锥出井孔，松绳开瓣将土卸掉。井壁保护同回旋钻孔法。

4. 冲击钻孔

用冲击式装置或卷扬机提升钻锥，上下往复冲击，将土石劈裂、劈碎，有些钻渣被挤入井壁之内。大部分钻渣用泥浆悬浮，冲击一定时间后，对于实心钻锥，放入掏渣筒掏渣，提到孔外倒掉；对于空心钻锥，冲碎的钻渣可以从锥底进入空心锥管内，提钻锥，倒钻渣。

冲击钻机成孔时，应小冲程开孔，并应使初成孔的孔壁坚实、竖直、圆顺，能起到导向作用。待钻进深度超过钻头全高加冲程后，方可进行正常的冲击。冲击钻进过程中，应采取有效措施防止坍孔；掏取钻渣和停钻时，应及时向孔内补浆，保持水头高度。

遇到大卵石、漂石及岩石较硬时，只有冲击锥才能攻克；有些钻渣被挤入孔壁，起到加强孔壁并增加土层与桩身间的侧摩阻力的作用。其缺点是钻普通土时进度较慢。

5. 螺旋钻

干作业成孔，无泥浆污染，最适合于城市及干旱区；振动小，噪声低；钻孔进度快，长螺旋钻机连续出土，成孔速度远非其他类型的钻机可比，短螺旋钻机不能连续出土，但不用泥浆，也较其他钻机快。

螺旋钻成孔直径小，一般用作地基处理的旋喷桩，桥梁钻孔桩中较少使用。

6. 旋挖钻钻孔

旋挖钻机本身机、电、液一体化高度集中，自动化程度高，可根据地质状况配置不同的钻头，可采用短螺旋钻头进行干式作业，可在泥浆护壁的情况下，用回转钻头进行湿挖作业；旋挖和冲击相互结合，可钻碎坚硬土层，岩土装入钻斗运至地面。

钻进过程中应保证泥浆面始终不低于护筒底部 500 mm，并应严格控制钻进速度，避免进尺过快造成塌孔埋钻事故。钻斗的升降速度宜控制在 0.75 ~

0.80 m/s；在粉砂层或亚砂土层中，升降速度应更加缓慢。泥浆初次注入时，应垂直向桩孔中间进行注浆。

旋挖钻适用范围较广，成孔深度一般在 50~60 m 的范围内。

（二）钻孔施工方法

钻孔施工的方法很多，钻机的选型宜根据孔径、孔深、桩位处的水文和地质情况、施工环境条件等因素综合确定，所选用的钻机及钻孔方法应能满足施工质量和施工安全的要求。现以正循环钻进施工为例进行讲述。

具体的施工工序：

1. 钻机就位

立好钻架并调整和安设好起吊系统，将钻头吊起，徐徐放进护筒内。钻机安装后，其底座和顶端应平稳。要求转盘中心同钻架上的起吊滑轮在同一铅垂线上，钻杆位置偏差不得大于 20 mm。在钻进过程中要经常检查转盘，如有倾斜或位移，应及时纠正。

2. 钻进

先启动泥浆泵和转盘，使之空转一段时间，待泥浆输进钻孔中一定数量后，方可开始钻进。

（1）初钻

开钻时应慢速钻进，待导向部位或钻头全部进入地层后，方可正常钻进。

（2）正常钻进

钻进应连续进行。在钻进过程的同时，泥浆连续循环，边钻进边排渣。钻进过程中应根据土质不同，变换钻进速度和泥浆比重，泥浆比重一般控制在 1.1~1.3；接、卸钻杆的动作要迅速、安全。

减压钻进。正、反循环回旋钻机钻孔时，钻机的主吊钩始终应承受部分钻具的重力，孔底承受的钻压不应超过钻具重力之和（扣除浮力）的 80%，使钻杆在钻进过程中维持竖直状态，钻进回旋平稳，避免或减少斜孔、弯孔和扩孔现象。

钻进过程中应根据土质变化变换钻进速度（冲击钻变换冲程大小）和泥浆比重，以防塌孔。在黏质土中钻进，宜选用尖底钻锥、中等转速、大泵量、稀泥浆钻进。在砂类土或软土层中钻进时，易塌孔，宜选用平底钻锥、控制进尺、轻压、低挡慢速、大泵量、稠泥浆钻进。

在低液限黏土或卵、砾石夹土中钻进时，因土层太硬，会引起钻锥跳动、蹩车、钻杆摆动加大、钻锥偏斜等现象，宜采用低挡慢速、优质泥浆、大泵量、两级钻进的方法钻进。

钻孔作业应分班连续进行，填写钻孔施工记录，交接班时交代钻进情况及下一班应注意事项。应经常对钻孔泥浆进行检测和试验，不符合要求时，随时改正。应经常注意地层变化，在地层变化处应捞取渣样，判明情况后计入记录表中并与地质剖面图核对。

在钻孔排渣、提钻头除土或因故停钻时，应保持孔内具有规定的泥浆高度和要求的泥浆相对密度与黏度。处理孔内事故或因故停钻时，必须将钻头提出孔外。

（三）钻孔事故处理

1. 坍孔

坍孔的表征是孔内水位忽然上升溢出护筒，随即骤降，孔口冒出细密的水泡，出渣量显著增加而不见进尺，钻机负荷显著增加等。

发生孔口坍塌时，可立即拆除护筒并回填，重新埋设护筒再钻；如发生孔内坍塌，坍孔不严重时，可调整钻进速度和泥浆稠度继续钻进。坍孔严重时应采用掏渣、射水、加大泥浆循环而不进尺等措施，取出坍塌土后正常钻进。

2. 孔身偏斜

在钻孔过程中，钻机底座未安置水平或产生不均匀沉陷、位移，钻杆弯曲、接头不正，钻孔中遇有较大的孤石或探头石，在有倾斜的软硬地层交界处、岩面倾斜处钻进等情况时，易造成孔身偏斜。

一般可在偏斜处吊住钻头上下反复扫孔，使钻孔正直；冲击钻进时，应回填砂砾石和黄土或片石到该位置以上 1 m 左右，待沉积密实后再钻进。

3. 糊钻、埋钻

若发生糊钻，可向孔内投放石块解决；严重糊钻，应停钻并提出钻锥，清除钻渣。遇到塌方或其他原因造成埋钻时，应使用空气吸泥机吸走埋钻的泥沙，提出钻锥。

4. 卡钻

当出现卡钻时，不宜强提以防坍孔、埋钻。若锥头向下有活动余地，可使钻头向下活动并转动至孔径较大方向提起钻头。也可松一下钢丝绳，使钻锥转动一个角度，有可能将钻锥提出。

5. 梅花孔（或十字孔）

梅花孔是主要的冲击钻成孔事故。其原因有：锥顶转向装置失灵，泥浆相对密度和黏度过高，冲击转动阻力太大，钻头转动困难；操作时钢丝绳太松和冲程太小，冲锥刚提起又落下，钻头转动时间不充分或转动很小等。可在低冲程时，每冲击一段换用高一些的冲程冲击，交替冲击修整孔形。

三、成孔检查与清孔

（一）终孔检查

钻孔灌注桩成孔后，应对钻孔的孔位、孔径、孔形、孔深和倾斜度进行检验，符合要求后进行清孔。清孔后，应对孔底的沉淀厚度、泥浆指标等进行检验，检验结果应符合表 3-3 的允许偏差。

表 3-3　钻孔灌注桩检查项目

项次	检查项目			规定值或允许偏差
1	桩位 /mm	群桩		≤100
		排架桩	允许	≤50
			极值	≤100
2	孔深/m			≥设计值
3	孔径/mm			≥设计值
4	钻孔倾斜度/mm			≤1%S（桩长），≤500
5	沉淀厚度 /mm	摩擦桩		符合设计要求，当设计无要求时，对于直径≤1.5 m 的桩，≤300；对桩径>1.5 m 或桩长>40 m 或土质较差的桩，≤500
		支承桩		不大于设计规定；设计未规定时，不大于50
6	钢筋骨架底面高程/mm			±50

①孔深达到设计长度后，应尽快用专用测绳检验并记录，防止时间过长，钻

渣沉淀造成测量值不准确。测绳过水后必须用钢尺重新校核。

②孔径、孔形和倾斜度宜采用专用仪器检测，对于中、小桥梁工程，可采用外径不小于桩孔直径、长度为外径4~6倍的钢筋检孔器吊入钻孔内检测。

③沉淀厚度的检测方法。

测锤法是一种极简易又最常用的方法。将规范的圆锥体测锤系在测绳的始端，把重锤慢慢地沉入孔内，凭人的手感探测沉渣顶面的位置，其施工孔深和测量孔深之差，即为沉淀厚度。

此外，沉淀厚度的检测方法还有电阻率法、电容法、声呐法、沉淀盒法等。

（二） 清孔

1. 清孔的目的

清孔的目的是：降低孔内泥浆的相对密度、黏度、含砂率等指标；清除钻渣，减少孔底沉淀厚度，防止桩底存留沉淀过厚而降低桩的承载力。此外，清孔还为水下混凝土的顺利灌注创造良好条件。

2. 清孔方法

（1）抽浆清孔

抽浆清孔比较彻底，适用于各种钻孔方法的摩擦桩、支承桩。一般用反循环钻机、空气吸泥机、水力吸泥机或离心吸泥泵等进行。

（2）换浆清孔

当使用正循环回转钻钻进时，终孔后应停止进尺，稍提钻锥离孔底100~200 mm空转，并保持泥浆正常循环，将相对密度较低的泥浆压入，把钻孔内悬浮钻渣较多的泥浆换出。

（3）掏渣清孔

此法适用于冲抓钻、冲击钻施工的井孔，可在清渣前，投入水泥1~2袋，通过冲击锥低冲程反复冲拌数次，使孔内泥浆、钻渣和水泥形成混合物，然后以掏渣工具掏出。

（4）喷射清孔

在灌注水下混凝土前，对孔底进行高压射水或射风数分钟，使沉淀物漂浮后，立即灌注水下混凝土。常在其他清孔方法清孔后或清孔过程中配合使用。

清孔方法应根据设计要求、钻孔方法、机具设备条件和地层情况决定。不论采用何种方法清孔，在清孔排渣时，均必须保持孔内水头，防止坍孔。不得用加深钻孔深度的方式代替清孔。

四、钢筋骨架与导管安装

（一）钢筋骨架（笼）制作

钢筋骨架（笼）应根据设计图纸要求，按吊装和钢筋单根定长确定下料长度，骨架宜在场内坚固的工作台或胎架上分节加工制作，主筋的连接宜采用机械连接接头。

钢筋骨架（笼）的制作要满足下列五个要求：

①钢筋接头的布置与连接质量应符合有关规定。

②钢筋骨架制作时应采取必要措施，保证骨架的刚度，防止钢筋骨架在运输和就位时变形。主筋的接头应错开布置。大直径长桩骨架宜在胎架上分段制作，且宜编号，安装时应按编号顺序连接。

③钢筋骨架外侧设置控制混凝土保护层厚度的定位筋或垫块，垫块的间距在竖向应不大于2m，在横向圆周应不少于4处。

④钢筋骨架在运输和安装过程中，应采取适当的措施防止其变形。

⑤钢筋骨架在安装时，其顶端应设置吊环。

（二）钢筋骨架的运输和起吊就位

1. 骨架存放与运输

制作好的钢筋骨架必须放在平整、干燥的场地上并垫方木以免沾上泥土。每组骨架的各节段要排好次序，便于使用时按顺序装车运出。在骨架每个节段上都要挂上标志牌，写明墩号、桩号、节号等。骨架运输的总体要求是不使骨架变形。

2. 骨架的起吊和就位

清孔结束后，随即吊放钢筋骨架，入孔一般用吊机，无吊机时，可采用钻机钻架、灌注塔架。

钢筋骨架下放时，要竖直居中；节段连接可采用焊接或机械连接的方式，连接位置接头应符合规范规定。

安装钢筋骨架时，不得直接将钢筋骨架支承在孔底，应将其吊挂在孔口的钢护筒上，钢筋骨架入孔后，应进行平面位置及高程的检验、调整，合格后进行固定，既要防止导管或其他机具的碰撞而使整个钢筋骨架变位或落入孔中，又要防止浇筑混凝土时骨架上浮现象发生。

3. 钢筋骨架质量标准

钢筋骨架的制作与安装质量应符合表 3-4 的规定。

表 3-4　钢筋骨架质量标准

项　目	允许偏差	项　目	允许偏差
主筋间距/mm	±10	保护层厚度/mm	±20
箍筋间距/mm	±20	中心平面位置/mm	±20
外径/mm	±10	顶端高程/mm	±20
倾斜度/mm	±0.5	底面高程/mm	±50

（三）导管选择与下放

水下混凝土宜采用钢导管灌注，导管内径宜为 200~350 mm，视桩径大小而定。

导管分节长度应便于拆装和搬运，并小于导管提升设备的提升高度。中间节一般长 2 m 左右，底节可加长至 4~6 m，漏斗下可配长约 1 m 的上端导管，以便调节漏斗的高度。

导管在使用前应进行水密承压和接头抗拉试验，严禁用压气试压。进行水密试验的水压应不小于孔内水深 1.3 倍的压力，亦应不小于导管壁和焊缝可能承受灌注混凝土时的最大内压力的 1.3 倍。

导管连接方法有法兰盘、丝扣和卡口三种形式。导管吊放时，应使位置居于孔中，轴线顺直，稳步沉放，防止卡挂钢筋骨架和碰撞孔壁。导管的连接应安全、可靠。

（四）二次清孔

灌注水下混凝土之前，应再次检查孔内泥浆的性能指标和孔底沉淀厚度，如超过设计或规范要求，应进行第二次清孔，符合要求后方可灌注水下混凝土。

二次清孔一般利用导管进行泥浆循环或注入清水循环；也可用喷射清孔的方

法，使孔底沉淀悬浮。

第三节 桥梁墩台施工

一、砌体墩台施工

（一）圬工材料

1. 石料

圬工砌体工程所用的石料应符合设计规定的类别和强度，石质应均匀、不易风化、无裂纹。强度、试件规格及换算应符合设计要求。石料的一般规定如下：

（1）片石

厚度应不小于 150 mm。用作镶面的片石，应选择表面较平整、尺寸较大者，并应稍加修整。

（2）块石

块石形状应大致方正，上下面大致平整，厚度应为 200~300 mm，宽度应为厚度的 1.0~1.5 倍，长度应为厚度的 1.5~3.0 倍。块石如有锋棱锐角，应敲除。块石用作镶面时，应从外露面四周向内稍加修凿；后部可不做修凿，但应略小于修凿部分。

（3）粗料石

外形应方正，成六面体，厚度应为 200~300 mm，宽度应为厚度的 1.0~1.5 倍，长度应为厚度的 2.5~4.0 倍，表面凹陷深度应不大于 20 mm。加工镶面粗料石时，丁石长度应比相邻顺石宽度大 150 mm；镶面石的外露面和所有垂直于外露面的表面应如图 3-1 所示修凿。

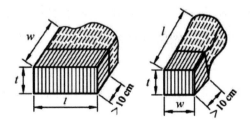

w—宽度；t—厚度；l—长度

图 3-1 镶面块石的修凿（画影线表示修凿部分）

2. 混凝土预制块

用于砌体工程的混凝土预制块，其规格、形状和尺寸应统一，表面应平整，强度应符合设计要求。

3. 砂浆

①砂浆中所用水泥、砂、水等材料的质量应符合规范要求。砂宜采用中砂或粗砂，当缺乏天然中砂或粗砂时，可采用满足质量要求的机制砂代替；在保证砂浆强度的基础上，也可采用细砂，但应适当增加水泥用量。砂的最大粒径，当用于砌筑片石时，不宜超过 5 mm；当用于砌筑块石、粗料石时，不宜超过 2.5 mm。

②砂浆均宜采用机械拌和，拌和时间宜为 3~5 min。拌和的砂浆应具有良好的和易性，用于石砌体时其稠度宜为 50~70 mm，气温较高时可适当增大。

③砂浆的配制宜采用质量比，并随拌随用，保持适宜的稠度，且宜在 3~4 h 内使用完毕；气温超过 30 ℃时，宜在 2~3 h 内使用完毕。

④砂浆在运输过程或储存器中发生离析、泌水时，砌筑前应重新拌和；已凝结的砂浆，不得使用。

（二）砌筑墩台的定位放样

放样是根据施工测量定出的墩台中心线，放出砌筑墩台的轮廓线，再依线砌筑。墩台砌筑的定位放样方法有以下两种：

1. 垂线法

垂线法适用于墩台身和基础较低的情况，此时可依据平面轮廓线砌筑圬工。对直坡墩台可用吊垂球的方法来控制定位石的位置。为了吊垂球方便，吊点与轮廓线间留 10~20 mm。对于斜坡墩台可用规板控制定位石的位置。规板根据设计横截面尺寸，用竹、木制作，做砌筑时的尺寸依据，按墩、台宽度（横桥向之长）设置 2~3 只规板，之间可随时（固定）拉线以利控制平面校验。

还可以斜边靠近墩台面，悬垂线若与所画墨线重合，则表示所砌墩台斜度符合要求。

2. 瞄准法

当墩台身较高时，可采用瞄准法控制定位石。当墩身每升高 1.5~2 m 时，沿墩台平面棱角埋设铁钉，使上下铁钉位于一个垂直平面上，并挂以铅丝。砌筑时，拉直铅丝，使与下段铅丝瞄成一直线，即可以此安砌定位石于正确位置。为确保各部尺寸正确，采用此法时，每砌 2~3 m，应用仪器测定中线，进行各部分尺寸的校核，以确保各部尺寸正确。

（三）墩台砌筑施工

1. 工艺流程

砂石等材料准备→墩台底放样→基础顶处理→边角石定位挂线→砌筑→砂浆养护。

2. 砌筑一般要求

①砌块在使用前应浇水湿润，砌块的表面如有泥土、水锈，应清洗干净。

②砌筑基础的第一层砌块时，如基底为岩层或混凝土基础，应先将基底表面清洗、湿润，再坐浆砌筑；如基底为土质，可直接坐浆砌筑。

③砌体宜分层砌筑，砌体较长时可分段分层砌筑，但相邻工作段的砌筑高差不宜超过 1.2 m；分段位置宜尽量设在沉降缝或伸缩缝处，各段水平砌缝应一致。

④各砌层应先砌外圈定位行列，再砌筑里层，其外圈砌块应与里层砌块交错连成一体。砌体里层应砌筑整齐，分层应与外圈一致，应先铺一层适当厚度的砂浆再安放砌块和填塞砌缝。砌体外露面可预留深约 20 mm 的空缝以备勾缝之用；隐蔽面砌缝可随砌随刮平，不另勾缝。

⑤各砌层的砌块应安放稳固，砌块间应砂浆饱满，黏结牢固，不得直接贴靠或脱空。砌筑时，应在下层石块上铺满砂浆，竖缝砂浆应先在已砌好的砌块侧面铺放一部分，然后在石块放好后用砂浆填满捣实。用小石子混凝土填竖缝时，应捣固密实。

⑥砌筑上层砌块时，应避免振动下层砌块。砌筑工作中断后恢复砌筑时，已砌筑的砌层表面应加以清扫和湿润。

3. 浆砌片石的砌筑要求

片石应分层砌筑，宜以 2~3 层砌块组成一个工作层，每一个工作层的水平缝应大致找平。各个工作层竖缝应相互错开，不得贯通。

外圈定位行列和转角石，应选择形状较为方正及尺寸较大的片石，并长短相间地与里层砌块咬接。砌缝宽度不宜大于 40 mm。

较大的砌块应用于下层，安砌时应选择形状和尺寸较为合适的砌块，敲除尖锐突出部分。竖缝较宽时，应在砂浆中塞以小石块，但不得在石块下面用高于砂浆砌缝的小石片支垫。

4. 浆砌块石的砌筑要求

块石应平砌，每层石料高度应大致相同。对外圈定位行列和镶面石块，应丁顺相间或两顺一丁排列，砌缝宽度不大于 30 mm，上下层竖缝的错开距离不小于 80 mm。

砌体里层平缝的宽度不应大于 30 mm，竖缝宽度不应大于 40 mm，用少石子混凝土砌筑时不应大于 50 mm。

5. 浆砌粗料石及混凝土预制块的砌筑要求

砌筑前应按石料及灰缝厚度，预先计算层数并选好料，砌筑时严格控制平面位置和高度。镶面石应一丁一顺排列，砌缝应横平竖直，砌缝宽度对粗料石应不大于 20 mm，对混凝土预制砌块应不大于 10 mm；上下层竖缝错开距离应不小于 100 mm，同时在丁石的上层或下层不宜有竖缝。砌体里层为浆砌块石时，应符合块石浆砌的规定。

砌筑时宜先将已修凿的石块试摆，为求水平缝一致，可先平放于木条和铁棍上，然后将石块沿边棱 A—A 翻开，在石块砌筑地点的砌石上及侧缝处抹砂浆一层并将其摊平，再将石块翻回原位，以木槌轻击，使石块结合紧密，如图 3-2 所示。垂直缝中砂浆若有不满，应补填插捣至溢出为止。石块下垫放的木条或铁棍，在砂浆捣实后即行取出，空隙处再以砂浆填补压实。

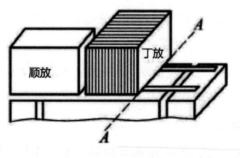

图 3-2　粗料石砌筑

（四）砌体勾缝及养护

砌体勾缝宜采用凸缝或平缝。浆砌较规则的块料时，可采用凹缝。勾缝的砂浆强度不低于砌体的砂浆强度，主体工程不应低于 M10，勾缝应嵌入砌缝内 20 mm 深，缝槽深度不足时，应凿沟深度后再勾缝。

浆砌砌体应在砂浆初凝后，洒水覆盖养生 7~14 d。养护期间应避免碰撞、震动或承重。

（五）墩台砌体施工质量标准

墩、台砌体施工质量标准应符合表 3-5 的规定。

表 3-5　墩、台砌体施工质量标准

项次	项　目		允许偏差
1	轴线偏位/mm		±20
2	墩台长度、宽度/mm	片石	+40，−10
		块石	+30，−10
		粗料石	+20，−10
3	大面积平整度/mm （2m 直尺检查）	片石	±30
		块石	±20
		料石	±10
4	竖直度或坡度/%	片石	±0.5
		块石、粗料石	±0.3
5	墩、台顶面高程/mm		±10

二、混凝土墩台施工

混凝土和钢筋混凝土墩台的施工程序及注意事项基本相同，以下只介绍钢筋混凝土桥墩的施工。

（一）测量放样

墩柱施工前应按图纸测量定线，检查基础平面位置、高程和预埋筋的位置。在基础（桩、大基础或承台）顶面放出墩、台身的轴线及边缘线。

墩、台身高度超过 10m 时，可分节段施工，节段的高度宜根据混凝土施工条件和钢筋定尺长度等因素确定。对分节段施工的墩、台身，其首节模板安装的平面位置和垂直度应严格控制。

（二）基础顶处理

墩、台身施工前，应对其施工范围内基础顶面的混凝土进行凿毛处理，并应将表面的松散层、石屑等清理干净；对分节段施工的墩、台身，其接缝亦应做相同的凿毛和清洁处理。

（三）钢筋加工和绑扎

若墩柱不高时，承台或基础施工时可将墩台身钢筋按全高一次预埋到位，也可在基础预埋筋上接长墩台筋，预埋钢筋长度应高出基础并错开布置，错开距离满足规范要求。钢筋也可分节段制作和安装，且应保证其连接精度；条件具备时，亦可采用整体制作、整体安装的方式施工，但在制作、存放、运输和安装时应采取有效措施保证其刚度，避免产生过大的变形。

钢筋骨架应按照规范要求绑扎适量的垫块，以保证钢筋在混凝土中的准确位置和保护层厚度。

（四）模板加工及安装

模板一般采用钢模板，在地面拼装，整体吊装到结构上或现场拼装。模板安装前，应在基础顶面放出桥墩的轴线及边缘线；对分节段施工的桥墩，其首节模板安装的平面位置和垂直度应严格控制。模板在安装过程中应通过测量监控措施保证墩、台身的垂直度，并应有防倾覆的临时措施；对高墩且风力较大地区的墩身模板，应考虑其抗风稳定性。

（五）混凝土墩台的浇筑

混凝土浇筑应连续进行，水平分层浇筑，在一次作业中完成整柱浇筑。一般同排立柱要同时进行浇筑，在一个立柱浇筑一层混凝土后，振捣的同时，浇筑同排其他立柱，形成流水作业，各立柱的浇筑进度应保持一致。

应采取措施，缩短墩、台身与承台之间浇筑混凝土的间隔时间，间歇期不宜大于 10 d，以防混凝土期龄相差过大而引起混凝土的裂缝。分节段施工墩台，上一节段施工时，已浇节段的混凝土强度应不低于 2.5 MPa。

（六）混凝土养护

混凝土浇筑完成后，应用塑料布将顶面覆盖，混凝土凝固后洒水养护。模板拆除后，及时用塑料布或阻燃保水材料将其包裹或覆盖，并洒水养护。养护时间应不少于 7 d。

（七）拆除模板

在混凝土抗压强度达到 2.5 MPa 时可以拆除侧模。上系梁底面模板应在混凝土强度达到设计强度的 75% 后再拆除。

三、预制墩台施工

（一）预制柱式墩台安装

①预制墩台身构件宜与基础顶面的基座对应编号、对应安装，安装前应检查各墩台预制构件的尺寸和基础顶面基座的顶面高程是否符合设计要求，基座槽口四周与预制墩台身构件之间的空隙宜不小于 20 mm。经检验合格后方可进行安装施工。

②预制墩台身构件起吊安装就位后，应检查墩台身的竖直度及平面位置，符合设计要求后，应尽快对其进行固定或锁定。固定装置或锁定装置应牢固可靠，能保证墩台身的稳定和位置准确，在后续施工中不产生倾斜和移位。

③槽口内现浇混凝土、养护。

（二）预制环管式墩台的安装施工

①放样并严格控制管节或环圈的设计轴线，避免出现倾斜或上下错位现象。

②检查基础顶部预留钢筋的数量、伸入管节或环圈内钢筋的锚固长度。

③采用设计规定的混凝土或砂浆将管节或环圈的接缝填塞、捣实并抹平。

第四章　桥梁上部结构施工

桥梁上部结构施工是桥梁建设中的核心部分，主要包括主梁、桥面板及附属结构的建造，直接关系到桥梁的整体性能和使用功能。在施工前，需进行详细的结构设计和材料选择，确保满足承载力、耐久性和美观性要求。常见的上部结构形式有预制梁、现浇箱梁、钢箱梁、悬索桥和斜拉桥等，每种形式都有其特定的施工方法和技术要求。预制梁通过工厂化生产，现场吊装，提高了施工效率和质量控制；现浇箱梁则适用于复杂截面和大跨度桥梁，需要严格的模板支撑和混凝土浇筑工艺；钢箱梁和组合梁结合了钢材的高强度与混凝土的耐久性，广泛应用于现代桥梁建设中。

第一节　钢筋混凝土和预应力混凝土梁式桥

一、装配式桥施工

预制装配施工法是桥梁施工的主要方法之一，它是在工厂或预制场预制构件，通过吊运，在桥梁现场进行组装。装配施工分为横向拼装和纵向节段拼装；横向拼装是将纵向整跨预制的梁板，沿横桥向拼装连成整体，适用于中小跨径桥梁。纵向节段拼装，是横桥向进行整幅（或半幅）预制，沿纵桥向进行拼装成整体。

（一）梁（板）预制与运输

1. 梁（板）的预制

（1）施工流程

①钢筋混凝土梁（板）的预制流程：底模设置→底模修整→涂刷脱模剂、铺塑料薄膜→铺设、绑扎钢筋（骨架吊装）→安装侧模→浇筑底板混凝土→安

装芯模→浇筑腹板、顶板混凝土→混凝土养护→出槽、存放。

②先张法预应力混凝土梁（板）的预制流程：张拉台座、底模设置→底模修整→预应力筋穿束→张拉→绑扎非预应力钢筋→安装侧模→浇筑、养护混凝土→放张→出槽、存放。

③后张法预应力混凝土梁（板）的预制流程：底模设置→底模修整→安装侧模→绑扎钢筋骨架（埋制孔器）或吊装钢筋骨架→浇筑混凝土→养护→预应力筋穿束→张拉预应力筋→孔道压浆、养护→封锚、养护→起吊、出坑、存放。

（2）各种构件混凝土的浇筑顺序

梁（板）混凝土的浇筑顺序一般分两种：一种为顶板钢筋不封，先浇底板混凝土，放置内模，集中人力绑扎顶板钢筋，再浇筑腹板和顶板混凝土；一种为封闭顶板钢筋，浇筑底板混凝土后，穿内模，再浇筑腹板和顶板混凝土。

中小跨径的空心板浇筑混凝土时，应采取防止芯模上浮和偏位的可靠措施。

腹板底部为扩大断面的T形梁，应先浇筑扩大部分并振实后，再浇筑其上部腹板。U形梁可上下一次浇筑或分两次浇筑。一次浇筑时，宜先浇筑底板至底板承托顶面，待底板混凝土振实后再浇筑腹板；分两次浇筑时，宜先浇筑底板至底板承托顶面，按施工缝处理后，再浇筑腹板混凝土。

2. 梁（板）的起吊

（1）吊装强度与吊点

装配式梁（板）等构件在脱底模、移运、存放和安装时，混凝土的强度应不低于设计规定的吊装强度；设计未规定时，应不低于设计强度的80%。

梁（板）构件移运时的吊点位置应符合设计规定，设计未规定时，应根据计算决定。构件的吊环必须采用未经冷拉的HPB300钢筋制作，且吊环应顺直。吊绳与起吊构件的交角小于60°时，应设置吊架或起吊扁担，使吊环垂直受力。吊移板式构件时，不得吊错上、下面。

（2）起吊方法

梁（板）的起吊是把预制的梁（板）从预制场的底座上移出来，俗称"出坑"或"出槽"。

在预制场内，梁（板）的起吊多用龙门吊机或者吊机。龙门吊机（也称龙门架）是由底座、机架和起重行车三个部分组成的，运行在专用轨道上，也有设置多向胶轮的；吊机的运动方向有三个，动力可用电力或人力。

缺乏条件时，可用三角扒杆偏吊法，将手拉葫芦斜挂在三角扒杆上，偏吊一次移动一次扒杆，把梁（板）逐步移出。

（3）场内移运的要求

①对后张预应力混凝土梁（板），在施加预应力后可将其从预制台座吊移至场内的存放台座上后再进行孔道压浆，但必须满足以下要求：从预制台座上移出梁（板）仅限一次，不得在孔道压浆前多次倒运；吊移的范围必须限制在预制场内的存放区域，不得移往他处；吊移过程中不得对梁（板）产生任何冲击和碰撞。

②后张预应力混凝土梁（板）在孔道压浆后再进行移运，其压浆浆体强度应不低于设计强度的80%；不得将构件安装就位后再进行预应力孔道压浆。

3. 梁（板）存放

梁（板）的存放应做到下列要求：

①存放台座应坚固稳定，且宜高出地面200 mm以上。存放场地应有相应的防排水设施，并应保证梁（板）等构件在存放期间不致因支点沉陷而受到破坏。

②梁（板）构件存放时，其支点应符合设计规定的位置，支点处应采用垫木和其他适宜的材料进行支承，不得将构件直接支承在坚硬的存放台座上；存放时混凝土养护期未满的，应继续养护。

③构件应按其安装的先后顺序编号存放，预应力混凝土梁（板）的存放时间不宜超过3个月，特殊情况下不应超过5个月。

④当构件多层叠放时，层与层之间应以垫木隔开，各层垫木的位置应设在设计规定的支点处，上下层垫木应在同一条竖直线上，叠放的高度宜按构件强度、台座地基的承载力、垫木强度及叠放的稳定性等经计算确定，大型构件宜为2层，不应超过3层，小型构件宜为6~10层。

⑤雨季或春季冻融期间，应采取有效措施防止因地面软化下沉而造成的构件断裂及损坏。

4. 梁（板）的运输

预制场地一般设在桥头附近或桥孔下，尽量离安装地较近，并根据距离等实际情况选用轨道平车、平板汽车、超长拖车或采用汽车、火车或驳船等运输。构件的运输应符合下列规定：

①板式构件运输时，宜采用特制的固定架稳定构件。对小型构件，宜顺宽度方向侧立放置，并应采取措施防止倾倒；如平放，在两端吊点处必须设置支搁方木。

②梁的运输应按高度方向竖立放置，并应有防止倾倒的固定措施；装卸梁时，必须在支撑稳妥后，方可卸除吊钩。

③采用平板拖车或超长拖车运输大型梁、板构件时，车长应能满足支点间的距离要求，支点处应设活动转盘防止搓伤构件混凝土；运输道路应平整，如有坑洼而高低不平时，应事先处理平整。

④水上运输梁（板）构件时，应有相应的封舱加固措施，并应根据天气状况安排装卸和运输作业时间，同时，应满足水上（海上）作业的相关安全规定。

（二）梁（板）架设与安装

1. 梁（板）的架设方法

梁（板）的架设不外乎起吊、纵移、横移、运输、落梁等工序。根据不同的施工环境架梁可分为陆地架设、浮吊架设和高空架设。目前，常用的架设设备有吊机、导梁（架桥机）、龙门架、架运一体机等，应根据梁（板）的重力、起吊能力和地形状况等选择适当的方法。

（1）自行式吊机架梁法

对中、小跨径桥梁预制梁（板），可视吊装重量和架设环境的不同，采用一台吊机架设、两台吊机架设或吊机和绞车配合架设等方法。

（2）移动式支架架梁法

在架设孔的地面上，顺桥轴线方向铺设轨道，其上设置可移动支架，预制梁的前端搭在支架上，通过移动支架将梁移运到要求的位置后，用龙门架或人字扒杆吊装；或者在桥墩上设枕木垛，用千斤顶卸下，再将梁横移就位。

（3）架桥机架梁

架桥机种类较多，有单导梁、双导梁，有上行式和下行式。

（4）双龙门吊架梁

两个龙门吊相配合架梁，在地势较平坦、土质较好而桥又不是很高时比较方便，造价也低。将两台龙门吊机分别设在安装孔的前、后墩位置，预制梁可由轨道平车运送至安装孔的一侧，移动跨墩龙门吊机上的吊梁平车，对准梁的吊点放下吊架，将梁吊起。当梁底超过桥墩顶面后，停止提升，用卷扬机牵引吊梁平车慢慢横移，使梁对准桥墩上的支座，然后落梁就位，接着准备架设下一根梁；若两台龙门吊机自行且能达到同步运行时，也可利用跨墩龙门架将梁吊着运送到桥孔，再吊起横移落梁就位。

墩侧高低脚龙门吊机的架设程序与跨墩龙门吊机基本相同，但预制梁必须用轨道平车或胶轮平车拖板运送至桥孔。

（5）浮运架设法

浮运架设法是将预制梁用各种方法移装到浮船上，并浮运到架设孔后就位安装。

2. 简支梁（板）的安装要求

①安装前应对墩台的施工质量进行检验，并应对支座或临时支座的平面位置和高程进行复测，合格后方可进行梁（板）等构件的安装。安装前应对墩（台）、支座垫层表面及梁底面清理干净，支座垫石应用高强度等级的水泥砂浆抹平，使其顶面高程符合图纸规定，抹平后的水泥砂浆在预制梁（板）安装前，必须进行养护，并保持清洁。梁（板）安装前，应检查锚栓位置，并在盖梁上用墨线画出梁（板）的位置。

②安装的方法和安装设备宜根据构件的结构特点、重量及施工环境条件等综合确定并应制订专项施工方案，对安装施工中的各种临时受力结构和安装设备的工况进行必要的安全验算，所有施工设施均宜进行试运行和荷载试验。

③采用架桥机进行安装作业时，其抗倾覆稳定系数应不小于1.3；架桥机过孔时，应将起重小车置于对稳定最有利的位置，且抗倾覆稳定系数应不小于1.5；不得采用将梁（板）吊挂在架桥机后部配重的方式进行过孔作业。

④采用吊机吊装构件时，如采用一台吊机起吊，应在吊点位置的上方设置吊架或起吊扁担；如采用两台吊机抬吊，应统一指挥，协调一致，使构件的两端同时起吊、同时就位。

⑤梁（板）安装施工期间及架桥机移动过孔时，严禁行人、车辆和船舶在作业区域的桥下通行。

⑥梁（板）就位后，应及时设置锁定装置或支撑将构件临时固定，对横向自稳性较差的 T 形梁和 I 形梁等，应与先安装的构件进行可靠的横向连接，防止倾倒。

⑦安装在同一孔跨的梁（板），其预制施工的龄期差不宜超过 10 d。梁（板）上有预留孔道的，其中心应在同一轴线上，偏差应不大于 4 mm。梁（板）之间的横向湿接缝，应在一孔梁（板）全部安装完成后方可进行施工。

⑧对弯、坡、斜桥的梁（板），其安装的平面位置、高程及几何线形应符合设计要求。

3. 先简支后连续梁施工

先简支后连续结构是在桥上将简支安装的预制梁（预应力混凝土）转换为连续结构。先简支后连续结构，因充分利用了简支梁的便于预制、安装和连续梁的受力优势而得到广泛应用。

（1）先简支后连续的方式

先简支后连续分为单排支座先简支后连续、双排支座先简支后连续和仅桥面连续。

①单排支座先简支后连续桥梁：预制顶梁时在梁端顶板上预留预应力孔道，凡连续一端均不做封锚端，将顶板、底板、腹板普通钢筋伸出梁端，架梁时先设置两排临时支座，使梁呈简支状态。

梁架好后，在墩顶设计位置安放永久支座，连接普通钢筋、浇筑湿接缝混凝土，待接缝混凝土达到规定强度后施加预应力，拆除临时支座，实现体系转化。

②双排支座先简支后连续梁桥：该类连续梁受力接近于简支梁，内力分布不均匀，但施工简单，体系转化方便。

预制大梁时，连续一端的梁端不进行封端处理，将顶板、腹板、底板普通钢筋外伸，梁架设前一次将两排永久支座安放牢固，梁架设就位后在梁底部和两边梁外侧安放模板，中间以梁端为模，将两梁端外留钢筋焊接，浇混凝土，养生达到要求后即实现体系转换。

③仅桥面连续：只在桥面铺装中，增加钢筋连接，实现一种连续。

（2）施工程序

①简支安装梁板：先简支安装的梁板，应设置临时支座进行支承，临时支座

可用硫黄砂浆支座或砂箱等。在一片梁中，临时支座的顶面的相对高差不应大于2 mm。

②体系转换施工程序：在桥台及非联墩上设置永久支座→安装底模→连接非预应力筋→布设与原梁体预留孔道相对应的预应力筋孔道→安装侧模→浇筑湿接缝连接混凝土→养生→拆除模板→穿预应力筋→张拉→锚固→孔道压浆→解除临时支座→完成体系转换。

（3）施工要求

简支变连续的施工程序应符合设计规定，且应在一联梁全部安装后方可进行湿接头混凝土的浇筑。湿接缝处的梁端，应按施工缝的要求进行凿毛处理。

连续梁端接头波纹管与梁体预留管道的接合处应用胶带密封，避免混凝土浇筑时水泥浆渗入管内造成管道堵塞；负弯矩区的预应力管道应连接平顺。

湿接缝的模板应具有足够的强度和刚度，与梁体的接触面应密贴并具有一定的搭接长度，各接缝应严密不漏浆。

湿接头的混凝土宜在一天中气温相对较低的时段浇筑，且一联中的全部湿接头应一次浇筑完成。湿接头混凝土的养护时间不应少于 14 d。湿接缝宜从桥梁每联的两端孔向中孔依次浇筑。

施加预应力时，应根据施工方案所规定的顺序张拉负弯矩区预应力钢束。

湿接头按设计要求时间施加预应力、进行孔道压浆，浆体达到规定强度后，应立即拆除临时支座，按设计规定的顺序完成体系转换。同一片梁的临时支座应同时拆除。

4. 节段预制拼装

节段预制拼装即纵向分段预制，现场拼装，然后按设计要求穿预应力束、张拉，使之成整体。

（1）节段预制

桥梁节段可采用短线法或长线法进行预制，预制场地的布置应便于节段的预制、移运、存放及装车（船）出运；预制台座应稳定、坚固，在荷载作用下，其顶面的沉降应控制在 2 mm 以内。

节段要进行匹配拼装，因此应对预制线形、匹配面等进行严格控制。预制场应建立精密测量的平面及高程控制网，设置测量控制点、测量塔及靶标。节段预制宜采用专门设计的钢模板，钢模板及其支撑应具有足够的强度、刚度和稳定性，并能多次重复使用而不变形。采用长线法预制节段时，同一连续匹配浇筑的梁段应在同一长线台座上制作；采用短线法时，应在台座上匹配预制，要对台座、模板等精确控制，保证节段符合线性要求并不漏浆；内模系统宜安装在可移动的台车支架上。

节段的钢筋宜在专用胎架上制成整体骨架后，吊入模板内进行安装；吊装整体骨架时应设置吊架，宜采用多点起吊，防止变形。

混凝土的性能要符合规范和设计要求，养护时间不宜少于 14 d；设计未规定时，混凝土强度达到设计强度的 75% 后方可拆模。在脱模、拆除或移动节段时，应采取措施防止损伤节段混凝土的棱角和剪力键。

（2）节段拼装方法

一般采用桁架梁主跨拼装或对称拼装；也可设置落地支架，在支架上拼装。

各节段间的接缝施工应符合设计规定。一般采用胶接缝拼装，涂胶前应就位试拼，节段的匹配面应平整，尘土、油脂等污染物及松散混凝土和浮浆应清除干净；涂胶前的匹配面要进行干燥处理。

胶黏剂应涂抹均匀，覆盖整个匹配面，涂抹厚度不宜超过 3 mm。对胶接缝施加临时预应力进行挤压时，挤压力宜为 0.2 MPa，胶黏剂应在梁体的全断面挤出，且胶接缝的挤压应在 3 h 以内完成；当施工时间超过明露时间的 70% 时，在固化之前清除被挤出的胶结料。胶黏剂在涂抹和挤压时，应采取措施防止胶黏剂进入预应力孔道。

二、现浇梁式桥施工

（一）支架上现浇梁式桥

梁式桥的现浇一般采用满布式支架或梁式支架。

1. 支架

现浇支架的相关规定、要求见支架模板部分。另外，还应符合以下五项规定：

①支架应稳定、牢固，其地基应有足够的承载力。支架位于水中时，其基础

宜采用桩基；对弯、坡、斜梁式桥，其支架的设置应适应梁体相应几何线形的变化，并采取有效措施保证支架的稳定性。

②满布式支架的地基表面应平整，并应有防排水措施；满布式支架位于坡地上时，应将地基的坡面挖成台阶；在软弱地基上时，应采取措施对地基进行处理，使其承载力满足要求。

③梁式支架各支点的基础应设在可靠的地基上，当地基沉降过大或承载力不足时，宜设置桩基或其他措施进行处理。梁式支架不宜采用拱式结构；必须采用时，应按拱架的要求施工。

④支架的预压应根据支架的类型、结构形式、地基沉降量和承载能力、荷载大小等因素确定。

⑤梁式桥跨越需要维持正常通行（航）的道路（水域）时，应采取防碰撞的安全措施，并设置必要的交通导流标志，保证施工安全和交通安全。

2. 混凝土浇筑

梁式桥现浇施工时，梁体混凝土在顺桥方向宜从低处向高处进行浇筑，在横桥向宜对称进行浇筑。

一般采用搅拌站、输送泵和布料机从两端向中间以水平分层左右对称方式一次灌筑成型。混凝土浇筑采用斜向分段、水平分层的方式连续浇筑，布料先从箱梁两侧腹板同步对称均匀进行，先浇筑腹板与底板结合处混凝土，再浇筑腹板混凝土，当两侧腹板混凝土浇筑到与顶板面结合部位时，改用从内模顶面预留的下料孔补浇底板混凝土，最后浇筑桥面板混凝土。在浇筑腹板混凝土时，为防止混凝土在箱梁内侧底部泛浆，可采用木板堵截混凝土或采用较小的坍落度（160mm左右）以降低混凝土的流动性。

当采用梁式支架，支点不设在跨中时，则应在支架下沉量大的位置先浇混凝土，使应该发生的支架变形及早完成。

混凝土浇筑过程中，应对支架的变形、位移、节点和卸落设备的压缩及支架地基的沉降等进行监测，如发现超过允许值的变形、变位，应及时采取措施予以处理。

（二）移动模架逐孔现浇施工

移动模架（亦称造桥机）逐孔现浇施工是中等跨径预应力混凝土连续梁中

的一种施工方法，即使用一套设备从桥梁的一端逐孔施工，直到对岸。

采用移动模架逐孔施工的主要特点有以下六点：

①移动模架法无须设置地面支架，不影响通航和桥下交通，施工安全、可靠。

②有良好的施工环境，保证施工质量，一套模架可多次周转使用，具有在预制场生产的优点。

③机械化、自动化程度高，节省劳力，降低劳动强度；上下部结构可以平行作业，缩短工期。

④通常每一施工梁段的长度取用一孔梁长，接头位置一般可选在桥梁受力较小的部位。

⑤移动模架设备投资大，施工准备和操作都较复杂。

⑥移动模架逐孔施工宜在跨径小于 50 m 的多跨桥梁上使用。

移动模架（造桥机）自上而下分别由主桁梁、导梁、挑梁、前支腿、中支腿、后支腿、支架、吊架、侧模及支撑、底模和底模桁架、内模系统、梯子及平台等组成；底模及侧模均设有液压油缸，脱模及移位时由液压油缸分别推动吊架及底模桁架实现；侧模及底模均设有螺旋支撑，可调节模板的预拱度。造桥机分上承式和下承式。

模架的功能、承载能力、长度、模板的尺寸及支承系统等，应与施工的预应力混凝土连续梁的各项要求相适应，设计厂家应提供模架的产品出厂质量合格证书，以及操作手册等相关技术文件。

模架应按照产品的操作手册进行拼装，拼装完成后应对其拼装质量进行检验，并应在首孔梁的浇筑位置就位后进行荷载试压试验，保证施工安全。

模架的支承系统应安全可靠，并应具有足够的承载力、刚度和稳定性，主梁挠度不应大于 $L/550$（L 为主梁支撑跨度），在各种工况下稳定系数不得小于 1.5。模架的后端宜设置后吊点，使模架中的模板与已浇梁段的悬臂端梁体紧密贴合，防止该处产生错台或漏浆；模架应根据计算及荷载试验结果设置预拱度。

首孔梁浇筑混凝土前，应做好施工前的各项准备工作，制订详细的施工方案、施工工艺、各项保证措施及应急预案；浇筑施工前，应对模架进行预压，以检验结构的承载能力和稳定性，消除其非弹性变形，观测结构的弹性变形和各部状况；挠度监测的数据及分析结果应作为修正模架预拱度的依据。

首孔梁的混凝土在顺桥向宜从桥台（或过渡墩）开始向悬臂端进行浇筑，中间孔宜从悬臂端开始向已浇梁段推进浇筑，末孔宜从一联中最后一个墩位处向已浇梁段推进浇筑最终与已浇梁段接合；梁体混凝土在横桥向应对称浇筑。连续梁逐孔现浇的纵向分段接缝位置应符合设计规定；设计未规定时，宜设在 1/5 跨的弯矩零点附近。

任一孔梁的混凝土浇筑施工完成后，内模中的侧向模板应在混凝土抗压强度达到 2.5MPa 后，顶面模板应在混凝土抗压强度达到设计强度的 75%后，方可拆除；外模架应在梁体建立预应力后方可卸落。

模架横移和纵向移动过孔前，应解除作用于模架上的全部约束。纵向移动时两侧的承重钢梁应保持基本同步，不同步的最大距离偏差应符合产品设计的规定，且应有限位和紧急制动装置；移动到下一孔位置后，应立即对模架进行准确就位并固定。模架在移动过孔时的抗倾覆稳定系数应不小于 1.5。

在梁体混凝土的浇筑施工过程中，应随时对模架的关键受力部位和支承系统进行检查，有异常时应采取有效措施及时处理；在移动过孔时，应对模架的运行状态进行监控。模架所有操作平台的边缘处，均应设置防护栏杆，必要时挂安全网，同时应在模架的适当部位配置消防器材。模架中的动力和照明线路应由专业人员敷设，并定期检查清理，消除漏电、短路等隐患。每完成一孔梁的施工，均应对模架的关键部位及支承系统进行检查，发现问题应及时处理。

连续梁施工顺序也可是箱梁混凝土整孔一次浇筑完成，由远端向已浇梁推进，浇筑湿接缝，张拉完成体系转换。

（三）悬臂现浇

悬臂浇筑是用挂篮为承重构件，以桥墩为中心向两岸对称地、逐节悬臂浇筑施工，每延伸一段就施加预应力使其与已施工完成部分联结成整体的施工方法，被广泛应用于预应力 T 形刚构桥、预应力混凝土连续梁桥、预应力混凝土悬臂梁桥、斜拉桥和拱桥等。

1. 挂篮形式

挂篮由过去的压重平衡式发展到现在的自锚平衡式。自锚平衡式的形式主要有桁架式（平行桁架式、菱形挂篮、三角形挂篮等）和斜拉式挂篮。挂篮的主要结构一般包括承重系统、平衡系统、模板系统、走行系统、操作平台。

2. 施工顺序

（1）梁体分段

悬臂浇筑施工时，梁体一般要分为四个部分浇筑。Ⅰ为墩顶梁段（0号块），一般为5~10 m；Ⅱ为0号段两侧对称悬臂浇筑部分，一般为3~5 m；Ⅲ为边孔在支架上浇筑部分，一般为2~3个悬臂浇筑段长；Ⅳ为跨中合龙段，一般为1~3 m。

（2）施工程序

①在墩顶托架上浇筑0号块并实施墩梁临时固结系统。

②在0号块上安装悬臂挂篮，向两侧依次对称地分段浇筑主梁至合龙段。

③在临时支架或梁端与边墩间临时托架上支模板浇筑现浇梁段。

④主梁合龙段可在改装的简支挂篮托架上浇筑。

3. 基本要求

①挂篮的结构除应满足强度、刚度和稳定性要求外，还应符合：挂篮与悬臂梁段混凝土的重量比不宜大于0.5，且挂篮的总重应控制在设计规定的限重之内。挂篮的最大变形（包括吊带变形的总和）不应大于20 mm。挂篮在浇筑混凝土状态和行走时的抗倾覆安全系数、锚固系统的安全系数、斜拉水平限位系统的安全系数及上水平限位的安全系数均不应小于2。挂篮的支承平台应有足够的平面尺寸。挂篮模板的制作与安装应准确、牢固。挂篮锚固系统所用的轴销、键、拉杆、垫板、螺母、分配梁等应专门设计、加工，并不得随意更换或替代。挂篮制作加工完成后应进行试拼，并进行模拟荷载试验，符合挂篮的设计要求后方可正式投入使用。

②钢筋制作与安装除符合一般规定外，还应符合以下规定：底板钢筋与腹板钢筋的连接应牢固，宜采用焊接；底板上、下两层钢筋网应采用两端带弯钩的竖向筋进行连接，使之形成整体；顶板底层的横向钢筋宜采用通长筋。

钢筋与预应力管道、预应力施工作业相互影响时，钢筋仅可移动，不得切断。挂篮的下限位器、下锚带、斜拉杆等部位影响下一步操作必须切断钢筋时，应在该工序完成后，将切断的钢筋连接好再补孔。

③墩顶及墩顶邻近梁段可采用落地支架或托架施工。墩顶梁段宜全断面一次浇筑完成，当梁段过高一次浇筑难以保证质量时，可沿高度方向分两次浇筑，但

两次浇筑的混凝土龄期不得大于 7 d。预应力混凝土连续梁的墩顶梁段施工时，应按设计规定设置临时固结装置，且临时固结装置的结构和采用材料应满足方便、快速拆除的要求。

④悬臂浇筑施工要求：悬臂浇筑施工应对称、平衡地进行，两端悬臂上荷载的实际不平衡偏差不得超过设计规定值；设计未规定时，不宜超过梁段重的1/4。悬臂梁段应全断面一次浇筑完成，并应从悬臂端开始，向已完成梁段推进分层浇筑。悬臂浇筑的施工过程控制宜遵循变形和内力双控的原则，且宜以变形控制为主。悬浇过程中梁体的中轴线允许偏差控制在±5mm 以内，高程控制在±5mm 以内。

挂篮前移时，宜在其后方设置控制其滑动的装置或在滑道上设置止动装置；前移就位后，应立即将后锚固点锁定，防止倾覆。悬臂施工跨越公路、铁路、航道等时，应采取有效的安全施工防护措施。

⑤悬浇时预应力的施工：预应力管道的安装定位应准确，备用管道和长束的管道应采取措施保证其在使用时的有效性。

对纵向预应力长钢束的张拉，应通过必要的试验确定其张拉程序和各项参数，张拉持荷时间宜增加 1 倍；当钢束的伸长值不能满足要求时，可采取补张拉或反复张拉的措施，但张拉应力不得超过设计规定的最大控制应力。横向预应力采用一端张拉时，其张拉端宜在梁两侧交错设置。竖向预应力筋宜采取多次张拉的方式进行，多次张拉的次数以钢束的伸长值是否达到要求且是否可靠锚固而定。

对竖向预应力孔道，压浆时应从下端的压浆孔压入，压力宜为 0.3~0.4 MPa，压入的速度不宜太快。

第二节 拱桥、斜拉桥与悬索桥

一、拱桥施工

（一）有支架（拱架）施工

1. 就地砌筑法

中小跨径的（砖）石拱桥可以使用简单的就地砌筑法。

（1）拱架

石拱桥的拱架宜采用钢拱架、木拱架等结构形式，拱架的设计、制作、拼装和拆卸应符合相关规定（见支架拱架部分），应达到安全、可靠、准确的基本要求。

当小跨径石拱桥采用土牛拱胎时，土牛拱胎在制作时应设防排水设施，土石应分层夯实，密实度不应小于95%，拱顶部分应选用含水率适宜的黏土或石灰土等。

（2）石料

用于砌筑拱圈的拱石应采用粗料石或块石，并按拱圈放样尺寸加工成楔形。拱石的厚度不小于200 mm，加工成楔形时其较薄端的厚度应符合设计要求的尺寸或按施工放样的要求确定；其高度应为最小厚度的1.2~2.0倍；长度应为最小厚度的2.5~4.0倍。

拱石应按立纹破料，岩层面应与公轴线垂直，各排拱石沿拱圈内弧的厚度应一致。一般按图纸在平地上以1:1放出拱圈大样，并按要求画出灰缝中心和拱石尺寸，根据实地放样制出样板，然后按样板开出拱石。拱石应编号，有次序地排列，用铅油将编号标在石面上。

（3）拱圈砌筑要求

①拱圈及拱上结构施工时应按设计要求或拱架预压结果留置施工预拱度。

②砌筑前应仔细检查拱架和模板（包括轴线、边线、高程、连接等），合格后方可砌筑。

③拱圈的辐射缝应垂直于拱轴线，辐射缝两侧相邻两行拱石的砌缝应互相错开，错开距离不应小于100 mm，同一行内上下层砌缝可不错开。

④浆砌粗料石和混凝土预制块拱圈的砌缝宽度应为10~20 mm，块石拱圈的砌缝宽度不应大于30 mm，用小石子混凝土砌块石时，不应大于50 mm。

（4）拱圈砌筑程序

①拱圈砌筑前，应根据跨径、矢高、厚度及拱架等情况，设计并确定砌筑程序。砌筑时，在适当位置设置变形观测缝，随时检测拱架的变形情况，必要时调整砌筑程序。

②跨径≤10 m的拱圈，当用满布式拱架砌筑时，可按拱圈的全宽和全厚，由两拱脚同时按顺序向拱顶方向对称、均衡地砌筑，最后砌拱顶石，但应争取以

最快的速度施工，使在拱顶合龙时拱脚处砌缝中的砂浆尚未凝结；当采用拱式拱架时，宜分段、对称地先砌筑拱脚和拱顶段，后砌 1/4 段。

③跨径 10~20 m 的拱圈，一般采用分段砌筑的方法。不论用何种拱架，每半跨可分成 3 段砌筑，先砌拱脚段（1 段）和拱顶段（2 段），后砌 1/4 跨径段（3 段），两半跨应同时对称进行。若分为 6 段时，应先砌 1、2、3 段，后砌 4、5、6 段。

对分段砌筑的拱段，当其倾角大于砌块与模板间的摩擦角时（约 20°），应在拱段下部设置临时支撑，避免拱段滑移。

三角支撑应在拱圈放样平台上按拱圈弧形放样制作。三角撑在安装时，须将螺栓拧紧。各三角撑之间的横档木应在立柱处断开，以便拆除。三角撑拆除时应自中间向两侧推进，拆一处砌一处。待新砌部分的砂浆达到一定强度时，再继续拆除下一个三角撑并补砌此处拱石。拆除三角撑时应稳妥进行，防止震动拱圈。

④跨径大于 20 m 的拱圈，其砌筑程序应符合设计规定；设计未规定时，宜采用分段砌筑或分环分段相结合的方法砌筑，必要时应对拱架预加一定的压力。分环砌筑时，应待下环砌筑合龙、砌缝砂浆强度达到设计强度的 85% 后，再砌上环。

⑤多孔连续拱桥拱圈的砌筑，应考虑连拱的影响，一般按图 4-1 所示程序进行。

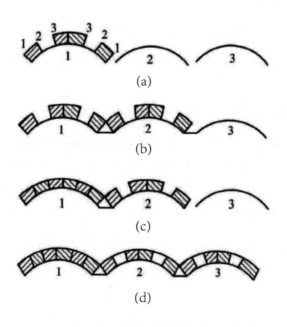

图 4-1　多孔拱圈砌筑程序

（5）空缝设置

砌筑拱圈时，应在拱脚、拱顶石两侧、分段点等部位临时设置空缝；小跨径拱圈不分段砌筑时，应在拱脚附近临时设置空缝。设置空缝是为了当拱架变形时，拱圈各节段有一相对活动的余地，从而避免节段间砌缝砂浆开裂。

预留空缝的位置应正确，形状应规则。空缝的宽度，在拱圈外露面应与相应类别砌块的一般砌缝相同；拱圈采用粗料石时，空缝的内腔可加大至 30 ~ 40 mm。

沿空缝的拱石，靠空缝一面应加工凿平；为保证在砌筑拱圈过程中，空缝的宽度和形状不发生改变，同时，能将上侧拱段压力传到下侧拱段及墩台上去，应在空缝中设置坚硬垫块。空缝处可用铁条垫隔，铁条为 30 mm×30 mm×100 mm 的铸铁，因填塞空缝的砂浆经捣固后向两侧砌体挤压，空缝变宽，铸铁垫块可抽出以便倒用。

空缝的填塞应在砌缝砂浆强度达到设计强度的 85% 后进行，填塞时应分层捣实。

空缝的填塞顺序，可由拱脚逐次向拱顶对称填塞；或先填塞拱脚处，再填塞拱顶处，最后自拱顶向两端对称逐条填塞；所有空缝亦可同时填塞。

（6）拱圈合龙

拱圈合龙可采用刹尖合龙、千斤顶合龙等方式。

对于小跨径拱圈，为提高拱圈应力和有利于拱架的卸落，可采用刹尖封顶完成拱圈合龙。此法工作原理是在砌筑拱顶石前，先在拱顶缺口中打入若干组木楔，使拱圈挤紧、拱起，然后嵌入拱顶石合龙。千斤顶合龙是在合龙前用千斤顶施加压力调整拱圈应力，然后安放拱顶石并填塞砂浆；千斤顶应在空缝填塞并达到一定强度（一般填塞后 7 d）后再拆除，拆除次序应成对由两边向中间进行。

封拱合龙宜在当日最低气温且温度场较稳定的时段进行；分段砌筑的拱圈应待填塞空缝的砂浆强度达到设计强度的 85% 后再进行合龙。使用千斤顶调整拱圈应力时，应待砌筑砂浆的强度达到设计规定的强度后方可合龙。

（7）拱上结构砌筑

拱上结构在拱架卸架前砌筑时，应待拱圈合龙段砂浆强度达到设计强度的

85%后进行。当先卸架后砌拱上结构时，应待拱圈合龙段砂浆强度达到设计强度的100%后进行。拱上结构一般应由拱脚向拱顶对称、均衡地砌筑拱上建筑。

砌筑实腹式拱的拱上建筑时，将侧墙等拱上建筑分成几个部分，由拱脚向拱顶对称地、做台阶式砌筑。空腹式拱桥可在主拱圈砌完后，先砌腹拱横墙，待卸落拱架后再砌腹拱拱圈。

2. 支架混凝土浇筑法

现浇混凝土拱桥施工一般分为三个阶段进行：第一阶段浇筑拱圈或拱肋及拱上立柱的底座；第二阶段浇筑拱上立柱、联结系及横梁等；第三阶段浇筑桥面系。

拱圈和拱肋的浇筑流程为：支架设计→基础处理→拼设支架→安装模板→安装钢筋→混凝土浇筑→养护→侧模拆除→底模、支架拆除。

①跨径较小（一般小于16 m）的拱圈或拱肋混凝土，应按拱圈全宽从两端拱脚向拱顶对称、连续地浇筑混凝土，并在拱脚混凝土初凝前全部完成，如预计不能在限定时间内完成，则应在拱脚预留一个隔缝并最后浇筑混凝土。

跨径较大（一般大于等于16 m）的拱圈或拱肋，应沿拱跨方向分段对称浇筑。分段位置应以能使拱架受力对称、均匀和变形小为原则。对于拱式拱架，宜将分段位置设置在拱架受力反弯点、拱架节点、拱顶及拱脚处；对满布式拱架，宜将其设置在拱顶、L/4部位、拱脚及拱架节点处。各段的接缝面应与拱轴线垂直，各分段点应预留间隔槽，其宽度一般为0.5~1.0 m，当安排有钢筋接头时，其宽度还应满足钢筋接头的要求。如预计拱架变形小，可减少或不设间隔槽，而采取分段间隔浇筑。

②浇筑拱圈混凝土时，应严格按照预先制定的浇筑程序对称于拱顶进行，并应控制两端的浇筑速度，避免产生过大的偏差。分段浇筑时，各分段内的混凝土宜一次连续浇筑完成，因故中断时，应浇筑成垂直于拱轴线的施工缝；如已浇筑成斜面，应凿成垂直于拱轴线的平面或台阶式结合面。

③间隔槽混凝土的浇筑，应待拱圈分段浇筑完成后且其强度达到设计强度的85%，并且接缝按施工缝处理后，再由拱脚向拱顶对称浇筑。拱顶及两拱脚间隔槽混凝土应在最后封拱时浇筑。

④浇筑大跨径拱圈时，纵向钢筋接头应安排在设计规定的最后浇筑的几个间隔槽内，并应在浇筑这些间隔槽时再连接。

⑤浇筑大跨径拱圈或拱肋混凝土时，宜采用分环（层）、分段浇筑，也可沿纵向分成若干条幅，中间条幅先行浇筑合龙，达到设计要求后，再按横向对称，分层浇筑合龙其他条幅。其浇筑顺序和养护时间应根据拱架荷载与各环负荷条件通过计算确定，并应符合设计要求。

⑥大跨径钢筋混凝土箱形拱圈（拱肋）采用在拱架上组装部分预制部件然后现浇混凝土的方法进行施工时，组装和现浇均应从两拱脚向拱顶对称进行。箱形拱圈的底板施工时，应按拱架变形情况设置少量间隔缝，缝内混凝土应在底板合龙时浇筑；拱圈的底板、腹板混凝土强度达到设计强度的85%后方可安装预制盖板，然后铺设钢筋，浇筑顶板混凝土。

⑦拱圈合龙温度应符合设计要求；设计未要求时，宜选择夜间气温较稳定时段的温度。封拱合龙前用千斤顶施加压力的方法调整拱圈应力时，拱圈（含已浇间隔槽）内的混凝土强度应达到设计规定的强度。

⑧在多孔连续拱桥中，当墩台不是按单向推力墩设计时，应注意相邻孔间对称均匀施工。

⑨拱圈在浇筑过程中，应随时监测拱架的变形，如变形量超过计算值，应及时查明原因，并采取加固拱架或调整加载顺序的措施，保证施工安全。

3. 悬臂浇筑法

悬臂浇筑法属于混凝土拱桥就地浇筑法。图4-2是采用悬臂浇筑法浇筑箱形截面主拱圈的示意图。它把主拱圈划分成若干个节段，并用专门设计的钢桁托架结构或挂篮作为现浇混凝土的工作平台。托架的后端铰接在已完成的悬臂结构上，其前端则用刚性组合斜拉杆经过临时支柱和塔架，再由尾索锚固在岸边的锚碇上，悬臂施工流程和施工要点、注意事项见梁桥施工部分。

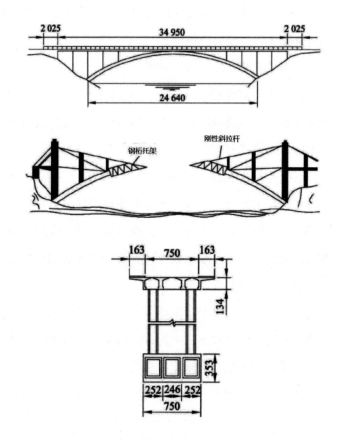

图 4-2 悬臂浇筑箱形拱示意图 (单位：cm)

（二）预制安装施工（无支架施工）

1. 缆索吊装施工

（1）拱圈预制

拱肋宜采用立式方法预制，先在样台上放出拱肋大样，然后制作样板。放样时一定要将横隔板、吊孔、接头位置等准确放出。

拱箱预制时，可先预制横隔板、腹板，然后在拱胎上进行组装，并浇筑底、顶板和接头混凝土。混凝土强度达到设计强度的85%后，方可起吊运输到存放场地存放。

（2）缆索吊系统

缆索吊装设备主要由主索、工作索、塔架和锚固装置等四个基本部分组成，包括主索、起重索、牵引索、结索、扣索、缆风索、塔架及索鞍地锚、滑车、电动卷扬机等设备和机具。

塔架宜采用常备式定型钢构件在墩、台顶上拼装，其基础应牢固可靠，周围应设置防排水设施；塔的纵横向应设置风缆，塔顶部位应设置可靠的避雷装置。

主缆采用钢丝绳的直径和数量应经计算确定，安全系数不小于3，且每根主缆应受力均匀；地锚设置应满足主缆可靠锚固的要求，主缆与地锚连接处的水平夹角应在25°~35°。

吊装前应对缆索吊装系统的各种工况进行强度、刚度和稳定性验算，并应进行试吊。

吊装施工时，各扣索的位置必须与所吊挂的拱肋在同一竖直面内；主塔塔顶的最大偏位不得大于塔高的1/400；扣塔塔顶的最大偏位不得大于10 mm。

（3）拱肋的吊装

拱肋的吊装，除拱顶节段外，每段应各设一组扣索和一组风缆。风缆系统及地锚应进行专门设计，确保安全可靠；固定的风缆应待全孔合龙、横向联结构件混凝土的强度满足设计要求后方可拆除。

单肋合龙的横向稳定安全系数不应小于4；单基肋合龙时其横向稳定性主要依靠拱肋接头附近所设的缆风索来加强，因此缆风索必须十分可靠。在跨径较大时，第一片拱肋单肋合龙后，第二片拱肋也可以独立设置缆风索进行单肋合龙，待两片拱肋完成接头连接工序后，再将两片拱肋横向连成整体。跨径比较小的桥梁，第二片拱肋可不设缆风索，利用木夹板与第一片拱肋横向连接即可。

当横向稳定安全系数不能满足时，应采取双肋合龙松索成拱的方式施工，且应在双肋合龙后采取有效的横向连接措施，使之形成基肋后再安装其他肋段。"双基肋"合龙的方法是先将第一根拱肋合龙并调整轴线，楔紧拱脚及接头缝后，松索压紧接头缝，但不卸掉扣索和起重索，然后将第二根拱肋合龙，并使两根拱肋横向联结固定，拉好风缆后，再同时松卸两根拱肋的扣索和起重索。这种方法需要两组主索设备。

拱肋分3段吊装时，宜先准确扣挂两拱脚段，再安装拱顶段；当拱肋分5段或7段吊装时，宜先从拱脚段开始，依次向拱顶段吊装就位；7段以上拱肋的安装，应设置临时施工索塔依次对称悬拼各段拱肋，且各节段的扣（锚）索在临时索塔上锚固点的水平分力之和应为零。扣索的扣挂应稳妥可靠，各段拱肋的上端头均应通过扣索的调整使其略高于设计高程。

（4）松索

松索前应校正拱轴线位置及各接头高程，使之符合要求。松索应按照拱脚段扣索、次拱脚段扣索、起重索三者的先后顺序，并按比例定长、对称、均匀松卸。

每次松索时均应采用仪器观测，并应控制各接头、拱顶及 1/4 跨处的高程，防止拱肋接头发生非对称变形而导致拱肋失稳或开裂。每次的松索量宜小，各接头高程变化不宜超过 10 mm，松索压紧接头缝后应普遍旋紧接头螺栓一次。

2. 整体安装法

这种整体预制吊装方法比较适合于钢管混凝土系杆拱桥的整片起吊安装，因钢管混凝土拱肋在未灌注混凝土之前具有重量较轻的特点。如某跨径 45 m 的系杆拱片，经组合后，其吊装重量仅为 18.7 t，用起重量 20 t 的浮吊，仅用一天就把两片拱片全部安装完毕。

3. 节段拼装法（悬臂拼装法）

节段拼装法是将主拱圈划分成若干节段，节段在现场的地面或预制工厂预制，运送至施工现场，利用起吊设备提升就位，进行拼装，逐渐加长至成拱。每拼完一个节段，必须借助辅助设备临时固定悬臂段。

起重设备一般采用缆索吊装和伸臂式起重机。

图 4-3 为利用伸臂式起重机在已拼装好了的悬臂端逐次起吊和拼装下一节段施工的示意图。每拼装好一个节段，即用辅助钢索临时拉住，每拼完三节，便用更粗的主钢缆拉住，然后拆除辅助钢索，以供重复使用。这种方法适用于特大跨径的拱桥施工。

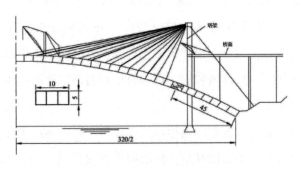

图 4-3　悬臂拼装示意图（单位：m）

（三）转体施工

转体施工法是将主拱圈从拱顶截面分开，把主拱圈混凝土高空浇筑作业改为放在桥孔下或两岸进行，并预先设置好旋转装置，待主拱圈混凝土达到设计强度后，再将其就地旋转就位成拱。

1. 平面转体施工法

主拱圈处在平面旋转过程中将主拱圈分为两个半跨，分别在两岸利用地形做简单支架（或土牛拱胎），现浇或者拼装拱肋，再安装拱肋间横向连接，把扣索的一端锚固在拱肋端部（靠拱顶）附近，经引桥桥墩延伸至埋入岩体内的锚碇中，最后用液压千斤顶收紧扣索，使拱肋脱模、借助环形滑道和卷扬机牵引，慢速地将肋拱转体，最后再进行主拱圈合龙段和拱上建筑施工。

平面旋转又分为有平衡重平转和无平衡重平转。

有平衡重平转施工时，对跨径较大、转动体系重心较高的拱桥，宜采用环道与中心支承相结合的转盘结构；对中、小跨径的拱桥，可采用中心支承的转盘结构。转体前应核对平衡体的重量和转动体系的重心；采用内、外锚扣体系时，扣索应采用钢绞线和带墩头锚的高强钢丝等高强材料，其安全系数应大于2。

无平衡重的平转转体系由锚固体系、转动体系和位控体系等构成。对尾索张拉、扣索张拉、拱体平转、合龙卸扣等工序，施工时应进行索力、轴线、高程等监测。

2. 竖向转体施工法

当桥位处无水或水很浅时，可将拱肋分成两个半跨在桥下预制；如果桥位处水较深，可以在桥位附近预制，然后浮运至桥轴线处，再用起吊设备和旋转装置进行竖向转体施工。

竖转法施工中的转动系统由转动铰、提升体系、锚固体系等构成。竖转施工宜采用横向连接成整体的双肋为一个转动单元。扣索宜选用钢丝绳或钢绞线，扣索的锚碇宜采用钢筋混凝土锚。钢丝绳的安全系数应不小于6，钢绞线的安全系数应不小于2，锚碇的抗拔、抗滑安全系数应不小于2。转动铰可选用钢制的轴销铰、钢板包裹混凝土的弧形柱面铰或球面铰。

转动前应进行试转，检验竖转系统的可靠性；竖转速度宜控制在0.005～

0.01 rad/min。

3. 平+竖结合的转体施工法

平转加竖转施工方法是先将拱肋平转到桥轴线位置，然后再竖转到设计高程。平转和竖转采用各自独立的转动系统，并应分别按平转和竖转的相关规定施工。

（四）组合拱桥的其他方法施工

组合体系拱桥根据梁和拱的刚度不同及施工环境、施工条件的不同，可采用"先梁后拱"或"先拱后梁"法施工，预应力混凝土拱及钢拱也有采用顶推施工法的。

二、斜拉桥、悬索桥施工

（一）斜拉桥施工

斜拉桥作为一个整体，它的塔、梁、索的施工必须互相配合，服从工程设计意图。

1. 塔的施工

①钢索塔施工一般为预制吊装、焊接：钢索塔的构件在工厂制作时应进行试拼装，试拼装合格后方可起运，并根据不同的运输方式对构件进行必要的临时加固和保护。节段构件安装的吊点、导向件及临时匹配件宜在工厂内制作时设置。

安装施工前应编制详细的节段构件吊装施工工艺，并应核对各节段构件的编号和起吊重量。

钢索塔与基础的连接采用螺栓锚固时，承压板与混凝土之间应保持密贴，混凝土表面应抛光磨平并对承压板进行机械切削；采用埋入式锚固时，应确保按照底座设计施工程序并保证底座的安装精度符合设计要求。

②混凝土索塔施工大体上可分为支架现浇、预制吊装、翻模、爬模浇筑四种方法。塔柱节段施工长度应根据索塔的结构形式、钢筋定尺长度和施工条件等因素综合确定；塔柱模板应具有足够的刚度、强度和稳定性，用于高塔且风力较大地区的模板应进行抗风稳定性验算。塔座及塔柱实心段施工时，应控制好模板的

平面位置和倾斜度，对混凝土采取降低水化热和温度控制措施；同时，采取措施缩短塔座与承台、塔柱与塔座之间浇筑混凝土的间隔时间，间歇期不宜大于10 d。

索塔与主梁不宜交叉施工。浇筑混凝土时应布料均匀，控制其倾落高度不超过 2 m，保证混凝土不产生离析；每一节段现浇混凝土的养护时间不应少于 7 d。

2. 主梁施工

一般来说，混凝土梁式桥施工中的任一种合适的方法，如支架上拼装或现浇、悬臂拼装或浇筑、顶推法和干转法等，都有可能在斜拉桥的上部结构施工中采用。斜拉桥最适宜的施工方法是悬臂施工，即悬臂拼装法和悬臂浇筑法。悬臂施工的程序、要点等见梁桥施工部分。

3. 斜拉索安装

拉索安装大致分为引架作业和张拉作业两个步骤。

①斜拉索的引架作业是将斜拉索引架到桥塔锚固点和主梁锚固点之间的位置上。其作业方法为：在工作索道上引架，此法是先在斜拉索的位置下安装一条工作索道，斜拉索沿着工作索道引架就位；由临时钢索及滑轮吊索引架，此法是在待引架的斜拉索之上先安装一根临时钢索，称为导向索，斜拉索拉在沿导向索滑动并与牵引索相连接的滑动吊钩上，用绞车引架就位；利用卷扬机或吊机直接引架，这个方法最为简捷，也特别适合于密索体系悬臂施工，当索塔很高时，吊机没有那么高，则可以在浇筑桥塔时，先在塔顶预埋扣件，挂上滑轮组，利用桥面上的卷扬机与牵引绳通过转向滑轮和塔顶滑轮将斜拉索吊起，一端塞进箱梁，一端塞进桥塔。

②斜拉索的张拉作业：张拉作业一般有三种方法，分别为：用千斤顶将塔顶鞍座顶起，每一对索都支承在各自的鞍座上，鞍座先就位在低于其最终的位置，当斜拉索引架就位后，将鞍座顶到其预定的高程，使斜拉索张拉达到其承载力；在支架上将主梁前端向上顶起，斜拉索引架时处于不受力状态，比受力状态时要短，为此，于主梁与斜拉索的连接点上将梁顶起，斜拉索引架完成后放下千斤顶使斜拉索受力；千斤顶直接张拉，这是最常用也是最方便的方法，张拉过程见预应力混凝土施工部分。

斜拉索的张拉一般可分为拉丝式（钢绞线夹片群锚）锚具张拉和拉锚式锚

具张拉两种。其中，拉锚式锚具张拉因施工操作方便及现场工作量较少等优点被更多地采用。根据设计要求及现场实际情况，有采用塔部一端张拉的，有采用梁部一端张拉的，也有采用塔、梁部两端张拉的，其中以塔部一端张拉使用最为广泛。

拉丝式夹片群锚钢绞线斜拉索的张拉：对于配装拉丝式夹片群锚锚具的钢绞线斜拉索，挂索时先要在拉索上方设置一根粗大钢缆作为辅助索，拉索的聚乙烯套管先悬挂在辅助索上，然后逐根穿入钢绞线，用单根张拉的小型千斤顶调好每根钢绞线的初应力，最后用群锚千斤顶整体张拉。新型的夹片群锚拉索锚具，第一阶段张拉使用拉丝方式，调索阶段使用拉锚方式。

拉锚式斜拉索的张拉：拉锚式斜拉索张拉均为整体张拉。根据目前的技术水平，国内外拉索锚具、千斤顶、拉索的设计吨位已达到"千吨"级水平，大吨位拉索整体张拉工艺已十分成熟。无论是一端张拉还是两端张拉，一般情况下都须在斜拉索端头接上张拉连接杆，之后使用大吨位穿心式千斤顶实施斜拉索的张拉调索。为方便施工，张拉杆大都采用分节接长，而非整根通长。

（二）悬索桥施工

悬索桥是以受拉主缆为主要承重构件的桥梁。悬索桥施工主要有锚碇、索塔、主缆及加劲梁的制作和安装。

1. 锚碇施工

锚碇是主缆锚固装置的总称，由混凝土锚块（含钢筋）及支架、锚杆、鞍座（散索鞍）等组成。主缆是由空中成束的形式进入锚碇，要经过一系列转向、展开、锚固的构件。悬索桥按锚固形式分为地锚式和自锚式。地锚式悬索桥：主缆拉力由梁端锚碇传递给地基，适用于地基具有良好持力岩层的情况和大跨度桥梁。

锚块的形式可分为重力式和隧道式。重力式锚碇：水平方向上依靠摩擦力抵抗主缆水平力，竖向靠重力抵抗上拔力，靠自身重力抵抗主缆拉力的倾覆力矩。隧道锚靠咬合力抵抗主缆拉力。

若锚碇处有坚实岩层靠近地表，修建隧道锚（或称岩洞式锚）有可能比较经济。

2. 索塔施工

混凝土索塔通常采用滑模、爬模、翻模并配以塔吊或泵送浇筑，钢索塔一般为吊装施工。

3. 主缆架设

悬索桥的钢缆有钢丝绳钢缆和平行线钢缆。前者一般用于中、小跨度的悬索桥，后者主要用于主跨为 500 m 以上的大跨悬索桥。平行线钢缆根据架设方法分为空中送丝法（AS 法）及预制索股法（PWS 法）。

4. 加劲梁架设

加劲梁架设的主要工具是缆载起重机。架设顺序可以从主跨跨中开始，向桥塔方向逐段吊，也可以从桥塔开始，向主跨跨中及边跨岸边前进。

与多数地锚式悬索桥先缆后梁施工不同，自锚式悬索桥一般采用"先梁后缆"方法施工。

5. 悬索桥总体施工顺序

施工准备工作→安装起重门架→安装鞍座下格栅→吊装主鞍、散索鞍→导索过江→安装施工步道→安装主缆牵引系统→架设主缆→调整主缆线型及锚跨拉力→挤紧→安装索夹→转换施工步道→安装吊索→吊装钢箱梁并分段调整索鞍位置→钢箱梁焊接→桥面系施工→缆索系统缠丝防护→安装主缆缆套、鞍盖及检修道→拆除施工步道。

第三节 桥面系施工

桥面系指的是上部结构中，直接承受车辆、人群等荷载并将其传递至主要承重构件的桥面构造系统，包括桥面铺装、人行道（安全带）、防水层、护栏（栏杆）、伸缩缝装置等。

一、桥面铺装施工

桥面系施工前应对梁板安装情况及支座情况做进一步详细检查，检查梁板侧向凿毛是否彻底，铰缝筋、捆板筋等预埋件是否齐全并按设计要求搭接好，梁端橡胶减震垫块是否按设计要求设置，梁板横向、纵向间距特别是梁端与桥台背墙之间、伸缩缝处相邻梁端之间的距离是否符合设计及规范要求，安装总体中心线与尺寸是否符合设计，如有不符应做最后调整。

（一）铰缝施工

①梁板就位后将铰缝钢筋全部掰出，并按设计要求连接到位。捆绑钢筋焊前调直，焊接时处于绷紧状态，按规范要求进行钢筋焊接，不得用点焊连接。

②把铰缝内杂物清理干净，在梁板铰缝底处设底模，底模要吊牢，空心板的铰缝吊板采用钢管与梁板底部边缘紧贴。严禁采用硅胶管作为吊板。铰缝混凝土两端采用钢板支挡以防止胀模、漏浆。

③铰缝混凝土应分层浇筑，采用振捣棒振捣密实（缝隙较小时，配以人工振捣器捣实），为了达到更好的养生效果保证铰缝混凝土质量，浇筑时顶面标高比空心板顶面低 2 cm 左右，铰缝混凝土浇筑后要采用洒水养生，养生期为 7 d，混凝土养生期内严禁一切车辆通过。

（二）铺设钢筋网

铺设钢筋网前应对桥面进行清理，钢筋网绑扎要牢固，并应特别注意混凝土保护层的控制。桥面钢筋要用 φ 22 短钢筋支撑，并与钢筋网点焊牢固，每平方米支点不少于 4 个。用混凝土垫块控制保护层时，垫块要与钢筋绑扎牢固；严禁在浇筑混凝土时，钢筋网下落、变形，甚至贴在梁板上。

（三）桥面混凝土浇筑

为保证桥面铺装厚度、纵横坡度，混凝土浇筑前应对桥面做横断面测量放样，布设施工标高控制点，每横断面不少于 5 点，即中心 1 点，两边缘各 1 点，中心与边缘中间各 1 点。每 2~5 m 设置一个横断面，控制点用钢筋或采用其他方式固定，并标记施工控制高度。

桥面混凝土施工工序为：布料→振捣棒振捣→平板振捣器振捣→振捣梁振捣→收浆抹面→拉毛→覆盖土工布及厚塑料布养生（养生 14 d）。

水泥混凝土桥面铺装的要求：铺装的厚度、材料、铺装层结构、混凝土强度、防水层设置等均应符合设计要求。桥面铺装工作应在梁体的横向联结钢板焊接工作或湿接缝浇筑完成后进行；铺装施工前应使梁、板顶面粗糙，将其清洗干净，并按设计要求铺设纵向接缝钢筋和桥面钢筋网；水泥混凝土桥面铺装，其顶面应采取防滑措施，并宜分两次进行，第二次抹平后，应沿横坡方向拉毛或采用机具压槽。

二、桥面防水与排水

桥面防水层设置在铺装层下面，它将透过铺装层渗下的雨水汇集到排水设施排出，以防桥梁遭受雨水侵蚀而破坏。防水可采用卷材、涂料防水层等。

桥面防水层的层数和采用的材料应符合设计要求，材料的性能和质量应符合产品相应标准的规定。

（一）桥面防水层铺设要求

①防水层材料在进场时进行检测，符合产品的相应标准后方可采用。

②铺设防水材料前清除桥面的浮浆和各类杂物。

③防水层在横桥向应闭合铺设，底层表面应平顺、干燥、干净。防水层不宜在雨天或低温下铺设。

④防水层通过伸缩缝或沉降缝时，应按设计规定铺设。

⑤水泥混凝土桥面铺装层采用织物与沥青黏合的防水层时，应设置隔断缝。

⑥防水层施工完成后，在未达到规定的时间内，不得开放交通。

（二）涂料防水层施工

①施工前必须检查结构基层，其表面要平顺（用 2 m 直尺测量，最大差值应小于 5 mm，不允许有突出 2 mm 以上的突出物和凹深 3 mm 以上的小坑）；表面要有足够的硬度，不能有松散、掉皮、空鼓和龟裂等现象；表面不得有尘土、杂物，若有，在涂刷操作前用空压机或清洁水吹洗干净。

②选料要合格。使用前做试配，配比与称量应准确，配制时须按操作细则执行，搅拌均匀，当日配制的料应当日用完。

③按施工工艺流程分层涂刷。厚度、技术性能等应符合要求、涂刷均匀、薄厚一致；不得有气起鼓、剥离存在；未干透前不得上人、堆物或进入下一道工序

（根据气、湿度控制干透时间）。

④涂刷用玻璃布、无纺布等做加强层时，摊铺应平整、不起褶、不翘皮、不起鼓，其搭接长度应不小于 10 cm。

⑤细部结构处操作不当或被忽视，往往是渗漏的起因，并会逐渐扩大，因此，需要精心施工，保证质量。

（三）卷材防水层施工

①卷材防水层的混凝土垫层或水泥砂浆找平层基层应做到：牢固、无松动现象；表面平整，清洁干净，铺贴卷材前应干燥；结构的阴阳角，应做成圆弧形或钝角。

②卷材铺贴前应保持干燥，表面的一些隔离物等应清除掉。

③卷材搭接长度，长边不应小于 10 cm，短边不应小于 15 cm；上下层和相邻两幅卷材的接缝要相互错开；上下层卷材要相互垂直。

④在细部结构处也应做细部处理，如铺设前先将转角等处抹成钝角或圆弧形，铺设时应在防水层上加铺附加层，用一层或两层同样的卷材，按转角形状粘贴紧密。

⑤粘贴卷材应展平压实，卷材与基层和各层必须粘贴紧密，搭接缝应封缝严密；由于桥上卷材粘贴面大，应随铺随保护，防止随便踩踏，经验收合格后，及时进行桥面铺装。

（四）泄水管

泄水管的施工应符合设计规定。泄水孔的顶面不宜高于水泥混凝土调平层的顶面，且在泄水孔的边缘宜设渗水盲沟，使桥面上的积水能顺利排出。

三、沥青混凝土摊铺

沥青混凝土桥面铺装的层数和厚度均应符合设计规定，铺装前对桥面进行检查，桥面应平整、粗糙、干燥、整洁；铺装前应洒布黏层沥青。当采用刻槽方式增加沥青混凝土铺装层与混凝土桥面的啮合，提高其抗滑能力时，刻槽的宽度宜为 20 mm，槽间距宜为 3~5 mm。沥青混凝土摊铺要合理使用设备，按照相应技术规范施工，且使铺装层到边到沿，碾压密实。

四、伸缩装置的安装

桥梁伸缩缝是为适应材料收缩和膨胀变形对结构的影响，在桥梁结构的两端或梁（板）之间设置的间隙。桥梁伸缩缝装置是为了使车辆平稳通过桥面伸缩缝处并满足桥梁变形的需要，在桥面伸缩接缝处设置的各种装置的总称。常用的伸缩装置有梳齿板式伸缩装置、橡胶伸缩装置、模数式伸缩装置（毛勒伸缩缝）等。

（一）伸缩缝安装程序

伸缩缝装置宜在桥面铺装完成后，采取反开槽的方式进行安装；当采取先安装再铺装桥面的方式时，应采取有效措施对安装好的伸缩缝装置进行妥善保护。伸缩缝装置安装的步骤一般如下：

①桥面整体铺装。

②切缝。

③对预留槽的宽度、深度及预埋钢筋进行检查，使之符合安装伸缩装置的要求。

④清理槽口，必须把所有污物、尘土、沙粒等全部予以清除。

⑤检查伸缩装置各梁之间间隙是否符合安装温度的要求，应按照现场的实际气温调整其定位值。

⑥以两侧的沥青路面为标高，用起重设备将伸缩装置放在槽口内，调整伸缩装置使其顶面与路面标高相同，其纵坡、横坡应与桥梁路面相符。

⑦检查伸缩装置的位置，使伸缩装置在垂直缝方向和顺缝方向的位置都符合要求，如果预埋钢筋对伸缩装置的安装有障碍，可用气割割掉，方可施工。

⑧伸缩装置正确就位后，先将伸缩一侧的锚固筋与预留槽的预埋钢筋相连并焊接，焊接时可以间隔一个焊一个，然后再将另一侧的锚固钢筋按上述步骤焊接，当伸缩缝装置固定好后，夹具可以取下，然后再将另一侧的锚钢筋按上述步骤焊接。焊接锚固钢筋与预埋钢筋应完全焊接，使伸缩装置可靠牢固。

⑨检查安装的伸缩装置是否牢固，确认牢固后，两侧过渡段的混凝土宜在接

缝伸缩开放状态下进行浇筑，浇筑时应采取措施防止已定位固定的构件移位。

⑩及时养护，混凝土养护时间不少于 7 d。

（二）梳齿板式伸缩缝

梳形钢板伸缩装是由梳形板、锚栓、垫板、锚板、封头板及排水槽等组成的，安装时应采取措施防止梳齿不平、扭曲和变形等现象，对梳齿间隙的偏差应进行控制，在气温最高时，梳齿的横向间隙应不小于 5 mm，齿板间隙应不小于 15 mm。

（三）橡胶伸缩装置

安装前应检查桥面端部预留槽口的尺寸及钢筋，确认无误后方可进行安装。采用后嵌式橡胶伸缩体时，应在桥面混凝土干燥收缩完成且徐变亦大部分完成后再进行安装。

安装前将预留槽口的混凝土表面清理干净，并涂防水胶黏材料。根据气温和缝宽进行必要的调整后，再将伸缩装置安装就位，安装后应使其处于受压状态。根据安装时的环境温度计算并设置伸缩装置的模板宽度与螺栓间距，将加强钢筋与螺栓焊接就位后，再浇筑过渡段混凝土并洒水养护。

向伸缩装置螺栓孔内灌注防蚀剂后，及时盖好盖帽。

（四）模数式伸缩装置

模数式伸缩装置最初从外国进口，主要来源于德国的毛勒公司和瑞士的玛格巴公司；模数式伸缩装置是一种格栅式结构，其承载机构主要由边梁和中梁组成，通过支撑横梁将荷载受力传递于桥梁端部，位移通过支撑横梁在变位箱内自由滑动实现。其型号以 80 为倍率，例如 D80、D160、D240……每种型号的最大允许伸缩量与所含橡胶条数成正比。

预留槽口和预埋锚固筋应符合设计要求，根据气温确定安装定位值。安装时应采用专用卡具将其固定，伸缩装置的中心线应与桥梁中心线重合，顶面高程应与设计高程相吻合；绑扎其他钢筋和铺设防裂钢筋网等工作，应在按桥面横坡定位、焊接牢固后进行。

浇筑过渡段混凝土前应将间隙填塞紧密；浇筑时应防止混凝土渗入伸缩装置的位移控制箱内，或撒落在密封橡胶缝中及表面，如发生此现象，应立即清除；浇筑后应将填塞物及时取出。

伸缩装置两侧的过渡段混凝土应洒水养护不少于 7 d，强度达到设计要求后方可开放交通。

五、桥面防护设施施工

（一）混凝土防撞护栏

防撞护栏应在桥面的两侧对称进行施工；对结构重心位于梁体以外的悬臂式防撞护栏，应在与主梁横向联结或拱上结构完成后方可施工；对就地浇筑的防撞护栏，宜在顺桥向每间隔 5~8 m 设一道断缝或假缝。

防撞护栏的钢筋与梁体的预留钢筋应可靠连接；模板宜采用钢模，支模时应在顶部和底部各设一道对拉螺杆，或采用其他固定模板的装置。

混凝土宜采用坍落度较小的干硬性混凝土，浇筑时应分层进行，分层厚度不宜超过 200 mm；振捣时应采取适当的措施使模板表面的气泡逸出。

施工完成后的防撞护栏，其顶面高程和位置应准确，位于弯道上的护栏其线形应平顺。

（二）人行道、安全带施工

悬臂式人行道、安全带构件应在主梁横向联结或拱上结构完成后方可安装。人行道、安全带应采用 M20 稠水泥砂浆坐浆安装，并应使顶面形成设计规定的横向排水坡。

防撞护栏、人行道、安全带等在伸缩缝处应断开，伸缩缝内应填满橡胶或沥青胶泥等有弹性、不透水的材料，不应有松散的砂浆和活动时有可能剥落的砂浆薄皮。

第五章　桥梁结构检测

混凝土结构物，有时因施工管理不善或受使用环境及自然灾害的影响，外部可能形成蜂窝、麻面、裂缝或损伤层等缺陷，其内部可能存在不密实或空洞等缺陷。这些缺陷的存在会不同程度地影响结构承载力和耐久性，有效、准确地查明混凝土缺陷的性质、范围及尺寸，是桥梁技术状况检测与评定的重要工作。

第一节　混凝土表观与内部缺陷检测

混凝土结构物，有时因施工管理不善或受使用环境及自然灾害的影响，外部可能形成蜂窝、麻面、裂缝或损伤层等缺陷，内部可能存在不密实或空洞等缺陷。这些缺陷的存在会不同程度地影响结构承载力和耐久性，有效、准确地查明混凝土缺陷的性质、范围及尺寸，是桥梁技术状况检测与评定的重要工作。

一、混凝土裂缝宽度检测

（一）简介

随着混凝土结构的劣化发展，一般在混凝土表面会出现病害的外观特征。结构外观检测以人力目测为主，辅以刻度放大镜、钢卷尺和锤击检查等手段，对结构表面缺陷、损伤及病害等进行检测，对检测结果尽可能采用坐标图形或照相并结合文字描述进行记录。

桥梁工程上混凝土出现裂缝的情况十分普遍，这所提到的裂缝均指可视性裂缝。对可视性裂缝的检测主要包括裂缝的长度、宽度、深度及裂缝的分布和走向。裂缝的长度、分布走向及其他缺陷等只要通过普通几何测量即可得到，裂缝的宽度和深度检测则需要借助相关的仪器测量。对现场检测得到的病害应绘制病害展示图进行示意，体现病害的类型、病害的位置及病害的大小等。以下混凝土表观缺陷检测只简单介绍混凝土裂缝宽度的检测。

（二）读数显微镜和裂缝尺检测

读数显微镜是可以用来测量裂缝宽度的常用光学仪器，读数显微镜种类很多。便携式读数显微镜照片读数精确度一般为 0.01 mm，量程为几毫米。其主要由物镜、目镜、刻度分划板和测微机械装置组成，体积小、质量轻，便于现场使用。

裂缝宽度读数尺，实质是一张硬质的纸片，上面刻印有许多大小不等的标准线条。在现场测试中，只要再配一块放大镜，用比照的方法即可方便地测量裂缝的宽度。为提高卡片的使用寿命，有人将裂缝尺制作成磁卡大小的厚塑料片，对这类有一定厚度的裂缝尺在实际使用时要注意视角误差。

（三）数显式裂缝测宽仪检测

数显式裂缝测宽仪是专业检测混凝土结构中裂缝宽度和表面微观缺陷的仪器。数显式裂缝测宽仪主要由主机、测量探头（摄像头）及信号线等组成。在使用时用电缆连接显示屏和测量探头，打开电源开关，将测量探头的两个支脚放置在裂缝上，在显示屏上可以看到被放大的裂缝图像及实时显示的裂缝宽度值，稍微转动摄像头使裂缝图像与刻度尺垂直，根据裂缝图像所占刻度线长度，读取裂缝宽度值。为减小误差，仪器在使用前需要校验，校验标准刻度板上分别有宽度为 0.02 mm、0.10 mm、0.20 mm 和 1.00 mm 的刻度线，分别将摄像测量头支脚放在不同宽度的刻度线上，在屏幕上读取相应的刻度线宽度。当误差小于0.02 mm时，仪器方可正常使用。数显式裂缝测宽仪广泛用于桥梁、隧道、墙体、混凝土路面等裂缝宽度的定量检测。

二、混凝土裂缝深度检测

混凝土抗拉强度很小，一般为抗压强度的 1/18～1/8。因此，在施工中或使用过程中，出于各种原因（如干燥收缩、温度应力、外荷载、基础变形等），混凝土结构中常常会出现裂缝。由于裂缝的成因、状态、发展及在结构中的位置等的不同，对结构的危害性也有很大的区别。因此，为了确定裂缝的状态、发展和成因，合理评价裂缝对结构物的影响，掌握其深度与其长度、宽度都是非常重要的。裂缝的深度测试较之长度和宽度测试要困难得多，通常需要采用钻孔取样的方法加以直接测试。但是，钻孔取样的方法既费事又会对混凝土造成局部破坏，而且检测的裂缝深度具有局限性。采用超声波脉冲法检测混凝土裂缝深度，既方便又可以进行重复检测，以便观察裂缝发展情况。

（一）检测原理

超声波法检测混凝土裂缝深度的基本原理是由发射探头产生的超声脉冲波在混凝土中传播时，由于裂缝的存在发生绕射、反射等现象。因此，在接收探头检测出的接收波中，会出现传播时间增长、振幅减小等声学参数变化。利用混凝土无裂缝处与有裂缝处的参数变化比较来计算或判断裂缝深度。一般根据测试面的条件，可分为单面平测法、双面斜测法和钻孔对测法。

（二）检测仪器

用于混凝土缺陷的超声波检测仪可分为模拟式（接收信号为连续模拟量，可由时域波形信号测读声学参数）和数字式（接收信号转化为离散数字量，具有采集、储存数字信号、测读声学参数和对数字进行信号处理的智能化功能）两类。《超声法检测混凝土缺陷技术规程》中，对超声波检测仪技术要求如下：

①具有波形清晰、显示稳定的示波装置。

②声时最小分度为 0.1 μs。

③具有最小分度为 1 dB 的衰减系统。

④接收放大器频响范围 10~500 kHz，总增益不小于 80 dB，接收灵敏度（在信噪比为 3∶1 时）不大于 50 μV。

⑤电源电压波动范围在标称值±10%的情况下能正常工作。

⑥连续正常工作时间不少于 4h。

对于模拟式超声波检测仪还应满足下列两个要求：

①具有手动游标和自动整形两种声时读数功能。

②数字显示稳定，声时调节在 20~30 μs 范围，连续 1 h，数字变化不大于±0.2 μs。

对于数字式超声波检测仪还应满足下列四个要求：

①具有手动游标测读和自动测读方式。当自动测读时，在同一测试条件下，1 h 内每隔 5 min 测读一次声时的差异应不大于±2 个采样点。

②波形显示幅度分辨率应不低于 1/256，并具有可显示、存储和输出打印数字化波形的功能，波形最大存储长度不宜小于 4 Kb。

③自动测读方式下在显示的波形上应有光标指示声时、波幅的测读位置。

④宜具有幅度谱分析功能。

换能器有厚度振动方式和径向振动方式两种类型，可根据不同测试需要选用。厚度振动式换能器的频率宜采用 20~250 kHz，径向振动式换能器的频率宜采用 20~60 kHz，直径不宜大于 32 mm。当接收信号较弱时宜选用带前置放大器的接收换能器，换能器的实测主频与标称频率相差应不大于±10%，对用于水中的换能器，其水密性应在 1 MPa 水压下不渗漏。

（三）单面平测法

①单面平测法的适用范围。当混凝土结构被测部位只有一个表面可供超声波检测时，可采用单面平测法进行裂缝深度检测。但由于平测时的超声波传播距离有限，因此只适用于检测深度为 500 mm 以内的裂缝。

②单面平测法的基本原理。基本假设：裂缝附近混凝土质量基本一致；跨缝与不跨缝检测，其声速相同；跨缝测读的首波信号绕裂缝末端至接收换能器。

如图 5-1 所示，根据几何学原理，由图可知：$h_c^2 = AC^2 - (l/2)^2$，因为 $AC = vt_c^0/2$，而 $v = l/t_c$，故 $AC = lt_c^0/2t_c$，所以 $h_c^2 = (lt_c^0/2t_c)^2 - (l/2)^2$，则 $h_c = \sqrt{[l^2(t_c^0/t_c)^2 - l^2]/4} = l/2 \cdot \sqrt{(t_c^0/t_c)^2 - 1} = l/2 \cdot \sqrt{(t_c^0 v/l)^2 - 1}$。

式中，h_c——裂缝深度；

　　　l——超声测距；

　　　t_c——不跨缝测量混凝土声时；

　　　t_c^0——跨缝测量混凝土声时；

　　　v——不跨缝测量混凝土声速。

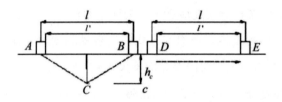

图 5-1　单面平测裂缝深度示意图

③单面平测法的检测步骤。不跨裂缝的声时测量：将发射（T）和接受（R）换能器置于裂缝附近的同一侧，以两个换能器内边缘 l' 为 100 mm、150 mm、200 mm……，分别读取声时值（ t_i ），绘制"时—距"坐标图（见图 5-2）或用回归分析的方法求出声时与测距之间的回归直线方程式 $l_i = a + bt_i$ 。

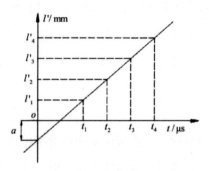

图 5-2　平测"时-距"图

每测点超声波的实际传播距离 l_i 为：

$$l_i = l' + |a| \tag{5-1}$$

式中， l_i ——第 i 点的超声波实际传播距离（mm）；

l' —— i 点的 T、R 换能器内边缘间距（mm）；

a —— "时—距"图中 l' 轴的截距或回归直线方程式中的常数项（mm）。

跨裂缝的声时测量：将发射（T）和接受（R）换能器分别置于以裂缝为对称的两侧，两个换能器内边缘 l' 为 100 mm、150 mm、200 mm……，分别读取声时值（ t_i^0 ），同时观察首波的相位变化。

④单面平测法的裂缝深度计算。单面平测法检测的裂缝深度按下式计算：

$$h_i = l_i / 2 \cdot \sqrt{(t_i^0 v / l_i)^2 - 1} \tag{5-2}$$

$$m_{bc} = 1/n \cdot \sum_{i=1}^{n} h_{ci} \tag{5-3}$$

式中，h_{ci}——第i点计算的裂缝深度值（mm）；

$\quad\quad\quad m_{bc}$——各测点计算裂缝深度的平均值（mm）；

$\quad\quad\quad n$——测点数。

⑤单面平测法的裂缝深度的确定方法。跨缝在测量中，当在某测距发现首波反相时，可用该测距及两个相邻测距的裂缝深度计算值h_{ci}，取此三点的平均值作为该裂缝的深度值（h_c）。跨缝测量中如难以发现首波反相，则以不同测距计算h_{ci}及其平均值m_{bc}。将各测距l_i'与m_{bc}相比较，凡测距l_i'小于m_{bc}或大于$3m_{bc}$，应剔除该组数据，然后取余下平均值，作为该裂缝的深度值（h_c）。

（四）双面斜测法

当结构物的裂缝部位具有两个相互平行的表面时，如常见的梁、柱及其结合部位，可采用双面斜测法检测。检测可按图5-3所示布置换能器，在保持T、R换能器的连线通过裂缝和不通过裂缝的测试距离一定、倾斜角一致的条件下，读取相应的声时、波幅和频率值。当T、R换能器的连线通过裂缝时，由于混凝土的不连续，超声波在裂缝界面产生减衰，接收到的信号声时、振幅和频率发生突变，据此判断裂缝的深度及水平方向是否贯通。

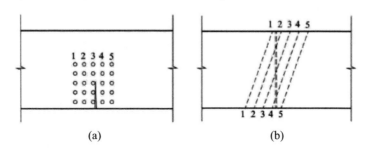

（a）立面图；（b）平面图

图5-3　双面斜测裂缝深度示意图

（五）钻孔对测法

钻孔对测法适用于大体积混凝土，预计深度在500 mm以上的裂缝检测，且被检测混凝土应允许在裂缝两侧钻测试孔。所钻测试孔应满足下列六个要求：

①孔径应比所用换能器直径大5~10 mm。

②孔深应不小于比裂缝预计深度深 700 mm。经测试如浅于裂缝深度，则应加深钻孔。

③对应的两个测试孔（A、B），必须始终位于裂缝两侧，其轴线应保持平行。

④两个对应测试孔的间距宜为 2000 mm，同一检测对象各对测试孔间距应保持相同。

⑤孔中粉末碎屑应清理干净。

⑥如图 5-4（a）所示，宜在裂缝一侧多钻一个孔距相同但较浅的孔（C），通过 B、C 两孔测试无裂缝混凝土的声学参数。

裂缝深度检测应选用频率为 20~60 kHz 的径向振动式换能器。测试前，应先向测试孔中注满清水，然后将 T、R 换能器分别置于裂缝两侧的对应孔中，以相同高程等间距（100~400 mm）从上到下同步移动，逐点读取声时、波幅和换能器所处的深度，如图 5-4（b）所示。

以换能器所处深度（h）与对应的波幅值（A）绘制坐标图 [图 5-4（c）]。随换能器位置的下移，波幅逐渐增大，当换能器下移至某一位置后，波幅达到最大并基本稳定，该位置所对应的深度便是裂缝深度值 h。

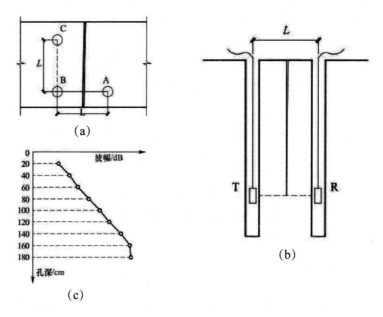

（a）平面图；（b）立面图；（c）h_i - A 坐标图

图 5-4 钻孔测裂缝深度示意图

三、混凝土内部缺陷检测

混凝土内部缺陷是指由于施工管理不善，混凝土在施工过程中出于振捣不足、钢筋布置过密、模板漏浆等原因，造成混凝土结构内部形成孔洞、不密实区和蜂窝。这些缺陷的存在会不同程度地影响结构的承载力和耐久性。混凝土内部缺陷的检测，一般有冲击回波法、超声波法、雷达法、X射线法和红外线热像法等无损检测方法，也可进行小直径钻孔结合内窥检测的微损检测方法。以下主要介绍在桥梁检测中常用的，且国内已颁布检测规范的冲击回波法和超声波透射法。

（一）超声波检测混凝土内部缺陷

1. 检测原理

采用超声波检测混凝土结构缺陷的基本原理是，利用脉冲波在技术条件相同（指混凝土的原材料、配合比、龄期和测试距离一致）的混凝土中传播的时间（或速度）、接收波的振幅和频率等声学参数的相对变化，来判定混凝土的缺陷。由于超声脉冲波传播速度的快慢与混凝土的密实程度有直接关系，故对于原材料、配合比、龄期及测试距离一定的混凝土来说，声速高则混凝土密实；反之，则混凝土不密实。

另外，由于空气的声阻抗率远小于混凝土的声阻抗率，故脉冲波在混凝土中传播时，遇到蜂窝、空洞或裂缝等缺陷，便在缺陷界面发生反射和散射，声能被衰减，其中，频率较高的成分衰减更快，因此，接收信号的波幅明显降低，频率明显减小或者频率谱中高频成分明显减少。再者经缺陷反射或绕过缺陷传播的脉冲波信号与直达波信号之间存在声程和相位差，叠加后互相干扰，致使接收信号的波形发生畸变。

根据以上原理，可以利用混凝土声学参数测量值和相对变化综合分析、判断其缺陷的位置和范围，或者估算缺陷的尺寸。

2. 检测设备

检测设备同前超声波检测裂缝深度仪器技术要求。

3. 检测步骤

①超声波检测混凝土内部空洞的基本方法。采用平面对测法进行混凝土内部

空洞的检测；结构被测部位应具有两对平行表面，在两对平行表面被测部位分别画出网格，并逐点编号。

②表面处理。超声测点处表面必须平整、干净。对于不符合测试条件的需要进行打磨等必要的处理。

③分别在两对互相平行的表面上定出相对应测点的位置，可采用一对厚度振动式换能器，然后将 T、R 换能器分别涂上耦合剂后置于对应测点上，逐点读取相应的声时、波幅、频率和测距。

4. 数据处理及检测评定

由于混凝土本身的不均匀性，即使是没有缺陷的混凝土，测得的声时、波幅等声学参数值也会在一定范围波动，更何况混凝土的原材料品种、用量及混凝土的湿度和测距等因素都不同程度地影响着声学参数值。因此，不可能确定一个固定的临界指标作为判断缺陷的标准，一般都利用统计学方法进行判别。

统计学方法的基本思想在于，给定一置信概率（如 0.99 或 0.95），并确定一个相应的置信范围（如 $m_x \pm \lambda_1 \times S_x$），凡超过这个范围的观测值就认为它是由于观测失误或者是被测对象性质改变所造成的异常值。如果在一系列观测值中混有异常值，则必然歪曲试验结果，为了能真实地反映被测对象，应剔除测试数据中的异常值。

超声测试技术认为一般正常混凝土的质量服从正态分布，在测试条件基本一致，且无其他因素影响的条件下，其声速、频率和波幅观测值也基本属于正态分布。在一系列观测数据中，凡属于混凝土本身质量的不均匀性或测试中的随机误差带来的数值波动，都应服从统计规律，保持在给定的置信范围以内。当某些观测值超过了置信范围，可以判断它属于异常值。

在超声检测中，凡遇到读数异常的测点，一般都要检查其表面是否平整、干净或是否存在别的干扰因素，必要时还要加密测点进行重复测试。因此，应该说不存在观测失误的问题，出现的异常测值必然是混凝土本身性质改变所致。这就是利用统计学方法判定混凝土内部存在不密实和空洞的核心原理。

①混凝土声学参数的统计计算。混凝土构件的同一测试部位声学参数的平均值和标准差应分别按下式计算：

$$m_x = \frac{1}{n} \sum x_i \tag{5-4}$$

$$S_x = \sqrt{\left(\sum_{i=1}^{n} x_i^2 - nm_x^2 \right) / (n-1)} \quad\quad (5-5)$$

式中，m_x、S_x 分别代表某一声学参数的平均值和标准差；x_i 为第 i 点某一声学参数的测量值；n 为参与统计的测点数。

②异常值的判别方法：

A. 将测区各测点的波幅（A_y）、频率（f）或由声时换算成的声速（v_i）按大小顺序排列为 $x_1 x_2 x_3 \cdots x_n x_{n+1} \cdots$，排于后面明显小的数据视为异常值，将异常值中最大的一个连同其前面的数据按 $m_x = \dfrac{1}{n} \sum x_i$ 和 $S_x = \sqrt{\left(\sum_{i=1}^{n} x_i^2 - nm_x^2 \right) / (n-1)}$ 两式进行平均值（m_x）和标准差（S_x）的计算。

B. 以 $x_0 = m_x - \lambda_1 S_x$ 为异常值的判断值，当参与统计的异常值的最大值 $x_n < x_0$ 时，则 x_n 及排列于其后的参数值均为异常值，并且去掉 x_n，再用 $x_1 \sim x_{n-1}$ 进行计算和判断，直至判断不出异常值为止。若 $x_n > x_1$，则说明 x_n 是正常值，应将 x_{n+1} 重新进行计算和判断，依次类推，直至判断不出异常值为止。

C. 在某些异常测点附近，可能存在处于缺陷边缘的测点，为了提高缺陷范围判定的准确性，可对异常值相邻点进行判断。按 $x_0 = m_x - \lambda_2 S_x$ 计算异常值的判断值，进一步判断异常值。

③混凝土内部空洞尺寸的估算。设检测距离为 L，空洞中心（在一对测试面，上声时最长的测点位置）距一个测试面的垂直距离为 L_h，声波在空洞附近无缺陷混凝土中传播的时间平均值为 m_{ta}，绕空洞最大声时值为 t_h，空洞半径为 r，设 $X = (t_h - m_{ta})/m_t \times 100\%$，$Y = L_h/L$，$Z = r/L$。根据空洞半径估算表查得空洞半径 r 与测距 L 的比值 Z，再计算空洞的大致半径 r。

当被测部位只有一对可供测试的表面时，只能按空洞位于测距中心考虑，空洞尺寸可按下式计算：

$$r = \frac{L}{2} \times \sqrt{\left(\frac{t_h}{m_{ta}} \right) - 1} \quad\quad (5-6)$$

式中，r 为空洞半径（mm）；L 为 T、R 换能器之间的距离（mm）；t_h 为缺陷处的最大声时值（μs）；m_{ta} 为无缺陷区的平均声时值（μs）。

（二）冲击回波法检测混凝土内部缺陷

1. 检测仪器

冲击回波仪可分为单点式和扫描式两种。其技术要求应符合下列规定：

①配置钢球型冲击器或电磁激振的圆柱形冲击器。

②配置测量表面振动的宽频带接收传感器，可为位移传感器或加速度传感器，带宽宜为 800 Hz~100 kHz；

③数据采集仪宜具备信号放大功能，且增益可调。

④数据采集仪宜配有不少于两个通道的模/数转换器，转换精度不应低于 16 位，采样频率不应低于 100 kHz 且采样点数可调。

⑤仪器应能实时显示冲击时传感器的输出时域信号，并应具有频率幅值谱分析功能。

2. 检测步骤及注意事项

①混凝土检测面的要求。冲击回波响应特征容易受混凝土表面状态的影响。为了避免表面状况对检测的影响，应磨平并清除残留的粉末或碎屑，保证混凝土的清洁与平整性。

②冲击持续时间的要求。打击在混凝土表面施加瞬时冲击，产生应力脉冲。施加的应力脉冲宽度，即冲击持续时间 t_c（与混凝土表面的接触时间）决定了所产生的应力脉冲的频率成分及冲击回波法所能检测的缺陷和厚度的尺寸。当持续时间减小时，脉冲包含较高的频率成分（波长短），可以探测出较小的缺陷或界面，探测的厚度也较薄。

一般认为，有效检测混凝土中缺陷或厚度时，冲击持续时间应小于 P 波在缺陷或底面往复时间的 0.75 倍。冲击持续时间 t_c 与钢球的直径 D 之间，一般可以近似认为 $t_c = 0.0043D$，也可通过实测的方式获取。

③采样周期和采样长度的要求。冲击响应是瞬态连续波形。要将这些波形记录下来并进行 FFT 变换，首先必须采样。采样就是按一定的时间间隔获取波形的振幅（电压值）并将其转化为数字量（A/D 转换），这样就将连续波的模拟量转化为离散的数字量。一个数字量就是一个采样点。采样点的间隔即时间间隔（或称采样周期），其倒数称为采样频率。为保证采样不失真，采样频率须大于被采

样波形频率2倍以上。

采样点数是每次采样时采集的样品个数，为了便于FFT变换，采样点数为2N，采样点数与采样间隔（周期）之积称为采样长度。采样长度应覆盖有用的波形，但过长的采样长度没有必要，反而使计算机进行FFT运算的时间延长。

④冲击点位置与传感器间距。冲击点位置与传感器的间距应小于设计厚度的0.4倍。

⑤P波波速的确定。P波波速宜在已知厚度的位置进行标定，采用其他方法得到的P波波速应根据情况进行修正。

⑥缺陷类型、方向和深度的影响。平行于激振面的空洞和连续性缺陷较容易被检出。对于蜂窝等不连续缺陷，检测精度会有所降低。一般缺陷截面尺寸大于等于1/4结构厚度时，可以发现缺陷的存在。如果平面空隙的横向尺寸超过其埋深的1/3，缺陷的深度就能检测出来，其频谱图将会出现两个峰值（一个是向低频漂移的构件厚度对应的频率波峰，另一个是缺陷深度频率波峰）。如果横向尺寸超过埋深的1.5倍，则可检测到明显的缺陷埋深频率响应，但无法检出底板（检测面的对应面）反射对应的频率。同时，缺陷检测的最小尺寸约为混凝土材料声波波长的1/2。

⑦板共振的影响。冲击回波法在实际应用过程中，测试信号中存在多种成分的频谱，其中，浅表层缺陷易产生弯曲振动。弯曲共振在缺陷比较浅（壁厚比较薄）的地方易产生低频，而在深方向可引起高频，且处在相同深度的缺陷，缺陷尺寸越大，弯曲共振频率越低。一般来说，可以通过比较弯曲共振波形的振幅大小、延续时间长短等进行判断，或是对怀疑部位进行钻孔确认。

3. 检测结果评定

①当频谱图中只有单峰形态且主频f与厚度计算主频f_T值不超过$2\Delta f$（Δf为频谱分辨率，采样频率与采样点数的比值），厚度—距离图显示构件厚度值随测试的距离无明显变化时，可判定混凝土密实。

②当频谱图中主频f与厚度计算主频f相差较大，频谱图中频率峰呈多峰形态，且向低频漂移时，可判定混凝土内部有缺陷。

③实测波形信号复杂、振幅衰减缓慢、无法准确分析与评价时，宜结合其他检测方法进行综合测试。对于判断困难的区域可采取钻芯核实。

第二节　桥梁材质状况检测

一、混凝土抗压强度检测

钢筋混凝土桥梁是依据混凝土的强度，特别是混凝土的抗压强度进行设计的。施工时受施工工艺、养护环境等影响，实际的混凝土强度在不同的部位、位置出现差异。另外，混凝土的强度在初期随着龄期逐步增长，达到某一龄期后强度达到最大值，然后又随龄期发生劣化缓慢下降。如果主要承重构件的混凝土强度不足，或是劣化下降到设计的基准强度以下，混凝土结构的承载力、耐久性会受到严重影响。因此，有必要把握桥梁结构混凝土关键部位的强度，并掌握其变化规律。

结构混凝土强度的检测方法按其对混凝土结构的影响程度可分为无损检测法和微损检测法。无损检测法以混凝土强度与某些物理量之间的相关性为基础，检测时，在不影响结构或构件混凝土任何性能的前提下测试这些物理量，然后根据相关关系推算被测混凝土的强度推定值。其主要方法有回弹法、超声法、超声回弹综合法等，此类方法所用仪器简单、操作方便、费用低廉，同时便于大范围检测，在我国应用较普遍。微损检测法以不影响结构或构件的承载能力为前提，在结构或构件上直接进行局部破坏性试验，或直接钻取芯样进行破坏性试验。其主要方法有钻芯法、拔出法、射击法等。此类方法较直观可靠，测试结果易为人们接受，但因会对混凝土结构造成局部破坏，不宜大范围检测等而受到种种限制。

（一）回弹法检测混凝土抗压强度

1. 简介

回弹法是通过测定混凝土的表面硬度来推算抗压强度，是结构混凝土现场检测中最常用的方法。用弹击时能量的变化反映混凝土的弹性和塑性性质，称为回弹法。我国自 20 世纪 50 年代中期开始采用回弹法检验混凝土的强度，建立具有我国特色的回弹仪标准并考虑混凝土碳化因素的混凝土抗压强度与回弹值的经验关系（测强曲线），编制了《回弹法检测混凝土抗压强度技术规程》等。

回弹法的主要优点是仪器构造简单、方法易于掌握、检测效率高、费用低廉。总的来说，回弹法在桥梁技术状况检测与评定中有以下四个方面的应用：

①检验结构混凝土强度的分布情况。

②分析混凝土强度随龄期的变化，把握强度劣化的规律。

③空间狭窄或钢筋密集等钻芯法等设施检测困难部位的强度推定。

④确定结构中混凝土质量有疑问的区域，以便用其他方法进一步检测。

2. 检测原理

回弹法是采用回弹仪的弹簧驱动重锤，通过弹击杆（传力杆）使其以一定的冲击动能弹击在混凝土表面，并测出重锤被反弹回来的距离，以回弹值（重锤冲击混凝土表面后的剩余势能与原有势能之比的平方根）作为强度相关指标，依据已建立的混凝土抗压强度与回弹值之间的关系式（测强曲线）来推算混凝土抗压强度的一种方法。

3. 回弹仪的检定与保养

①回弹仪有下列情况之一时，应送检定单位检定：

A. 新回弹仪启用前；

B. 超过检定有效期限（有效期为半年）；

C. 数字式回弹仪显示的回弹值与指针直读示值相差>1；

D. 经保养后，在钢砧上的率定值不合格；

E. 遭受严重撞击或其他损害。

②回弹仪有下列情况之一时，应在钢砧上进行率定试验：

A. 进行测试前后；

B. 测定过程中对回弹值有怀疑时；

C. 保养后。

率定试验应在室温 5~35 ℃条件下进行。率定时，钢砧应稳定地平放在刚度大的物体上。回弹值应取连续向下弹击三次的稳定回弹值的平均值。弹击杆应分四个方向进行，且每个方向弹击前应旋转弹击杆90°，每个方向的率定平均值应符合 80±2 的要求。率定试验所用的钢砧应每两年送有资质的检定机构检定校准。

③回弹仪有下列情况之一时，应进行常规保养：

A. 弹击超过 2000 次；

B. 对检测值有怀疑时；

C. 在钢砧上的率定值不合格。

④常规养护应符合下列要求：先将弹击锤脱钩后，取出机芯，然后卸下弹击杆、缓冲压簧、弹击锤（连同弹击拉簧和拉簧座），用清洗剂清洗机芯各部件，特别是中心导杆、弹击锤和弹击杆的内孔及冲击面。经过清洗后的零部件，除在中心导杆上薄薄涂抹钟表油或其他无腐蚀性的轻油外，其他零部件均不得抹油。清洗机壳内壁，卸下刻度尺，检测指针，其摩擦力应为 0.5~0.8 N。保养时，不得旋转尾盖上已定位紧固的调零螺丝，不得自制或更换零部件。

4. 检测步骤及注意事项

检测依据《回弹法检测混凝土抗压强度技术规程》执行，规程中要求混凝土龄期小于 1000 天，若混凝土龄期强度检测不符合此规定的，回弹法测试的混凝土强度值仅供参考。

在检测满足要求的基础上，各类构件的抽样尽量选择有代表性的桥跨进行回弹测试。测区的布置及数量要求如下：

①每一结构或构件测区数不小于 10 个，对某一方向尺寸小于 4.5 m 且另一方向尺寸小于 0.3 m 的构件，其测区数量可适当减少，但不应少于 5 个。

②测区的面积不宜大于 0.04 m^2，且相邻两测区的间距应控制在 2m 以内，测区与构件边缘距离不大于 0.5 m，且不宜小于 0.2 m。

③测区应选择在能使回弹仪处于水平方向的混凝土浇筑测面。当不能满足这一要求时，也可选在使回弹仪处于非水平方向的混凝土浇筑表面或底面。

④测区表面应为混凝土原浆面，并应清洁平整，不应有疏松层、浮浆、油垢、涂层及蜂窝和麻面。

⑤当检测条件与测强曲线的适用条件有较大差异时，可采用同条件试件或钻取混凝土芯样进行修正，试件或芯样数量不少于 6 个。钻取芯样时每个部位应取一个芯样，计算时，测区混凝土强度换算值应乘以修正系数。

检测时，回弹仪的轴线应始终垂直于结构或构件的混凝土检测面，缓慢加压、准确读数、快速复位。测点宜在测区范围内均匀分布，相邻两测点的净距离一般不少 20 mm。测点距外露钢筋、预埋件的距离一般不小于 30 mm，测点不应在气孔或外露石子上。同一测点，只允许弹击一次，每一测区应记录 16 个回弹值，每一测点的回弹值读数精确至 1。

5. 碳化深度检测

回弹值测量完毕后，应在有代表性的测区上测量碳化深度值，测点数不应少于构件测区数的 30%，取其平均值作为该构件每个测区的碳化深度值。当碳化深度值极差大于 2 mm 时，应在每一测区分别测量碳化深度值。

6. 检测数据的处理

（1）测区回弹值的计算

当回弹仪水平方向测试混凝土浇筑侧面时，应从每一测区的 16 个回弹值中剔除 3 个最大值和 3 个最小值，其余的 10 个回弹值按下式计算：

$$R_{\mathrm{m}} = \frac{\sum_{i=1}^{10} R_i}{10} \qquad (5-7)$$

式中，R_{m} ——测区平均回弹值，精确至 0.1；

R_i ——第 i 个测点的回弹值。

（2）测试角度修正

当回弹仪非水平方向测试混凝土浇筑侧面时，应将测得的数据按下式进行修正，计算非水平方向测定的修正回弹值：

$$R_{\mathrm{m}} = R_{\mathrm{m}\alpha} + R_{\mathrm{a}\alpha} \qquad (5-8)$$

式中，$R_{\mathrm{m}\alpha}$ ——非水平方向测定时测区的平均回弹值，精确至 0.1；

$R_{\mathrm{a}\alpha}$ ——非水平方向测定时回弹值修正值。

（3）测试面修正

当回弹仪水平方向测试混凝土浇筑表面或底面时，测区平均回弹值按下式进行修正：

$$R_{\mathrm{m}} = R_{\mathrm{m}}^{\mathrm{t}} + R_{\mathrm{a}}^{\mathrm{t}} \qquad (5-9)$$

$$R_{\mathrm{m}} = R_{\mathrm{m}}^{\mathrm{b}} + R_{\mathrm{a}}^{\mathrm{b}} \qquad (5-10)$$

式中，$R_{\mathrm{m}}^{\mathrm{t}}$，$R_{\mathrm{m}}^{\mathrm{b}}$ ——混凝土浇筑表面或底面时测区的平均回弹值，精确至 0.1；

$R_{\mathrm{a}}^{\mathrm{t}}$，$R_{\mathrm{a}}^{\mathrm{b}}$ ——混凝土浇筑表面或底面回弹值的修正值。

如果测试仪器即非水平方向又非混凝土浇筑侧面，则应对回弹值先进行角度修正，然后进行浇筑面修正。

（4）测区混凝土强度值的确定

根据每一测区的回弹平均值及碳化深度值，查阅专用曲线，或地区曲线，或统一曲线编制的测区混凝土强度换算表，所查出的强度值即该测区混凝土的强度。当强度低于 50 MPa 或高于 10 MPa 时，表中未列入的测区强度值，可用内插法求得。

（二）钻芯法检测混凝土抗压强度

1. 简介

钻芯法是利用专用钻机和人造金刚石空心薄壁钻头从结构混凝土中钻取芯样，以检测混凝土强度，也可用于检查混凝土内部缺陷等方法。由于它会对结构混凝土造成局部损伤，因此它是一种微损的现场检测手段。

钻芯法检测混凝土抗压强度和缺陷无须进行某种物理量与强度或缺陷之间的换算，普遍认为它是一种直观可靠和准确的方法。但由于在检测时会对结构混凝土造成局部损伤，大量取芯往往受到一定的限制。因此，一般将钻芯法与其他无损检测方法综合使用，一方面利用无损检测技术大量测试而不损伤结构；另一方面又可利用钻芯法来验证或修正无损检测结果，提高无损检测的精度，二者相辅相成。

2. 检测仪器

（1）钻芯机

主要由底座、立柱组成。底座上一般均安装四个调整水平用的螺钉和两个行走轮。进给部分由滑块导轨、升降座、齿条、齿轮进给柄等组成。当将升降座上的紧固螺钉松开后，利用进给手柄可使升降座安全匀速地上下移动，以保证钻头在允许行程内的前进、后退。给水部分在钻芯过程中，必须供应一定流量的冷却水，水经过水嘴后流入水套内，经过水套进入主轴中心孔，然后经过连接头最后由钻头端部排出。动力部分主要由电动机和开关等组成。

（2）钻头

宜采用金刚石或人造金刚石薄壁钻头。钻头胎体不得有肉眼可见的裂缝、缺边、少角、倾斜及喇叭口变形。钻头胎体对钢体的同心偏差不得大于 0.3 mm，钻头的径向跳动不大于 1.5 mm。

（3）锯切机、磨平机

芯样加工的锯切机和磨平机，应具有冷却系统和牢固夹紧芯样的装置，配套使用的人造金刚石圆锯片应有足够的刚度。

（4）钢筋位置探测仪

应适用于现场操作，最大探测深度不应小于 60 mm，探测位置偏差不宜大于 ±5 mm。

（5）压力试验机

试件破坏荷载宜大于压力试验机全量程的 20%，且宜小于压力试验机全量程的 80%。示值相对误差应为 ±1%，具有加荷速度指示装置或加荷速度控制装置，能均匀、连续地加荷。试验机上、下承压板的平面度公差不应大于 0.04 mm，平行度公差不应大于 0.05 mm，表面硬度不应小于 55 HRC，板面光滑、平整，表面粗糙度 Ra 不大于 0.80 μm。球座转动灵活，置于试件顶面，并凸面朝上。

3. 钻芯前的准备

（1）钻芯直径的确定

抗压强度试验芯样的直径宜为 100 mm，且直径不宜小于骨料最大粒径的 3 倍。也可采用小直径芯样试件，但其直径不应小于 70 mm 且不得小于骨料最大粒径的 2 倍。

（2）钻芯数量的确定

钻芯法确定单个构件混凝土抗压强度推定值时，在构件上的取芯个数一般不少于 3 个。当构件的体积或截面面积较小时，取芯过多会影响结构承载能力，芯样数量不少于 2 个。

（3）钻芯位置的选择

应尽量选择在结构受力较小且具有代表性的部位，尽量避开重要构件或者构件的重要区域，以免对结构安全造成不利影响。有条件时，应首先对结构混凝土进行超回弹法检测，然后根据无损检测的结果结合检测目的与要求来确定钻芯位置。

4. 芯样钻取及加工

（1）芯样钻取

将钻机安放稳固并调至水平后，安装好钻头，接通水源，启动电动机，然后操作加压手柄，使钻头慢慢接触混凝土表面，待钻头入槽稳定后方可适当加压进钻。

在进钻过程中应保持冷却水的畅通，水流量宜为 3~5 L/min，防止金刚石温度升高烧毁钻头，及时排除钻孔中产生的大量混凝土碎屑。进钻深度要确保芯样在后期切割磨平后满足试件长度要求。移开钻机后，将平口起子插入切口内并用锤敲击，此时由于弯矩作用，使芯样在底部与结构断离，取出芯样。

（2）芯样加工

抗压芯样试件的高度与直径之比（H/d）宜为 1.00。芯样试件内不宜含有钢筋，每个试件内最多只允许有一根直径小于 10 mm 的钢筋，且芯样内的钢筋应与芯样试件的轴线基本垂直并离开端面 10 mm 以上。

锯切后的芯样应进行端面处理，抗压强度低于 30 MPa 的芯样试件，宜采用环氧胶泥或聚合物胶泥补平，补平层厚度不宜大于 2 mm。抗压强度 60 MPa 以上芯样宜采取在磨平机上磨平端面补平。

在试验前应按下列规定测量芯样试件尺寸：

①平均直径用游标卡尺在芯样试件上部、中部、下部相互垂直的两个位置上共测量 6 次，取测量的算术平均值作为芯样试件的直径，精确至 0.5 mm。

②芯样试件高度用钢卷尺或钢板尺进行测量，精确至 1 mm。

③垂直度用游标量角器测量芯样试件两个端面与母线的夹角，取最大值作为芯样试件垂直度，精确至 0.1°。

④平整度用钢板尺或角尺紧靠在芯样试件端面上，一边转动钢板尺，另一边用塞尺测量钢板尺与芯样试件端面之间的缝隙，也可采用其他专用设备测量。

（3）芯样技术要求

芯样试件尺寸偏差及外观质量超过下列数值时，不宜进行抗压试验：

①芯样试件的实际高径比（H/d）小于要求高径比的 0.95 倍或大于 1.05 倍。

②沿芯样试件高度的任一直径与平均直径相差大于 1.5 mm。

③抗压芯样试件端面的不平整度在 100 mm 长度内大于 0.1 mm。

④芯样试件端面与轴线的不垂直度大于 1°。

⑤芯样有裂缝或有其他较大缺陷。

5. 抗压强度试验

芯样在进行抗压强度试验时，可分为潮湿状态和自然干燥状态两种试验方法，通常潮湿状态的芯样强度比自然干燥状态低。当结构工作条件比较潮湿，需要确定潮湿状态下混凝土的强度时，芯样试件宜在 20±5℃ 的清水中浸泡 40~48 h，从水中取出后立即进行试验。

在试验规程中连续均匀加载，加载速率一般控制在 0.3~1.0 MPa/s。当抗压强度小于 30 MPa 时载速率宜取 0.3~0.5 MPa/s；抗压强度为 30~60 MPa 时加载速率宜取 0.5~0.8 MPa/s；抗压强度不小于 60 MPa 时，加载速率宜取 0.8~1.0 MPa/s。

芯样试件的混凝土强度换算值，应按下列公式计算：

$$f_{cu}^{c} = \alpha \frac{4F}{\pi d^2} \tag{5-11}$$

式中，f_{cu}^{c}——芯样试件混凝土强换算值（MPa），精确至 0.1 MPa；

F——芯样试件抗压试验测得的最大压力（N）；

d——芯样试件的平均直径（mm）；

α——不同高径比的芯样试件混凝土强度换算系数。

单个构件的混凝土强度推定值不再进行数据的舍弃，而按有效芯样试件混凝土抗压强度值中的最小值确定。

二、混凝土中钢筋位置及保护层厚度检测

（一）电磁感应法检测钢筋位置及保护层厚度

1. 简介

在结构设计中，对钢筋的直径、数量、位置和保护层厚度有明确的要求，若不符合要求将严重影响结构的承载能力和耐久性。混凝土结构在施工过程中，出于疏忽或其他原因造成钢筋直径不符、数量不足、位置偏移和保护层厚度偏差等问题，从而造成的质量事故屡有发生。另外，在混凝土钻取芯样、预应力预埋管注浆密实度调查等其他检测或加固工作中，都需要检测钢筋位置（间距）及保护层厚度等。钢筋位置（间距）及保护层厚度的无损检测方法，主要有电磁感应法和雷达法两大类。

2. 检测原理

电磁感应钢筋扫描仪的探头内部装有两组线圈，一组为磁场线圈，另一组为感应线圈。磁场线圈在所要检查的混凝土中产生高脉冲的一次电磁场，如混凝土中有钢筋等金属物体，则该物体在电磁场作用下将产生沿钢筋分布的感应电流，钢筋的感应电流重新向外界辐射出电磁场（二次电磁场）。感应线圈接收钢筋感应的二次场。

当探头（线圈）位于钢筋正上方即探头与钢筋的距离最小时，二次电磁场电动势具有极大值。因此，可以通过对扫描信号峰值的判断来准确判定钢筋的位置。钢筋保护层厚度检测，在已知钢筋直径的前提下，接收信号的幅度 E 与钢筋直径 D 和钢筋距探头的直线距离 L 有关，探头在钢筋的正上方时，L 即保护层厚度。对于一种确定的钢筋直径，预先标定出信号幅度 E 与钢筋距探头的直线距离 L 的关系，根据探头在钢筋正上方的信号幅度值，确定钢筋与探头的距离，即保护层厚度。但应当注意，电磁感应法检测时一般只能检测最表面层的钢筋，且保护层厚度检测需要预先知道钢筋的种类和直径，并避开接头或交叉的位置才可以获得准确的检测结果。

3. 检测仪器

①用于混凝土保护层厚度检测的仪器，当混凝土保护层厚度为 10~50 mm 时，保护层厚度检测允许偏差为±1 mm；当混凝土保护层厚度大于 50 mm 时，保护层厚度检测允许偏差为±2 mm。

②用于钢筋位置检测的仪器，当混凝土保护层厚度为 10~50 mm，钢筋间距的检测允许偏差应为±2 mm。

③仪器的校准有效期可为 1 年，发生下列情况之一时，应对仪器进行校准：

A. 新仪器启用前；

B. 检测数据异常，无法进行调整；

C. 经过维修或更换主要零配件。

4. 检测步骤及注意事项

①本方法不适用于含有铁磁性物质的混凝土检测。

②检测面选择应便于仪器操作并应避开金属预埋件，检测面应清洁平整。

③进行混凝土保护层厚度检测时，检测部位应无饰面层，有饰面层时应清

除。当进行钢筋间距检测时，检测部位宜选择无饰面层或饰面层影响较小的部位。

④混凝土保护层检测位置宜选择保护层要求较高的部位。

⑤检测前应进行下列准备四项工作：

A. 根据设计资料了解钢筋的直径和间距。

B. 根据检测目的确定检测部位，检测部位应避开钢筋接头、绑丝及金属预埋件。检测部位的钢筋间距应符合电磁感应法钢筋探测仪的检测要求。

C. 根据所检测钢筋的布置状况，确定垂直于所检测钢筋轴线方向为探测方向，检测部位应平整光洁。

D. 应对仪器进行预热和调零，调零时探头应远离金属物体。

⑥检测前应进行预扫描，电磁感应法钢筋探测仪的探头在检测面上沿探测方向移动，直到仪器保护层厚度示值最小，此时探头中心线与钢筋轴线应重合，在相应位置做好标记，并初步了解钢筋埋设深度。重复上述步骤，将相邻的其他钢筋位置逐一标出。

⑦钢筋混凝土保护层厚度的检测按下列步骤进行：

A. 根据预扫描结果设定仪器量程范围，根据原位实测结果或设计资料设定仪器的钢筋直径参数。沿被测钢筋轴线选择相邻钢筋影响较小的位置，在预扫描的基础上进行扫描探测，确定钢筋的准确位置，将探头放在与钢筋轴线重合的检测面上读取保护层厚度检测值。

B. 对同一根钢筋同一处检测两次，读取的两个保护层厚度值相差不大于1 mm时，取二次检测数据的平均值为保护层厚度值，精确至 1 mm；相差大于 1 mm时，该次检测数据无效，并应查明原因，在该处重新进行两次检测，仍不符合规定时，应该更换电磁感应法钢筋探测仪进行检测或采用直接法进行检测。

C. 当实际保护层厚度值小于仪器最小示值时，应采用在探头下附加垫块的方法进行检测。垫块对仪器检测结果不应产生干扰，表面应光滑平整，其各方向厚度值偏差不应大于 0.1 mm。垫块应与探头紧密接触，不得有间隙。所加垫块厚度在计算保护层厚度时应予以扣除。

⑧钢筋间距的检测应按下列步骤进行：

A. 根据预扫描的结果，设定仪器量程范围，在预扫描的基础上进行扫描，确定钢筋的准确位置。

B. 检测钢筋间距时，应将检测范围内的设计间距相同的连续相邻钢筋逐一标出，并应逐个测量钢筋的间距。当同一构件检测的钢筋数量较多时，应对钢筋间距进行连续测量，且不宜少于6个。

⑨遇到下列情况之一时，应采用直接法（钻孔或剔除保护层）进行验证：

A. 认为相邻钢筋对检测结果有影响；

B. 钢筋公称直径未知或有异议；

C. 钢筋实际根数、位置与设计有较大偏差；

D. 钢筋及混凝土材质与校准试件有显著差异。

（二）雷达法检测钢筋位置及保护层厚度

1. 简介

雷达法因检测原理与电磁感应法不同，可以检测较深的多层钢筋位置，但保护层厚度检测受混凝土材质和湿润状态的影响大，检测精度稍差。雷达法检测钢筋位置及保护层厚度的仪器设备精度要求和结果评定与电磁感应法相同，以下只介绍雷达法的检测原理、检测步骤及注意事项。

2. 检测原理

混凝土中钢筋检测雷达由主机和发射、接收天线组成。主机与天线主机的控制部分发出连续的触发脉冲，使天线发射一个个脉冲电磁波，并辐射到混凝土中。混凝土中的钢筋与混凝土的介电常数差异较大，辐射到混凝土中的电磁波由钢筋反射回来。反射回来的高频脉冲信号由接收天线以步进采样（又称等效采样）方式进行接收，根据电磁波反射图像来判定钢筋的位置与数量，根据反射波的双程走时和电磁波在混凝土中的传播速度可以计算钢筋到混凝土表面的距离，即钢筋保护层厚度。

3. 检测步骤及注意事项

①根据检测构件的钢筋位置选定合适的天线中心频率。天线中心频率的选定应在满足探测深度的前提下，使用较高分辨率天线的雷达仪。

②根据检测构件中钢筋的排列方向、雷达仪探头或天线沿垂直于选定的被测钢筋轴线方向扫描并采集数据。在场地允许的情况下，宜使用天线阵雷达进行网

格状扫描。

③根据钢筋的反射回波在波幅及波形上的变化形成图像，来确定钢筋间距、位置和混凝土保护层厚度检测值，并可对被检测区域的钢筋进行三维立体显示。

④遇到下列情况之一时，宜采用直接法验证：

A. 认为相邻钢筋对检测结果有影响；

B. 无设计图纸时，需要确定钢筋根数和位置；

C. 当有设计图纸时，钢筋检测数量与设计不符或钢筋间距检测值超过相关标准允许的偏差；

D. 混凝土未达到表面风干状态；

E. 饰面层电磁性能与混凝土有较大差异。

三、混凝土中钢筋锈蚀状况检测

（一）简介

钢筋锈蚀的原因很多，有电化学腐蚀、化学腐蚀和应力腐蚀等。在一般的大气环境下，大部分的钢筋锈蚀是由电化学反应引起的。钢筋的锈蚀使钢筋截面削弱，截面承载力降低、延伸率减少。同时，由于锈蚀产物的体积膨胀，膨胀压力使钢筋外围混凝土产生压应力，导致保护层开裂剥落，沿钢筋长度出现纵向裂缝，降低混凝土对钢筋的约束，削弱、破坏钢筋与混凝土的黏结锚固作用。所以，钢筋锈蚀直接影响结构的安全性和耐久性。目前，混凝土中钢筋锈蚀状态常用的无损检测方法是半电池电位法。

（二）检测原理

半电池电位法检测的是钢筋的自然腐蚀电位。腐蚀电位是钢筋上某区域的混合电位，反映了金属的抗腐蚀能力。处于不同化学状态的钢筋，其腐蚀电位是不同的。钢筋在钝化时，腐蚀电位升高，电位偏正；而由钝化态转入活化态时，其腐蚀电位降低，电位偏负。因此，混凝土中的钢筋活化区（阳极区）和钝化区（阴极区）显示出不同的腐蚀电位，在两个区域之间形成电场，并产生电流。混凝土中的钢筋可以看作是一个电极，混凝土是电解质，与合适的参比电极（铜/

硫酸铜，参考电极或其他参考电极）连通构成一个全电池系统。由于参比电极的电位值相对恒定，而混凝土中的钢筋因锈蚀产生的不同区域的电化学活性的不同会引起全电池电位的变化，它反映了混凝土中钢筋表面各点的电位，利用该电位值可评定钢筋的锈蚀状态。

（三）检测仪器

①半电池电位法钢筋锈蚀检测仪应由铜-硫酸铜半电极、电压计和导线构成。

②饱和硫酸铜溶液应采用分析纯硫酸铜试剂晶体溶解于蒸馏水中制备，应使透明刚性管的底部积有少量未溶解的硫酸铜结晶体，溶液应清澈且饱和。

③电压计应具有采集、显示和存储数据的功能，满量程不宜小于 1000 mV，在满量程范围内的测试允许误差应为±3%。

④用于连接电压计与混凝土中钢筋的导线宜为铜导线，其总长度不宜超过 150 m、截面面积宜大于 0.75 mm²，在使用长度内因电阻干扰所产生的测试回路电压不应大于 0.1 mV。

⑤硫酸铜溶液配置达到 6 个月时宜进行更换，更换后宜采用甘汞电极进行校准。在室温为（22±1）℃时，铜—硫酸铜电极与甘汞电极之间的电位差应为（68±10）mV。

（四）检测步骤及注意事项

①在混凝土结构及构件上布置若干测区，测区面积不宜大于 5 m×5 m，并按确定的位置进行编号。每个测区应采用行、列布置测点，依据被测结构及构件的尺寸，宜用 0.1 m×0.1 m~0.5 m×0.5 m 划分网格，网格的节点应为电位测点。每个结构或构件的半电池电位法测点数不应少于 30 个。

②当测区混凝土有绝缘涂层介质隔离时，应清除绝缘涂层介质，测点处混凝土表面应平整、清洁。不平整、不清洁的应采用砂轮或钢丝刷打磨，并应将粉尘等杂物清除。

③导线与钢筋的连接按下列步骤进行：

A. 采用电磁感应法钢筋探测仪检测钢筋的分布情况，并在适当位置剔凿出钢筋；

B. 导线一端接于电压仪的负输入端，另一端接于混凝土中钢筋上；

C. 连接处的钢筋表面应除锈或清除污物，以保证导线与钢筋有效连接；

D. 测区内的钢筋必须与连接点的钢筋形成电通路。

④导线与铜—硫酸铜半电池的连接按下列步骤进行：

A. 连接前检查各种接口，接口接触应良好；

B. 导线一端连接到铜—硫酸铜半电池接线插座上，另一端连接到电压仪的正输入端。

⑤测区混凝土应预先充分浸湿。可在饮用水中加入 2% 液态洗涤剂配置成导电溶液，在测区混凝土表面喷洒，半电池的电连接垫与混凝土表面测点应有良好的耦合。

⑥铜—硫酸铜半电池检测系统稳定性应符合下列规定：

A. 在同一测点，用同一只铜—硫酸铜半电池重复两次测得该点的电位差值，其值应小于 10mV；B. 在同一测点，用两只不同的铜—硫酸铜半电池重复两次测得该点的电位差值，其值应小于 20 mV。

⑦铜—硫酸铜半电池电位的检测应按下列步骤进行：

A. 测量并记录环境温度。

B. 按测区编号，将铜—硫酸铜半电池依次放在各电位测点上。检测并记录各测点的电位值。

C. 检测时，应及时清除电连接垫表面的吸附物，铜—硫酸铜半电池多孔塞与混凝土表面应形成电通路。

D. 在水平方向和垂直方向上检测时，应保证铜—硫酸铜半电池刚性管中的饱和硫酸铜溶液同时与多孔塞和铜棒保持完全接触。

E. 检测时应避免外界各种因素产生的电流影响。

⑧当检测环境温度在 (22±5)℃ 之外时，应按下列公式对测点的电位值进行温度修正：

当 $T \geq 27$℃ 时：

$$V = k(T - 27.0) + V_R \qquad (5-12)$$

当 $T \leq 17$℃ 时：

$$V = k(T - 17.0) + V_R \qquad (5-13)$$

式中。V——温度修正后电位值（mV），精确至 1 mV；

V_R——温度修正前电位值（mV），精确至 1 mV；

T——检测环境温度（℃），精确至 1 ℃；

k——系数（mV/℃）。

第三节　钢结构质量缺陷检测

一、涂层厚度检测

钢结构是由钢制材料组成的结构，是主要的桥梁结构类型之一。结构主要由型钢和钢板等制成的钢梁、钢柱、钢桁架等构件组成。钢结构耐腐蚀性差，特别是在潮湿和腐蚀性介质的环境中容易锈蚀。一般钢结构要除锈、镀锌或涂料，且要定期维护。钢结构涂层在自然环境中会出现流痕、气泡、白化、漆膜发黏、针孔、起皱或皱纹、表面粉化、变色起皮、脱落等缺陷，这些缺陷都是肉眼可观察到的。在实际工程中，涂料质量、施工工艺、环境、涂层厚度等都是导致涂层病害的原因。其中涂层厚度对于防腐性能至关重要。

涂层厚度是一个重要的工艺参数，在产品质量、过程控制和成本控制中都发挥着重要的作用。现在，技术人员可以利用许多不同种类的仪器和方法来测量涂层或薄膜的厚度。而在选取最合适的测量方法时需要考虑到许多因素，包括涂层的类型、基体材料、涂层厚度范围、被测件的形状和尺寸及检测成本等。涂层厚度检测技术一般有无损测量法，如磁性检测、涡流检测、超声波检测及千分尺测量等；另外，还有破坏性的测量法，如横断面测量法和重量分析法等。对于粉末和液体状涂料，在其干燥固化前同样可以采取一些有效方法对其薄膜厚度进行测量。

（一）检测原理及方法

1. 磁性测厚仪

磁性测厚仪是一种可以无损测量磁性金属基体表面非磁性涂膜厚度的仪器。它通常用于测量铁基底板上非磁性涂层的厚度。钢和铁上大多数涂层都是以这种方式测量的，主要有磁性拉伸式测厚仪和磁、电磁感应测厚仪。磁性测厚仪在测定各种导磁材料的磁阻时，测定值会因其表面非导磁覆盖层厚度的不同而发生变化，利用这种变化即可测知覆盖层厚度值。

2. 涡流测厚仪

涡流测厚仪一般用于测量位于非铁金属基板上的绝缘涂层的厚度。当载有高频电流的探头线圈置于被测金属表面时，由于高频磁场的作用而使金属体内产生涡流，此涡流产生的磁场又反作用于探头线圈，使其阻抗发生变化，此变化量与探头线圈离金属表面的距离（覆盖层的厚度）有关。因而，根据探头线圈阻抗的变化可间接测量金属表面覆盖层的厚度。

3. 超声波测厚仪

超声波测厚仪中所使用的超声回波脉冲技术一般用于测量金属和非金属基体材料表面上的涂层厚度。而且，该方法属于一种无损测量方法，不会对测量样品造成损坏。超声波在各种介质中的声速是不同的，但在同一介质中声速是一个常数。超声波在介质中传播遇到第二种介质时会被反射，测量超声波脉冲从发射至接收的间隔时间，即可将这间隔时间换算成厚度。

（二）防腐涂层厚度检测

1. 一般规定

①防腐涂层厚度的检测应在涂层干燥后进行。检测时构件的表面不应有结露。

②同一构件应检测 5 处，每处应检测 3 个相距 50 mm 的测点。测点部位的涂层应与钢材附着良好。

③使用涂层测厚仪检测时，应避免电磁干扰。

④防腐涂层厚度检测，应经外观检查合格后进行。

2. 检测设备

①涂层测厚仪的最大量程不应小于 1200 μm，最小分辨率不应大于 2 μm，示值相对误差不应大于 3%。

②测试构件的曲率半径应符合仪器的使用要求。在弯曲试件的表面上测量时，应考虑其对测试准确度的影响。

3. 检测步骤

①确定的检测位置应有代表性，在检测区域内分布宜均匀。检测前，应清除

测试点表面的防火涂层、灰尘、油污等。

②检测前对仪器应进行校准。校准宜采用二点校准，经校准后方可测试。

③应使用与被测构件基体金属具有相同性质的标准片对仪器进行校准，也可用待涂覆构件进行校准。检测期间关机再开机后，应对仪器重新校准。

④测试时，测点距构件边缘或内转角处的距离不宜小于 20 mm。探头与测点表面应垂直接触，接触时间宜保持 1~2 s，读取仪器显示的测量值，对测量值应进行打印或记录。

4. 检测结果评价

①每处 3 个测点的涂层厚度平均值不应小于设计厚度的 85%，同一构件上 15 个测点的涂层厚度平均值不应小于设计厚度。

②当设计对涂层厚度无要求时，涂层干漆膜总厚度：室外应为 150 μm，室内应为 125 μm，其允许偏差应为 -25 μm。

（三）防火涂层厚度检测

1. 一般规定

①防火涂层厚度的检测应在涂层干燥后进行。

②梁、柱构件的防火涂层厚度检测，在构件长度内每隔 3 m 取一个截面，且每个构件不应少于 2 个截面。

③防火涂层厚度检测，应经外观检查合格后进行。

2. 检测设备

①对防火涂层的厚度可采用探针和卡尺进行检测，用于检测的卡尺尾部应有可外伸的窄片。测量设备的量程应大于被测的防火涂层厚度。

②检测设备的分辨率不应低于 0.5 mm。

3. 检测步骤

①检测前，应清除测试点表面的灰尘、附着物等，并应避开构件的连接部位。

②在测点处，应将仪器的探针或窄片垂直插入防火涂层直至钢材防腐涂层表面，并记录标尺读数，测试值应精确到 0.5 mm。

③当探针不易插入防火涂层内部时，可采取防火涂层局部剥除的方法进行检

测。剥除面积不宜大于 15 mm×15 mm。

4. 检测结果评价

同一截面上各测点厚度的平均值不应小于设计厚度的85%，构件上所有测点厚度的平均值不应小于设计厚度。

二、焊缝质量检测

钢结构有两种常用的连接方式，即焊接和螺栓连接。钢结构焊缝开裂是最常见的病害，这种病害在焊接过程中和运营期都可能出现。焊接质量直接影响焊缝病害的产生。为了避免焊接质量引起运营期焊缝病害，在钢结构完成焊接后需要对焊缝进行质量检测。

焊缝质量检测是指对焊接成果的检测，目的是保证焊接结构的完整性、可靠性、安全性和使用性。除对焊接技术和焊接工艺的要求外，焊缝质量检测也是焊接结构质量管理的重要一环。常用的焊缝检测方法有超声检测（UT）、磁粉检测（MT）、液体渗透检测（PT）及 X 射线检测（RT）。

（一）超声检测

超声波探伤是利用超声波能在弹性介质中传播时，在异质界面产生反射、折射和波形转换等特性来检测材料内部或表面缺陷的。当焊缝中缺陷有裂缝、未焊透、未熔合、夹渣和气孔等，这些缺陷就是一种异质界面，超声波入射到缺陷表面就会产生反射波等。超声波检测焊缝内部质量就是利用工件中的缺陷反射波来判定工件内部的缺陷情况的。通过综合分析缺陷反射波的波形、波幅、衰减状况及传播时间等参数，检出缺陷，并对缺陷所在的位置、缺陷相对尺寸做出判定。

超声波探伤比 X 射线探伤具有较高的探伤灵敏度，有周期短、成本低、灵活方便、效率高、对人体无害等优点；缺点是对工作表面要求平滑、要求富有经验的检验人员才能辨别缺陷种类、对缺陷没有直观性；超声波探伤适用于厚度较大的零件检验。

1. 探头参数

（1）检测频率

检测频率应在 2~52 MHz 范围内，同时，应遵照验收等级要求选择合适的频率。

（2）折射角

探头移动区应清除焊接飞溅、铁屑、油垢及其他外部杂质。检测表面应平整光滑，便于探头的自由扫查，必要时应进行打磨。检测面与探头靴底面之间的间隙不应大于0.5 mm。

2. 耦合剂

耦合剂应选用适当的液体或糊状物，应具有良好的透声性和宜流动性，不应对检测人员有损伤作用，同时便于检测完成后清理。常用的耦合剂有水、机油、甘油和化学糨糊。

3. 探头的选取

超声在检测中，超声波的发射和接收都是通过探头来实现的。根据项目钢结构焊缝的声学特点和技术要求合理选择探头。

（1）直探头

晶片有效面积一般不应超过500 mm^2，且任一边长不应大于25 mm，频率为2~5MHz。

（2）斜探头

斜探头声束轴线水平偏离角不应大于2°，主声束垂直方向不应有明显的双峰。

4. 探伤灵敏度

采用标准试块，标定仪器的探伤灵敏度，实际的角度K值、前沿距离应在检验调校时进行检查和确认并且记录在检测报告上。

5. 检测区域

检测区域是指焊缝和焊缝两侧至少10 cm宽母材或热影响区域宽度内的区域。

在任何情况下，声束都要覆盖整个检测区域。如果声束不能覆盖整个检测区域，或者折射角不能满足要求时，检测双方应协商更换检测技术或者增加其他无损检测方法。

6. 探头移动区域

探头移动区域应足够宽，以保证声束能覆盖整个检测区域。探头移动区域表面应平滑，无焊接飞溅、铁屑、油垢及其他外部杂质。当探头和工件的接触间隙超过 0.5 mm 时，应修正探头移动区表面。当探头与焊缝间隙大于 1 mm 时，可在受影响区域用其他角度进行补充检测。如果该检测能弥补未检测到的区域，此局部是允许的。

除非能证实母材金属高衰减或缺欠的存在不影响横波检测，否则探头移动区域的母材应在焊接前或焊接后进行纵波检测。

存在缺欠的母材部位，应对其是否影响横波检测效果进行评定。如有影响，则调整焊缝超声检测技术，当严重影响声束覆盖整个检测区域时则应考虑更换其他检测方法。

7. 检测方法

根据项目钢结构焊缝的结构形式和检验等级的不同，选择不同的检测方式。

①对于钢结构桥梁中的部分熔透坡口角焊缝的 A 级检验，采用一种角度的探头在焊缝的单面单侧利用直射法及一次反射法进行检验，只对允许扫查到的焊缝截面进行检测。

②对于全熔透坡口对接焊缝的 B 级检验，原则上采用一种角度探头在焊缝的单面双侧利用直射法及一次反射法进行检验，对整个焊缝截面进行检测，条件允许时应做横向缺陷的检验。为检测焊缝及热影响区的横向缺陷，可在焊缝两侧边缘使探头与焊缝中心线成 10°～20° 做斜平行扫查。

③单侧利用直射法及一次反射法进行检验，对整个焊缝截面进行检测，必要时辅助位置以直探头进行检测，条件允许时应做横向缺陷的检验。为检测焊缝及热影响区的横向缺陷，可在焊缝一侧边缘使探头与焊缝中心线成 10°～20 做两个方向的斜平行扫查。

8. 检测等级

焊缝质量的等级要求，主要与材料、焊接工艺和使用期限有关，根据不同质量和规范要求可分为不同的等级。

（二）磁粉检测

铁磁性材料和工件被磁化后，由于不连续性的存在，工件表面和近表面的磁力线发生局部畸变，而产生漏磁场，吸附施加在工件表面的磁粉，形成在合适光照下目视可见的磁痕,从而显示出不连续性的位置、形状和大小。

磁粉探伤适用于检测铁磁性材料表面和近表面尺寸很小、间隙极窄目视难以看出的不连续性;磁粉检测可对多种情况下的零部件检测,还可对多种型件进行检测。可发现裂纹、夹杂、发纹、白点、折叠、冷隔和疏松等缺陷。磁粉检测不能检测奥氏体不锈钢材料和用奥氏体不锈钢焊条焊接的焊缝,也不能检测铜铝镁钛等非磁性材料。对于表面浅划伤、埋藏较深洞和与工件表面夹角小于20°的分层和折叠很难发现。

1. 检测方法

(1)表面准备

清洁被检工件的表面,不得有油脂、铁锈、氧化皮或其他黏附磁粉的物质,被检工件表面不规则状态不得影响检测结果的正确性和完整性;清理被检工件表面残留涂层。

(2)磁化方法

①周向磁化。采用交流电,使工件直接通电得到周向磁化。同时喷施磁悬液,可发现轴向或与轴向夹角小于30°的缺陷。

②纵向磁化。采用直流线圈,使工件在外加磁场中得到纵向磁化。同时喷施磁悬液,可发现横向缺陷或与磁力线方向夹角小于30°的缺陷。

③复合磁化。将工件放在通以直流电的线圈中,同时,工件本身再连续通以交流电,使工件纵向和周向同时磁化。同时喷施磁悬液,可发现工件表面及近表面任何方向因锻压、淬火、机加工与疲劳产生的裂纹,以及夹渣等极细微的缺陷。

(3)磁痕的观察

工件磁痕形成后立即进行观察,在能清楚识别荧光磁痕的亮度下用肉眼进行观察,工件与荧光灯的距离在400 mm左右。观察后在有磁粉堆积的位置(缺陷处)用红漆做上标志,有缺陷的工件经判定可整修的应进行整修。对无缺陷或有允许缺陷的工件视为合格品,应和不合格品及废品分开放置并做出标志。

(4)退磁操作

工件的剩磁会对以后的机械加工产生不良影响时及其他必要的场合应退磁。退磁在旋转式退磁机上进行。使用通过法退磁,退磁电流强度应大于磁化电流。

退磁后对工件用大头针进行剩磁检查。

2. 缺陷磁痕的分类和判定

磁痕显示可分为相关显示、非相关显示和伪显示。长度与宽度之比大于 3 的缺陷磁痕，按条状磁痕处理；长度与宽度之比不大于 3 的缺陷磁痕，按圆形磁痕处理。缺陷磁痕长轴方向与工件（轴类或管类）轴线或母线的夹角大于或等于 30°时，按横向缺陷处理。其他按纵向缺陷处理。

（三）液体渗透检测

零件表面被施涂含有荧光的染料或着色染料后，在一段时间的毛细管作用下，渗透液可以渗透进表面开口缺陷中；经去除零件表面多余的渗透液后，再在零件表面施涂显像剂，同样，在毛细管的作用下，显像剂将吸引缺陷中保留的渗透液，渗透液回渗到显像剂中，在一定的光源下（紫外线光或白光），缺陷处的渗透液痕迹可被显示（黄绿色荧光或鲜艳红色），从而探测出缺陷的形貌及分布状态。

渗透检测可检测各种材料，具有较高的灵敏度，显示直观、操作方便、检测费用低。而渗透检测不适用于检查多孔性疏松材料制成的工件和表面粗糙的工件，只能检测出缺陷的表面分布，难以确定缺陷的实际深度，因而很难对缺陷做出定量评价。此外，检测出的结果受操作者的影响也较大。

1. 表面状况

表面状况与最小可检测缺欠尺寸直接有关。检测光滑表面通常能得到最佳结果。表面粗糙或不规则（如咬边、飞溅）能形成高背景和非相关显示，从而导致降低小缺欠的可探测性。

2. 过程技术

过程技术宜根据检测表面状况来选择渗透系统和技术。有时这种选择会直接影响检测的可靠性，例如若要寻找小缺欠，不推荐采用擦洗方式在粗糙表面上去除多余渗透剂。

3. 验收等级

检测表面的宽度应包括焊缝金属和每侧各 10 mm 距离的邻近母材金属。渗透检测产生的显示，通常与形成这个显示的缺欠尺寸和形状特征不同。对缺欠所规定的验收等级相当于评定等级，不应考虑低于该水平的显示。

（四）X 射线检测

X 射线检测是利用 X 射线具有较强的穿透能力，穿透被测物的射线带有反映被测物内部结构的信息，通过射线强度的变化来检测与评判材料或工件内部各种宏观或微观缺陷的性质、大小及其分布情况。显然，这里涉及 X 射线在穿透物质时产生的一系列极为复杂的物理过程。

射线检测对检测体积型的缺陷比较敏感，比较容易对缺陷进行定性。射线底片易于保留，有追溯性，能够直观显示缺陷的形状和类型。缺点是不能定位缺陷的埋藏深度，同时检测厚度有限，底片须专门送洗，并且对人身体有一定危害，成本较高。

X 射线机按其结构形式可分为便携式、移动式和固定式。便携式 X 射线机多采用组合式 X 射线发生器，因其体积小、质量轻，而适用于施工现场和野外作业的探伤工作；移动式 X 射线机能在车间或实验室内移动，适用于中、厚板焊件的探伤工作；固定式 X 射线机则固定在确定的工作环境中，靠移动焊件来完成探伤工作。

1. 工件表面状态要求

工件焊缝及热影响区表面质量应经焊接检验员外观检查合格，表面的不规则状态在底片上的图像应不掩盖焊缝中缺陷或与之相混淆（如溅物、油污、锈蚀、凹坑、焊瘤、咬边等），否则应做适当的修整。

2. 工件画线

按照射线检测工艺卡在规定的检测部位画线。采用单壁透照时需要在工件两侧（射源侧和胶片侧）同时画线，并要求所画的线段尽可能对准。采用双壁单影透照时，只要在工件胶片侧画线。画线顺序由小号指向大号，纵焊缝按从左至右顺序，环向焊缝采用顺时针方向画线编号（工件表面应做出永久性标记以作为对每张底片重新定位的依据，工件不适合打印标记时，应采用详细的透照部位草图和其他的有效方法标记）。

3. 像质计和标记摆放

（1）像质计的类型

像质计包括线型像质计、阶梯孔型像质计和双线型像质计。

在一些特殊的场合（非金属材料检测、铝镁铸件检测、微焦点成像检测等），当规定的像质计无法满足检测要求时，允许用施工非标准的像质计、带有自然或人工缺陷的校正试样等来代替。但应在技术文件或合同中做明确规定并在检测报告中注明。

（2）像质计的摆放

线型像质计应放在射源一侧的工件表面上，位于被检焊缝的一端（被检长度的 1/4 处），钢丝横跨焊缝并与焊缝方向垂直，细丝置于外侧。当射源一侧无法放置像质计时，可将其放在胶片侧，像质计应附加"F"标记以示区别，并做一次对比试验，使实际像质指数达到规定要求。外径大于等于 200 mm 的管子或容器环缝，采用射线中心法做周向曝光时，整圈环焊缝应等间隔放置至少三个像质计。

（3）标记的摆放

各种铅字标记应齐全，包括中心标记、搭接标记、工件编号、焊缝编号、部位编号、钢板厚度、焊工代号和透照日期。返修透照时，应加返修标记 R_1、R_2。各种标记的摆放位置应距离焊缝边缘至少 5 mm，其中，搭接标记的位置：在双壁单影或射源在内 $F > R$ 的透照方式时，应放在胶片侧，其余透照方式应放在射源侧。

4. 散射线控制

散摄像和无用射线会降低图像对比度，应采用以下一种或几种措施加以控制：

①在 X 射线管窗口前安装滤波板；

②在探测器或 X 射线管窗口前安装光栅；

③对非检测部位进行屏蔽。

5. 技术等级

X 射线数字成像技术可分为以下两个等级：

①A 级：普通级，普通的成像技术；

②B 级：优化级，优化的成像技术。

6. 检测方法

（1）准备工作

确认设备处于监控状态，相关记录和报告有效。进行坏点校正、本底校正和响应不一致性校正。

（2）透照方式

根据工件的特点和技术条件的要求选择适宜的透照方式。在可以实施的情况下应选用单壁透照方式，在单壁透照不能实施时才允许采用双壁单影透照方式。

（3）透照方向

透照时射线束中心一般应垂直指向透照区中心，需要时，也可选用有利于发现缺陷的方向透照。

当受到工件形状或结构限制时，允许射线束中心与检测区域中心倾斜不超过30°的角度，但倾斜透照引起的检匀测图像变形应不影响对缺陷的有效识别。

（4）一次透照范围

一次透照范围定义为探测器一次可以透照的工件有效范围。通常根据检测图像质量和透照厚度来确定一次透照的范围大小。

（5）透照布置

透照布置是指射线源至探测器的距离、射线源至工件表面的距离和工件表面至探测器的距离等。

7. 曝光次数

工件检测区域的厚度变化小于材料厚度宽容度时，同一位置只检测一次。工件厚度范围大于等于材料厚度宽容度时，同一位置应使用不同的射线能量和曝光量进行多次检测，直至覆盖检测区域所有的材料厚度。

8. 射线源参数

（1）焦点尺寸

当焦点尺寸较小时，可以通过几何放大来提高图像分辨率。但由于管电流相对较小，为避免图像信噪比和灵敏度下降，曝光时间将会增长。

在图像分辨率满足的条件下，增大焦点尺寸和管电流能提高灵敏度。

（2）管电流

管电压不变，增大管电流可以增加图像信噪比，也可以提高灵敏度，但管电流的大小受焦点尺寸限制。

（3）管电压

为了获得良好的缺陷检出率，X 射线管电压应尽可能低。

当工件被检区域存在较大的厚度变化时，可以用更高的管电压。但应注意，过高的管电压可能引起检测灵敏度降低。

9. 探测器参数

探测器参数主要包括探测器基本空间分辨率和归一化信噪比。探测器基本空间分辨率是决定检测系统特性的主要参数。探测器归一化信噪比（SNRy）用来划分探测器系统的质量等级。具有相同归一化信噪比但像素尺寸不同的探测器，具有相同的检测缺陷能力。

10. 图像质量

检测图像的标志应完整，包括分段标志、定位标志、透照区域标志等。

当检测区域需要两幅以上的检测图像才能覆盖时，为确保检测区域的完整性，相邻图像之间需要进行搭接。

不方便放置搭接标志的场合，可利用自动控制技术通过运动范围的精确控制来保证检测区域没有被漏检。

11. 检测缺陷分析

根据焊接缺陷形状、大小，可将焊缝中的缺陷分为圆形缺陷、条形缺陷、未焊透、未熔合和裂纹五种。

（1）圆形缺陷

长宽比值小于等于3的非裂纹、未焊透和未熔合缺陷。圆形缺陷包括气孔、夹渣、夹钨等缺陷。

①气孔的成像呈暗色斑点，中心黑度较大，边缘较浅，平滑过渡，轮廓较清晰。

②夹渣（非金属）的成像主要呈暗色斑点，黑度分布无规律，轮廓不圆滑，小点状夹渣轮廓较不清晰。

③夹钨（金属夹渣）的成像呈亮点，轮廓清晰。

（2）条形缺陷

不属于裂纹、未焊透和未熔合的缺陷，当缺陷的长宽比值大于3时，定义为条形缺陷，包括条渣和条孔。

（3）未焊透

未焊透是指母材金属之间没有熔化，焊缝金属没有进入接头的部位根部造成的缺陷。

影像特征：未焊透的典型影像是细直黑线，两侧轮廓都很整齐，为坡口钝边痕迹，宽度恰好是钝边的间隙宽度。有时坡口钝边有部分融化，影像轮廓就变得不整齐，线宽度和黑度局部发生变化，但只要能判断是出于焊缝根部的线性缺陷，仍判定为未焊透。未焊透有底片上处于焊缝根部的投影位置，一般在焊缝中部，出于透照偏、焊偏等原因也可能偏向一侧。未焊透呈断续或连续分布，有时能贯穿整张底片。

（4）未熔合

未熔合是指焊缝金属与母材金属可焊缝金属之间未熔化结合在一起的缺陷。

影像特征：根部未熔合的典型影像是连续或断续的黑线，线的一侧轮廓整齐且黑度较大，为坡口或钝边的痕迹，另一侧轮廓可能较规则，也可能不规则。根部未熔合在底片上的位置就是焊缝根部的投影位置，一般在焊缝的中间，出于坡口形状或投影角度等原因可能偏向一边。坡口未熔合的典型影像是连续或断续的黑线，宽度不一，黑度不均匀，一侧轮廓较齐，黑度较大，另一侧轮廓不规则。黑度较小，在底片上的位置一般在中心至边缘的 1/2 处，沿焊缝纵向延伸层间未熔合的典型影像是黑度不大的块状阴影，开关不规则，如伴有夹渣时，夹渣部位黑度较大，一般在射线照相检测中不易被发现。

（5）裂纹

裂纹是指材料局部断裂形成的缺陷。

影像特征：底片上裂纹和典型影像是轮廓分明的黑线或黑丝。其细节特征包括：黑线或黑丝上有微小的锯齿，有分叉，粗细和黑度有时有变化，有些裂纹影像呈较粗的黑线与较细的黑丝相互缠绕状；线的端部尖细，端头前方有时有丝状阴影延伸。

12. 图像评定

图像需要满足质量要求后才能进行评定，可采用人工评定或计算机软件评定。缺陷分级应根据检测合同、工件技术要求来选择缺陷评定方法。

人工评定需要对缺陷进行定性评估和确定缺陷类型，通过评定工具、评定区域、缺陷面积和长度、缺陷面积比等进行定量分析。

计算机软件评定采用全自动评定，漏检率和误判率均很低。

第六章　公路桥梁施工管理

对于整个工程的质量来说，公路桥梁施工管理具有重要作用，必须重点抓好施工过程中的质量控制，加强施工过程中的技术应用，从而使公路桥梁工程的施工质量得以保证，提高公路桥梁工程的使用性能。

第一节　公路桥梁施工质量管理

对于整个工程的质量来说，公路桥梁施工管理具有重要作用，必须重点抓好施工过程中的质量控制，加强施工过程中的技术应用，从而使公路桥梁工程的施工质量得以保证，提高公路桥梁工程的使用性能。

一、公路桥梁施工质量管理概述

我国日趋完善的城市化基础设施，使加快公路桥梁工程建设成为一种客观需求。对公路桥梁施工中的技术应用及质量控制加强，能够使施工企业的经济效益得到有效的提高，同时，还能使得整个社会得到可持续发展，并且对其具有重要的推动作用。因此，当务之急就是探索适合我国国情特点的施工质量管理方式。

（一）工程质量概念

1. 质量

根据相关标准规定，"质量是指客体的一组固有特性满足要求的程度"。该定义中质量不仅是指产品质量，也可以是某项活动或过程的工作质量，还可以是质量管理体系运行的质量。质量是由一组固有特性组成，这些固有特性是指满足顾客和其他相关方要求的特性，并由其满足要求的程度加以表征。

定义中的特性是指可区分的特征。质量特性是固有的特性，并通过产品、过程或体系设计和开发及实现过程形成的属性。固有的意思是指在某事或某物中本来就有的，尤其是那种永久的特性。被赋予的特性（如某一产品的价格）并非产品、过程或体系的固有特性，不是它们的质量特性。

定义中满足要求就是指应满足明示的（如合同、规范、标准、技术、文件）、通常隐含的（如组织的惯例、一般习惯）或必须履行的（如法律、法规、行业规则）的需要和期望。与要求相比较，满足要求的程度才反映为质量的好坏。对质量的要求除考虑满足顾客的需要外，还应考虑其他相关方的自身利益、提供原材料等的供方的利益和社会的利益等多种需求。例如须考虑安全性、环境保护、节约能源等外部的强制要求。只有全面满足这些要求，才能评定为好的质量或优秀的质量。

另外，有关方面对产品、过程或体系的质量要求是动态的、发展的和相对的。质量要求随着时间、地点、环境的变化而变化。如随着技术的发展、生活水平的提高，人们对产品、过程或体系会提出新的质量要求。因此，应定期评定质量要求、修订规范标准，不断开发新产品、改进老产品，以满足已变化的质量要求。另外，不同国家、不同地区因自然环境条件不同、技术发达程度不同、消费水平不同和风俗习惯的不同会对产品提出不同的要求，产品应具有这种环境的适应性，对不同地区应提供不同性能的产品，以满足该地区用户的明示或隐含的要求。

2. 产品质量

产品质量是指产品满足人们在生产和生活中所需要的使用价值及其属性，体现为产品的内在和外观质量指标。

3. 工程项目质量

工程项目质量包括工程产品实体和服务这两类特殊产品的质量。其中工程实体作为一种综合加工的产品，它的质量是指建筑工程产品适合于某种规定的用途，满足人们要求所具备的质量特性的程度；而"服务"是一种无形的产品，服务质量是指企业在推销、销售、售后服务过程中满足用户要求的程度。其质量特性依服务业内不同行业而异，但一般包括服务时间、服务能力、服务态度等。

公路桥梁工程建设项目具有实行招标投标、投资额大、生产周期长的特点，因此，服务质量同样是公路桥梁工程项目质量的主要组成之一。公路桥梁行业的服务质量既可以是定量的，也可以是定性的，例如施工工期是定量的，而现场布

置、施工单位与现场监理之间的协作配合和工程竣工后的保修等则是定性的。

4. 工作质量

工作质量是指参与工程的建设者，为了保证工程项目质量所从事工作的水平和完善程度。工作质量包括社会工作质量、生产过程工作质量等，它是质量的广义内容。工作质量不像产品质量那样直观，它体现在整个企业的一切技术和管理活动中，要保证工作质量，要求有关部门和人员的精心工作、协调配合，对影响工程质量的所有因素进行严格控制，通过工作质量来保证工程质量。

要保证公路工程建设处于较高的工作质量水平，必须从人员、材料、设备、方法等要素入手。

（1）人员素质

人是生产经营活动的主体，也是工程项目建设的决策者、管理者、操作者，工程建设的全过程，如项目的规划、决策、勘察、设计和施工，都是通过人来完成的。人员的素质，即人的文化水平、技术水平、管理能力、组织能力、作业能力、控制能力、身体素质及职业道德等，都将直接或间接地对规划、决策、勘察、设计和施工的质量产生影响，而规划是否合理，决策是否正确，设计是否符合所需要的质量功能，施工能否满足合同、规范、技术标准的需要，都将对工程质量产生不同程度的影响，所以，人员素质是影响工程质量的一个重要因素。因此，公路桥梁建设实行经营资质管理和各类专业从业人员持证上岗制度是保证人员素质的重要管理措施。

（2）工程材料

工程材料泛指构成工程实体的各类建筑材料、构配件、半成品等，它是工程建设的物质条件，也是工程质量的基础。工程材料选用是否合理，产品是否合格，材质是否经过检验，保管使用是否得当等，都将直接影响建设工程的结构刚度和强度、工程外表及观感、工程的使用功能和使用安全。

（3）机械设备

机械设备可分为两类：一是指组成工程实体的工艺设备和各类机具；二是指施工过程中使用的各类机具设备。工程使用的机具设备其产品质量优劣，直接影响使用工程质量。施工机具设备的类型是否符合工程施工特点，性能是否先进稳定、操作是否方便安全等，也将影响工程项目的质量。

（4）工艺方法

工艺方法是指施工现场采用的施工方案，包括技术方案和组织方案。前者如施工工艺和作业方法，后者如施工区段空间划分及施工流向顺序、劳动组织等。在工程施工中，施工方案是否合理，施工工艺是否先进，施工操作是否正确，都将对工程质量产生重大的影响。大力推进采用新技术、新工艺、新方法，不断提高工艺技术水平，是保证工程质量稳定提高的重要因素。

（二）公路桥梁工程质量的特征

公路桥梁工程质量的特征主要表现在以下六个方面：

1. 适用性

适用性即功能，是指工程满足使用目的的各种性能。包括结构性能，如地基基础牢固程度，结构的强度、刚度和稳定性；使用性能，如路面工程行车平稳度、路面抗滑功能、道路桥梁通达便捷程度等。

2. 耐久性

耐久性即寿命，是指工程在规定的条件下，满足规定功能要求使用的年限，也就是工程竣工后的合理使用寿命周期。

3. 安全性

安全性是指工程建成后在使用过程中保证结构安全、保证人身安全和保证环境免受危害的程度。公路桥梁建设工程产品的结构安全度、抗震等能力是否能达到特定的要求是安全性的重要标志。工程交付使用之后，必须保证工程整体及人身财产都有能免遭工程结构破坏带来的伤害。

4. 可靠性

可靠性是指工程在规定的时间和条件下完成规定功能的能力。工程不仅要求在交工验收时要达到规定的指标，而且在一定的使用时期内要保持应有的正常功能。

5. 经济性

经济性是指工程从规划、勘察、设计、施工到整个产品使用寿命周期内的成本和消耗的费用。工程经济性具体表现为设计成本、施工成本、使用成本三者之和。包括从征地、拆迁、勘察、设计、采购（材料、设备）、施工、配套设施等建设全过程的总投资和工程使用阶段的维护、保养乃至改建更新的使用维修费用。通过分析比较，判断工程是否符合经济性要求。

6. 与环境的协调性

与环境的协调性是指工程与其周围生态环境相协调，与所在地区经济环境协调及与周围已建工程相协调，以适应可持续发展的要求。

上述六个方面的质量特性彼此之间是相互依存的。总体而言，适用、耐久、安全、可靠、经济、环境适应性，都是必须达到的基本要求，缺一不可。

（三）工程项目质量管理

质量管理就是确定质量方针、目标和职能，并通过质量体系中的质量策划、质量控制、质量保证和质量体系来使其实现所有管理职能的全部活动。而"全面质量管理"是指组织开展以质量为中心、全员参与为基础的一种管理方法，其目标是通过使用户满意、本单位成员和社会受益，以达到长期成功。

1. 质量策划

质量策划是为质量和采用的质量体系要素确定目标与要求而进行的一系列活动。它包括如下内容：工程策划对质量特性进行识别、分类和重要性评定、确定质量目标、要求和要素条件。管理和作业策划为实施质量体系做准备，包括组织与进度安排。应编制质量计划，并为质量改进做好准备。

2. 质量控制

质量控制也就是施工质量控制，即为满足工程质量要求所采取的施工作业技术和活动。施工作业技术和活动的主要内容是确定控制计划与标准。实施控制计划与标准，并在实施过程中进行连续监视、评价和验证。纠正不符合计划与程序的现象。排除质量形成过程中的不良因素与偏离规范现象，恢复其正常状态。

3. 质量保证

为使人们确信所建造的公路能满足质量要求，在质量体系内所开展的并按需要进行证实的有计划和有系统的全部活动，称为质量保证。质量保证的核心在于使政府质量监督部门、工程业主和监理部门确信施工单位有能力满足规定的质量要求，给他们提供信任感。

为此，施工单位必须做到下述两点：提供充分必要的证据（记录）和接受评价。例如政府质量监督部门、工程业主、监理部门和企业高层管理者组织实施的质量审核、质量监督、质量认证、质量评价（评审）。质量保证还分为内部质量保证和外部质量保证。

（1）内部质量保证

为了使本企业高层管理者确信本施工单位具备满足质量要求的能力所进行的活动，称为内部质量保证。其中，包括质量审核、质量体系复审、质量评价、工序质量验证等。它是企业质量管理职能的活动内容之一。

（2）外部质量保证

为了使政府质量监督部门、工程业主和监理部门确信施工单位具备满足质量要求的能力而进行的活动，称为外部质量保证。在外部质量保证活动中，首先应把工程业主对施工单位的质量要求（如依照何种标准，须补充的保证要求及其水平）列入合同；其次，对施工单位的质量体系进行审核、验证和评价。施工单位应向施工监理部门提供有关质量体系能满足合同要求的证据，包含质量手册、程序性文件、质量计划、质量凭证与记录，以及见证材料等。

4.质量体系

质量体系是为实施质量管理，由组织机构、职责、程序、过程和资源构成的有机整体。其中，"组织机构、职责"，是指影响工程质量的组织体制。一般包括：领导职责与质量管理职能；质量机构的设置；各机构的质量职能、职责及它们之间的纵向与横向关系；质量工作网络与质量信息传递与反馈等。"程序"是指为完成某项活动所规定的活动目的、范围、做法、时间进度、执行人员、控制方法与记录等。这些一般应以管理标准、工作标准、规章制度、规程等予以体现。"有机整体"是指质量体系应由若干相互紧密联系的要素构成。它们一般包括工程设计、施工承包合同、标准规范、人员、物资采购、施工准备、质量管理方法的应用、工程安全与责任、测量和试验设备的控制、施工过程控制、不合格控制、纠正措施、工程竣工验证、竣工养护、质量文件和记录等。此外，还应有必要的体系文件，即质量手册、程序性文件（包括管理性程序文件、技术性文件）、质量计划等。

二、质量体系的建立和运行

施工过程的质量管理是指建立在质量体系的基础上，对施工质量开展一系列管理活动的过程。实行施工过程的质量管理应该有相应的目标、计划、制度和措施，通过组织和人员去落实。

（一）建立质量体系的基础工作

1. 确定质量环

质量环是从产品立项到使用全过程各个阶段中影响质量的相互作用活动的概念模式，这些阶段包括市场调研、设计、采购、售后服务等，构成了产品形成与使用的全过程。满足要求的产品质量是产品质量环各个阶段质量职能的综合效果。根据通用的典型质量环，结合施工企业的特定产品对象，无论其工程复杂程度、结构形式怎样变化，无论是高速公路还是一般道路，其建造与使用的过程、程序和环节基本是一致的。

GB/T 19004 标准给定了通用的典型质量环，将产品质量划分为 11 个阶段，即营销和市场调研；设计/规范的编制和产品开发；采购；工艺策划和开发；生产制造；检验、试验和检查；包装和储存；销售和分发；安装和运行；技术服务和维护；用后处理。

公路桥梁工程施工企业特定的产品就是工程，依据 GB/T 19004 标准质量环，对照施工程序，工程施工企业质量环则由以下 8 个阶段组成：工程调研和任务承包；施工准备工作；材料、设备采购；施工生产；试验与检查；建筑物功能试验；竣工交验；回访与保修。

2. 完善质量体系结构，并使之有效运行

根据 GB/T 19004 标准的规定，企业决策层和管理层要负责质量体系的建立、完善、实施和各项工作的开展，使质量体系得以有效地运行。一般情况下，一个企业只有一个质量体系，其基层单位的质量管理和质量保证活动只能是企业的组成部分，是企业质量体系的具体表现。这样通过相应的组织机构网络，充分发挥质量职能的有效控制，使企业质量体系达到预期的目标。

3. 质量体系文件

质量体系文件是质量体系存在和实施的方针性文件。它是指将施工质量管理体系中采用的全部要素、要求和规定，系统地编写成方针性或程序性文件，其中一般包括：质量方针（政策）、质量手册、质量计划、程序文件、质量记录等。

（二）质量体系的运行

1. 建立和完善质量体系

（1）企业领导决策

只有企业主要领导下决心走质量效益型的发展道路，亲自组织、实践和统筹安排，才能确保这项工作的顺利开展。因此，企业领导决策是做好质量体系的首要条件。

（2）编制工作计划

编制工作计划即进行培训教育、体系分析、职能分配、文件编制、配备仪器设备等工作内容。

（3）分层次教育培训

组织学习 ISO 国际、国内系列标准，结合企业特点，研究与本职工作有直接影响的要素，提出质量要素控制的办法。

（4）分析企业特点

结合企业的特点和具体情况，确定采用哪些质量要素控制方法和程序。要素应对控制工程实体质量起主要作用。

（5）落实各项要素

企业在选好合适的控制质量要素后要把各项质量活动落实到具体部门或个人。要把企业的管理标准、工作标准、质量责任制、岗位责任制编制成与质量要素相对应的有效运行文件。

（6）编制质量体系文件

按文件作用分为法规性文件和见证性文件两类：第一类是规定各项质量活动的要求、内容和程序的文件；第二类是用以表明质量体系的运行情况和证实其有效性的文件。这些文件记载体系的运行情况和工程实体质量的状态，是质量体系运行的见证。

2. 质量体系的运行过程

质量体系运行是执行质量体系文件、实现质量目标、确保质量体系持续有效和不断优化的过程。

（1）组织协调

组织协调工作是维护质量体系运行的动力，就公路工程企业而言，计划部门、施工班组、技术部门、试验部门、测量部门、检查部门都必须在目标与分工等方面协调一致，责任范围内不能出现空当，保持体系的连续性。这些都需要通过组织和协调工作来完成。

（2）质量监督

质量体系在运行过程中，各项活动及其结果不可避免地会发生偏离标准的可能。为此，必须实施质量监督。质量监督是对工程实体进行连续性监视和验证，发现质量偏差时，要求企业采取纠正措施，严重时，责令其停工整顿，使工程质量符合标准规定。

（3）质量信息管理

质量信息管理是在质量体系运行中，通过质量信息反馈系统对信息进行反馈处理，从而使工程实体质量处于受控状态。

（4）质量体系评审

企业定期对质量体系进行审核和评价，其评审内容包括三个方面：一是评审质量体系要素；二是对体系进行管理；三是评价质量体系对环境的适应性。开展质量体系评审是保证质量体系持续有效运行的主要手段。

三、施工过程的质量管理流程

（一）施工准备阶段的质量管理

施工准备工作是整个施工活动的主要内容之一。它是根据工程设计及规范文件的要求，把材料、设备、能源、操作人员与专业技术等方面合理地组织起来，明确规定施工方法和程序，分析影响工程质量的因素，采用有效的控制方法，确保施工按照已制定的工艺方法和工艺过程在受控制状态下进行，为工程获得合格的性能质量创造条件。因此，施工准备工作是直接影响工程质量的十分重要的体系要素。施工准备工作包括制订施工质量控制计划，施工工序能力的验证，对原材料、辅助材料、公用设施、环境条件及工艺文件的质量控制等。

1. 制订施工质量控制计划

在施工质量控制计划中，必须有规定的活动内容，有进度、有分析、有检验、有成果表达，要求责任部门认真对待，保质、保量、按期完成。

不同类型的企业、不同类型的工程，其施工质量控制计划的内容不尽相同，主要内容归纳起来有以下几个方面，可根据实际需要来选择采用：审查、研究工程施工的工艺性，以保证工程施工质量，确保施工顺利进行；确定合理的施工工艺方法、工艺路线和计算机软件，编制工艺流程；选择与质量特性要求相对应的机械设备，配备必要的测试仪器、仪表；对采用的新材料、新工艺、新设备进行试验与验证；设计、制造、验证专用的工艺装备、储运工具和辅助设备；制订工序质量控制计划；对于关键工序、部位和环节实行重点的工序控制，对于重点控制的质量特性设置工序质量控制点；编制工程检验计划，指导检验人员开展正常质量检验，主要内容有确定检验程序、检验手段和方法、检验路线、检验设备及工具、检验质量特性、检验标准等；制定合理的材料消耗定额和工时定额；培训操作人员，特别是特殊工种的操作人员，进行资格认可和颁发岗位培训合格证件；分析影响工序质量的因素，并确定其中的主导因素，在施工工序中加以控制；编制各种控制工序质量的文件和图表，如工序质量表、作业指导书、设备定期检修卡、质量控制图、质量检验规范等；研究改进施工质量与工序能力的措施和方法。

2. 工序能力的验证

工序能力就是工序能够稳定施工完成合格工程的能力，即指工序处于受控状态下的实际施工能力。由于工序质量是影响工程质量的基本环节，故在工序准备工作中应对工序是否具备施工完成符合工程质量要求的能力进行验证。这就要求抓住对工程有重大影响的重点工序，对影响工序质量的六大因素（操作人员、机械设备、材料、工艺方法、测试手段及环境条件）进行分析与验证，以确保工序能力符合工程设计和规范的质量要求。例如在大面积施工路面结构层之前，通常选取一个典型路段，作为配置和验证路面铺筑工序能力的试验路段。

3. 材料的质量控制

材料的含义包括供应给施工企业的原料、材料、零件、元件、部件、半成品等。一般而言，施工企业的外购材料费用占工程总造价的 30%~70%。因此，要求供货单位的质量保证是十分重要的。

材料质量控制的主要内容有：编制材料采购计划；材料的订购及供应单位（或厂商）的选择；合同签约；材料的验收质量控制；材料保管和发放的质量控制。

（二）施工过程的质量管理

施工过程的质量管理是从工程开工到竣工的整个过程对工程质量的控制。质量管理的职能是根据设计、技术标准和工艺文件的规定及施工质量控制计划的要求，对各种影响施工质量的因素具体实施控制活动，以确保施工完成的工程符合设计意图和质量规范的要求。为此，施工过程中应着重控制如下两个环节：

1. 加强工艺管理，严格执行工艺规程

施工过程质量控制的核心问题，就是采取各种有效措施，使施工过程处于稳定的控制状态，从根本上减少或消灭不合格项目。尽管影响工程质量的因素很多，但这些因素的变化与工程质量波动的内在联系是有规律的。因此，施工过程的质量控制就是要着重研究和应用这些规律，不断地提高工艺质量。进行岗位培训，明确岗位责任制，严格控制施工，强化工艺纪律，加强工艺文件的管理、工艺更改的监督、特殊工艺的控制、不合格项目的控制、工艺状态的验证等均属于工艺管理的内容。

2. 严格把关，强化施工过程中的检验工作

为了保证质量，在施工过程中必然存在一个检验过程。施工过程中，质量检验的任务是把好"三关"：材料关，即原材料、辅助材料、外购材料、半成品的质量关；工艺关，即施工过程的工艺质量关；成品关，即工程项目施工完成后应符合设计和规范的要求。

质量检验活动应贯穿于工程施工的全过程。开工前做好检验的准备工作，如确定质量检验标准、检验方法和手段，以及根据施工工艺过程确定检验范围、配备检查人员、组织检验工作。在检验中，按照工程质量标准要求，用全数检验或抽样检验方法，从材料及施工过程中的在建项目，直至已完工工程的全过程进行检验，并随时做好检验记录，填好统计报表。同时，应妥善保管、分类编目，建立工程质量档案。利用检验所得的数据、资料及下道工序的意见，及时进行质量分析，发现质量异常波动，应迅速反馈给有关部门及管理人员，做到日有日报表，月有月报表，季度、年度有综合质量统计与分析报表。此外，还应制订对每个工程项目、工段、工班和职工的经济考核制度，纳入质量经济责任制管理。新材料和新技术的试验工作、优化设计各阶段的设计评审、工艺评审及工程质量评

审工作，检验部门都应当参与。

第二节　公路桥梁施工成本管理

现代化公路桥梁建设项目，具有规模大、技术复杂、分工细、协作面广、机械自动化程度高等特点，不仅需要现代的科学技术，更需要现代的科学管理。在施工项目管理中，最终是要使项目达到质量好、工期短、消耗低、安全可靠等目标，而成本是这四项目标经济效果的综合反映。因此，施工项目成本是施工项目管理的核心之一。

一、施工项目成本管理概述

加强公路桥梁工程项目成本控制是科学细化施工企业管理的关键环节，公路桥梁工程项目成本管理是项目施工管理的核心，加强成本管理有助于实现利润目标，增强企业的竞争力。只有在工程项目全过程中进行成本管理与控制，才能更好地提高经济效益。

（一）施工项目成本及成本管理的概念

公路桥梁施工企业的基本活动是建造公路建筑产品。在建造公路建筑产品过程中，要发生各种生产耗费，包括劳动对象的耗费、劳动手段的耗费及劳动力的耗费等，这些耗费的货币表现称为生产费用。施工项目成本是施工企业以施工项目作为成本核算对象，施工过程中所耗费的生产资料转移价值和劳动者的必要劳动所创造的价值的货币形式，也就是某施工项目在施工中所发生的全部生产费用的总和，包括所消耗的主、辅材料，构配件，周转材料的摊销费或租赁费，施工机械的台班费或租赁费，支付给生产工人的工资、奖金，以及项目经理部（或分公司、工程处）一级为组织和管理工程施工所发生的全部费用支出。施工项目成本不包括劳动者为社会所创造的价值（如利润），也不包括不构成施工项目价值的一切非生产性支出。

施工项目成本是施工企业的主要产品成本，也称工程成本，一般以项目的单位工程作为成本核算对象，通过各单位工程成本核算的综合来反映施工项目成本。

施工项目成本管理是根据企业的总体目标和工程项目的具体要求，在工程项目实施过程中，对工程项目的成本进行有效的组织、实施、控制、跟踪、分析和考核的管理活动。它是施工企业项目管理系统中的一个子系统，也是项目管理的核心。加强工程项目成本管理，有助于实现目标利润，提高成本管理水平，降低工程成本，创造良好经济效益，是公路施工企业积蓄财力，增强企业竞争力的必由之路。

公路桥梁项目施工成本，是指在施工现场发生的全部生产费用的总和（制造成本）。它包括消耗的材料、构配件、周转材料的摊销费或租赁费，施工机械的台班费或租赁费，支付给生产工人的工资，以及项目部为施工管理所发生的全部费用支出。它研究的是财务成本（现金成本），是以货币或资金的形式表现的。非财务成本则是一种不能通过资金形式直接表示的成本。非财务成本虽然耗费了资金，它却不能马上表现为现金支出，但是日后也会通过其他途径最终表现在资金形态上，如精神成本、企业形象和企业的声誉。因此，施工成本管理既是对资金要素的管理，又是对各项施工要素的管理的综合效果，与其他生产要素管理密不可分。

（二）施工项目成本的分类

1. 按成本管理的要求分类

（1）预算成本

公路工程项目的产品具有多样性、固定性和生产周期长的特点，对工程项目的建设需要通过编制预算来确定产品价格。预算成本是根据施工图，按分部、分项工程的预算单价和计费标准计算的工程预算费用。工程预算成本加上间接费、利润和税金，即为工程项目的预算造价。在招标投标时，预算造价是施工企业与发包单位签订承包合同和进行工程价款结算的主要指标。

预算成本是确定工程造价的基础，也是编制计划成本和评价实际成本的依据。

（2）计划成本

施工项目计划成本，是指施工项目经理部根据计划期有关资料（如工程的具体条件和施工企业为实施该项目制定的各项技术组织措施），在实际成本发生前预先计算的成本，也就是施工企业考虑降低成本措施后的成本计划数。

计划成本反映了企业在计划期内应达到的成本水平，对于加强施工企业和项目经理部的经济核算，建立健全施工项目成本管理责任制，控制施工过程中生产费用，降低施工项目成本具有十分重要的作用，是施工项目成本分析和考核的重要依据之一。

（3）实际成本

实际成本是施工项目在报告期内实际发生的各项生产费用的总和。它是反映施工企业施工管理水平和考核企业成本降低任务完成情况的重要依据。

实际成本与计划成本比较，可揭示成本的节约和超支，考核企业施工技术水平及技术组织措施的贯彻执行情况和企业的经营效果。实际成本与预算成本比较，可以反映工程盈亏情况。计划成本和实际成本都是反映施工企业成本管理水平的，它受企业本身的生产技术、施工条件及生产经营管理水平所制约。

2. 按费用与完成工程数量间的关系分类

施工费用支出的数量与工程量成果有依存关系，按这种关系可把施工费用分为变动费用和固定费用。变动费用和固定费用的划分，将有助于进行成本预测、计划和分析，也有助于寻求降低成本的途径。在招投标情况下，还有助于合理确定投标报价策略。

变动费用是指成本总额随业务量的增减变化而成比例变动的费用，如直接用于工程的材料费、实行计划工资制的人工费等。所谓变动，也是就其总额而言，对于单位分项工程上的变动费用通常是不变的。固定费用是指在一定时期和一定生产规模的情况下，其耗费总额不受业务量增减变化的影响，基本保持一个常数或相对固定的费用。如折旧费、大修理费、管理人员工资、办公费等。一般来说，企业每年的固定成本基本相同。但是，当工程量超过一定范围则需要增添机械设备和管理人员，此时固定成本将会发生变动。此外，所谓固定，是指就其总额而言，对于分配到每个单位工程量上的固定费用则是变动的。

（三）施工项目成本管理的基本原则

施工项目成本管理是企业成本管理的基础和核心，施工项目经理部在对项目施工过程进行成本管理时，必须遵循以下五个基本原则：

1. 成本管理科学化原则

成本管理是企业管理学中一个重要内容，企业管理要实行科学化，必须把有关自然科学和社会科学中的理论、技术和方法运用于成本管理。例如在施工项目成本管理中，可以运用预测与决策方法、目标管理方法、量本利分析方法和价值工程方法等。

2. 成本管理最低化原则

施工项目成本管理的根本目的是通过运用成本管理的各种手段，不断降低施工项目的成本，达到可能实现最低的目标成本的要求。但是，在实行成本最低化原则时应注意研究降低成本的可能性和成本最低的合理性，一方面挖掘各种降低成本的潜力，使可能性变为现实；另一方面要从实际出发，制定通过主观努力可能达到合理的最低成本水平，并据此进行分析、考核和评比。

3. 成本管理责任制原则

为了实行全面成本管理，施工项目经理部应对企业下达的指标负责，班组和个人对项目经理部的成本目标负责，以做到层层分解，以分级、分工、分人的成本责任制作为保证，定期考核评定。成本责任制的关键是划清责任，并与奖惩制度挂钩，使各部门、各班组和个人都来关心施工项目成本。

4. 成本管理有效化原则

所谓成本管理有效化，主要有两层含义：一是以最少的人力和财力，完成较多的管理工作，提高工作效率；二是促使施工项目经理部以最少的投入，获得最大的产出。

提高成本管理有效性，一是采用行政方法，通过行政隶属关系，下达指标，制定实施措施，定期检查监督；二是采用经济方法，利用经济杠杆、经济手段实行管理；三是用法制方法，根据国家的政策方针和规定，制定具体的规章制度，用法律手段进行成本管理。

5. 成本管理全面性原则

全面成本管理是全企业、全员和全过程的管理，亦称"三全"管理。长期以来，在施工项目成本管理中，存在"三重三轻"问题，即重实际成本的核算和分析，轻全过程的成本管理和对其影响因素的控制；重施工成本的计算分析，轻采购成本、工艺成本和质量成本；重财会人员的管理，轻群众性的日常管理。

为了确保不断降低施工项目成本，达到成本最低化目的，必须实行全面成本管理。

二、施工项目成本计划的编制程序与控制

(一) 施工项目成本计划的编制程序

1. 资料准备与分析

成本计划的编制过程是充分利用资料、研究分析资料和利用各种资料对规划计划年度降低成本水平和成本目标进行决策分析的过程。资料是编制成本计划的基础和主要信息来源。

编制成本计划所必需的基础资料有：①国家和上级主管部门下达的降低成本计划指标及其相关指标；②施工单位年度与制订成本计划有关的各项经营管理计划，主要包括施工生产计划、劳动工资计划、物资供应计划、技术组织措施方案、年度报表、成本报表、施工图预算、施工预算和施工组织计划等资料；③材料、工时、施工机械台班消耗等市场信息的各项技术经济定额和费用开支标准；④施工单位以前年度有关施工项目成本计划、实际和分析资料；⑤其他有关资料。

上述资料经收集后，还要进行初步整理与分析，检查资料的真实性、完整性、代表性，剔除虚假因素和排除偶发因素干扰，认真比较、分析历史成本资料之间的差异，从中找出成本变化的一般规律。

2. 确定计划成本目标

项目经理部的财务部门在掌握了丰富的资料后，加以整理分析，特别是在对基期成本计划完成情况进行分析的基础上，根据有关的设计、施工等计划，按照工程项目应投入的物资、材料、劳动力、机械、能源及各种设施等，结合计划期内各种因素的变化和准备采取的各种增产节约措施，进行反复测算、修订、平衡后，估算生产费用支出的总水平，进而提出全项目的成本计划控制指标，以确定目标成本。然后，把目标成本及总的目标分解落实到各个相关部门、班组。

3. 编制成本计划草案

对大中型项目，经项目经理部批准下达成本计划指标后，各职能部门应充分

发动群众进行认真的讨论，在总结上期成本计划完成情况的基础上，结合本期计划指标，找出完成本期计划的有利和不利因素，提出挖掘潜力、克服不利因素的具体措施，以保证计划任务的完成。为了使指标真正落实，各部门应尽可能将指标分解、落实、下达到各个班组及个人，使得目标成本的降低额和降低率得到充分讨论、反馈、修订，使成本计划既能够切合实际，又成为群众共同奋斗的目标。

各职能部门应认真讨论项目经理部下达的费用控制指标，拟订具体实施的技术经济措施方案，编制各部门的费用预算。

（二）施工项目成本控制

所谓成本控制，就是在施工过程中，对工程成本的形成进行监督，并及时纠正而使工程成本限制在计划范围内，以实现降低成本的目标。施工项目成本控制具有三个方面的含义：一是对目标成本本身的控制；二是对目标成本形成过程的控制和监督；三是在过程控制的基础上，着眼于未来，为今后成本的控制积累经验。

1. 施工项目成本控制的依据

（1）计划指标

施工企业分解下达的成本计划指标是控制成本的基本依据，它包括单位工程成本计划、工程成本计划降低额和工程成本计划降低率等。为了便于掌握，还应根据需要将上述计划指标进行必要的分解。按分级管理要求可将成本计划指标进行纵向分解落实到基层单位；按归口管理要求可将成本计划指标分解落实到各个职能部门。在以上各个部门、各个基层单位控制的指标中，有的指标直接和成本相联系，属于成本指标；也有些指标，如质量、工期、安全、劳动生产率、设备利用率等，其本身虽然不是成本指标，但这些指标完成的好坏，必然引起成本水平的升降。所以，成本控制不应局限于几个成本指标，而必须同时从增产和节约两个方面着手，这样才能抓好成本控制工作。

（2）施工定额

施工定额具体包括劳动定额、材料消耗定额、机械台班定额及间接费用定额，这些定额是控制成本的辅助依据。

劳动定额是企业编制施工预算、施工组织设计和作业计划的依据，也是施工队向班组签发工程任务单、控制人工支出的依据。

材料消耗定额也是编制施工预算、施工组织设计和作业计划的依据，是确定材料和工程用料的标准。

机械台班定额是完成单位工程所必需的机械台班消耗标准。在编制施工预算时，应根据施工组织设计、工期和现场实际情况计算出所需台班数量，并据以控制台班支出。

间接费用定额是工程施工现场管理机构为组织管理施工生产所发生的费用消耗标准，是编制间接费计划和控制间接费支出的依据。

（3）其他内部管理制度

施工企业其他内部管理制度，如材料领用、退回、盘点、奖励制度等，也是控制成本的辅助依据。

2. 施工项目成本控制的基本要求

（1）掌握标准

在确定了成本控制的目标和标准后，各个职能部门、各个生产岗位和职工就要依据成本进行控制。要掌握标准，严格按照标准办事，实事求是地如实反映情况，对变化做具体分析，灵活应对。

（2）分析差异

在施工过程中，通常出于某些原因，使实际发生的成本数额与预定的标准产生偏差，造成目标成本超支或节约。差异反映了各部门、岗位的工作质量和效果，要及时对成本进行分析，研究节约或超支的各种原因及其对完成成本计划的影响。

（3）调整偏差

对发生的成本差异，应在查明原因的基础上，由成本管理人员定期向领导做实绩报告，提供成本差异信息，以便及时对原有不切实际的成本标准进行调整或修改。

三、施工项目成本核算、分析与考核

（一）施工项目成本核算

施工项目成本核算是根据工程施工特点和管理要求，对施工生产过程中的各项耗费进行审核、记录、汇集和分配，以计算工程的实际成本。通过成本核算可以了解成本水平，根据成本核算资料分析成本升降的原因，从而采取措施，挖掘降低成本的潜力，并为编制成本计划提供依据。施工企业实施项目法施工后，工程成本核算一般实行公司、项目两级核算或实行公司、分公司、项目三级核算。项目经理部根据公司（或分公司）下达的成本指标，核算本项目包括现场管理费在内的直接工程费，即制造成本。公司（或分公司）核算当期管理费、财务费和其他费用，即当期损益。

施工项目成本核算是施工项目成本管理中最基本的职能，离开了成本核算，就谈不上成本管理，也就谈不上其他职能的发挥。施工项目成本核算在施工项目成本管理中的这种重要地位体现在两个方面：首先，它是施工项目进行成本预测，制订成本计划和实行成本控制所需的重要信息来源；其次，它是施工项目进行成本分析和成本考核的基本依据。

1. 施工项目成本核算的任务

鉴于施工项目成本核算在施工项目成本管理中所处的重要地位，施工项目成本核算应完成以下基本任务：

执行国家有关成本开支范围、费用开支标准、工程预算定额、企业施工预算、成本计划的有关规定，控制费用，促使项目合理、节约地使用人力、物力和财力。这是施工项目成本核算的先决前提和首要任务。

正确及时地核算施工过程中发生的各项费用，计算施工项目的实际成本。这是项目成本核算的主体和中心任务。

反映和监督施工项目成本计划的完成情况，为项目成本预测、技术经济评价、参与经营决策提供可靠的成本报告和有关信息，促进项目改善经营管理，降低成本，提高经济效益。这是施工项目成本核算的根本目的。

2. 施工项目成本核算对象的确定

成本核算对象是指在计算工程成本时，确定归集和分配生产费用的具体对象，即生产费用承担的客体。合理地划分施工项目成本核算对象，是正确组织工程项目成本核算的前提条件。

确定施工项目成本核算对象的原则，应以每一独立施工图预算所列的单位工程为依据，并结合施工现场条件和施工管理要求，因地制宜地确定成本核算对象。在实际成本核算中，施工项目成本核算对象的确定，一般有以下五种方法：第一，以每一个独立编制施工图预算的单位工程为成本核算对象。一个单位工程由几个施工单位分包施工时，各个施工单位都应以同一单位工程为成本核算对象，各自核算其自行施工的部分。第二，对于规模较大、工期较长或者采用新技术、新工艺、新材料、新结构的单位工程，可将工程划分为若干部位，以分项工程作为成本核算对象。第三，同一个施工项目，同一施工地点，同一结构类型，开、竣工时间接近的若干个单位工程，合并作为一个成本核算对象。第四，改建、扩建的零星工程，可以将开、竣工时间接近，属于同一施工项目的几个单位工程合并为一个成本核算对象。第五，土石方工程、打桩工程可以根据实际情况和管理需要，以一个单位工程作为成本核算对象，或将同一施工地点的若干个工程量较小的单位工程合并作为一个成本核算对象。

3. 施工项目成本核算的内容及工作流程

工程施工过程中发生的各项施工费用，首先，按照确定的成本核算对象和成本项目进行归集，能够直接计入有关成本核算对象的，直接计入，不能直接计入的，采用一定的分配方法计入各成本核算对象的成本；其次，计算出各施工项目的实际成本，将实际成本与预算成本、计划成本对比核算。

对比核算的内容，包括项目总成本和各个成本项目的相互对比，用以观察分析成本升降情况，同时作为考核的依据。比较的方法有两种：通过实际成本与预算成本的对比，考核工程项目成本的降低水平；通过实际成本与计划成本的对比，考核工程项目成本的管理水平。

（二）施工项目成本分析

施工项目成本分析是对企业成本形成情况进行评价、剖析、总结的工作。通过施工项目的成本分析，一方面，确定实际成本达到的水平，查明影响成本升降的因素，揭示节约和浪费的原因，寻找进一步降低成本的方法和途径（包括项目成本中的有利偏差的挖潜和不利偏差的纠正）；另一方面，可从账簿、报表反映的成本现象看清成本的实质，从而增强项目成本的透明度和可控性，为加强成本控制、实现项目成本创造条件。由此可见，施工项目成本分析是施工项目成本管理的重要组成内容。

1. 施工项目成本分析的内容

从总体上说，施工项目成本分析的内容应该包括以下三个方面：

（1）按项目施工的进展进行的成本分析

按项目施工的进展进行的成本分析包括分部分项工程成本分析、月（季）度成本分析、年度成本分析、竣工成本分析。

（2）按成本项目进行的成本分析

按成本项目进行的成本分析包括人工费分析、材料费分析、机械使用费分析、其他工程费分析、间接成本分析。

（3）针对特定问题和与成本有关事项的分析

针对特定问题和与成本有关事项的分析包括施工索赔分析、成本盈亏异常分析、工期成本分析、资金成本分析、技术组织措施节约效果分析，以及其他有利因素和不利因素对成本影响的分析。

2. 施工项目成本分析的方法

进行成本分析，要采用一定的技术方法。由于施工项目成本涉及的范围很广，成本分析的技术方法也是多种多样的，具体采用什么方法，取决于分析的内容、特点和要求。在工程成本分析中通常采用的方法主要有以下三种：

（1）比较法

比较法又称指标对比分析法。它是通过技术经济指标的对比，确定指标之间的差异，为深入分析形成差异的原因和影响程度指出方向的一种方法。这种方法，具有通俗易懂、简单易行、便于掌握的特点，因而得到了广泛的应用，但在应用时必须注意各技术经济指标的可比性。

（2）比率法

比率分析是指把分析对比的数值变成相对数，以观察其相互之间的关系、构成或变化动态的方法。分析的内容和要求不同，计算比值的方法各异。

（3）因素分析法

在成本分析中，对一些由多因素构成的经济指标，通常在采用上述的对比分析法确定其总差异数值之后，还要进一步分析形成差异的原因。在这种情况下，就有必要采用因素分析法，解析差异总值的形成，为更加深入具体地分析指明方向。

所谓因素分析法，是指利用指数分析法，通过指数体系，分析各种因素的变动对施工项目工程成本的影响程度，从数量上说明成本变动的具体原因。

第三节　公路桥梁施工安全管理

公路桥梁施工的安全生产管理是工程项目管理的关键，是建设优质公路桥梁工程的必要条件。公路桥梁施工安全生产与一般建筑施工安全生产有着不同的特点，在安全生产管理工作中要不断学习、不断总结安全管理工作经验，并及时调整改进安全生产管理办法。

一、公路桥梁工程项目安全管理的原则

由于公路桥梁工程建设具有生产规模大、周期长，参与人数多，生产环境复杂多变，安全生产难度大等特点。我国目前实行"企业负责、行业管理、国家监察、群众监督、劳动遵章守纪"的安全生产管理体制。

企业对安全生产负责的关键是要做到"三个到位"，即责任到位、投入到位、措施到位。公路工程施工安全管理的原则主要有以下九项：

（一）管生产必须管安全的原则

管生产必须管安全的原则是公路桥梁施工企业必须坚持的基本原则，是指企业主管生产的各级管理人员在生产过程中必须在坚持抓生产的同时抓安全。管生产必须管安全的原则体现了"安全为了生产，生产必须安全"；体现了在计划、布置、检查、总结、评比生产工作的同时，计划、布置、检查、总结、评比安全生产工作。即实现生产与安全的"五同时"。

（二）"谁主管谁负责、一把手负总责"的原则

"谁主管谁负责、一把手负总责"作为企业安全生产的原则，首先明确了企业法定代表人是安全生产第一责任人，对本企业安全生产应负全面责任。分管安全生产工作的副职，在其分管和涉及安全生产内容的同时，也应承担相应的领导责任。企业在制定安全生产领导责任制的同时，还应当制定安全生产责任制。这

样才能保证企业的生产管理做到全面覆盖，使安全责任落实到位。真正形成主要领导负总责，分管领导具体抓，其他领导协助办，各部门各司其职、各尽其责，齐抓共管的安全生产工作新局面。

（三）预防为主的原则

预防为主的原则就是把安全生产工作的关口前移，超前防范，建立预教、预测、预想、预报、预警、预防的递进式与立体化事故隐患预防体系，改善安全状况，预防安全事故。

（四）动态管理的原则

动态管理的原则即安全管理过程是一个动态的管理过程。随着施工项目进展，安全管理的内容和重点也在发生着变化。所以，在公路桥梁工程施工安全管理方面要坚持动态管理的原则。

（五）计划性、系统性原则

安全管理的两个显著特点即计划性和系统性。安全管理和其他管理大同小异，都要将计划性与系统性列入年度或月度计划中去。企业的安全管理要依据企业安全生产实际和上级主管部门的要求，合理确定企业某时期的安全生产方向、目标值，以及实现安全目标的主要措施。

（六）奖优和罚劣相结合的原则

在公路桥梁工程施工安全管理过程当中既要采用奖励的管理手段，也要采用惩罚的管理手段，奖优要本着精神鼓励与物质鼓励相结合的原则。

（七）"安全第一"的强制性原则

"安全第一"就是要求在进行生产和其他活动时把安全工作放在一切工作的首要位置。当生产和其他工作与安全发生矛盾时，要以安全为主，生产和其他工作要服从安全。

（八）以人为本的原则

在公路桥梁工程施工安全管理中，要处处把人的安全放到首位，以人为本，以人的生命为本，关爱生命、关注安全，从而做到安全发展。

（九）"四不放过"原则

"四不放过"原则是指在发生安全生产事故时，必须坚持事故原因不查清不放过；事故责任人没处理不放过；事故相关者没得到应有的教育不放过；事故的防范措施不落实不放过的处理方法。

二、公路桥梁施工项目安全管理的范围和要求

公路桥梁工程施工安全管理的范围包括路基、路面、桥梁、陆地、高空、爆破、特殊设备等各种施工过程的安全管理。

（一）路基工程施工的安全管理范围和要求

1. 路基工程施工安全管理的范围

路基工程施工安全管理的范围包括土方施工、石方施工、高边坡施工、爆破作业、机械作业、挡护工程等。其中各个管理方面都包含了对施工过程中起到能动作用的人的管理和施工中的各种机械、工具等的管理以及对施工环境的安全管理，即人们常说的"人、机、料、法、环"五个方面。

2. 路基工程施工安全管理的一般要求

路基工程施工安全管理必须建立健全路基施工安全保障体系，由项目经理部牵头，全面落实安全生产责任制，建立相应的安全生产预防、预警、预控、安全检查、隐患排查、事故报告与处理、应急处置等安全生产保障措施。

施工现场布置应有利于生产，方便职工生活。施工现场内的坑、沟、水塘等边缘应设安全护栏，场地狭小及行人和运输繁忙的地段应设专人指挥交通。

路基用地范围内对通信、电力设施、上下水道（管）等，均应协助有关部门事先拆迁或改造，对文物古迹应妥善保护，下挖工程开挖前，应根据设计文件复查地下构造的埋置位置及走向，并采取相应的安全防护措施。施工中如发现可

疑物品时，应停止施工，报请有关部门处理。

路基施工机械设备应有专人负责保养、维修和看管。各种机械操作人员、电工必须持证上岗，同时经常加强对驾驶员、电工及路基作业人员的安全教育。路基施工现场必须做好交通安全管理工作。夜间施工，路口、边坡顶必须设置警示灯或反光标志，安排专人管理灯光照明。

现场操作人员必须按规定佩戴个人安全防护用品，机械燃料库必须设消防防火设备。施工现场易燃品必须分开放置，保证一定的安全距离。

（二）路面工程施工的安全管理范围和要求

1. 路面工程施工的安全管理范围

路面工程施工的安全管理范围包括沥青路面工程的安全管理、水泥混凝土路面工程的安全管理。

2. 路面工程施工安全管理的一般要求

确定施工方案，及时准确发布路面施工信息。详细划分施工区域，设置好安全标志，严格按警告区、上游过渡区、缓冲区、作业区、下游过渡区、终止区来划分施工区域。施工现场所有施工人员应统一穿着橘黄色的反光安全服，施工时还应设专职的交通协管员和专职安全员，而且安全员分班实行 24 h 施工路段安全巡查。施工车辆必须配置黄色闪光标志灯，停放在施工区内规定的地点。不得乱停乱放，要摆放整齐，特别在进出施工场地时，要绝对服从专职交通协管员的指挥，不得擅自进出。在施工区域两端应设置彩旗、安全警示灯、闪光方向标，给施工车辆和社会车辆以提示作用。

（三）桥梁工程的安全管理范围和要求

1. 桥梁工程的安全管理范围

桥梁工程的安全管理范围包括桩基工程的安全管理、墩台工程的安全管理、墩身和盖梁工程的安全管理、桥面工程的安全管理等。其中各个管理方面都包含了对施工中人的安全管理，机械、工具等的安全管理及施工环境的安全管理。此外，桥梁工程施工安全还要注意高处作业安全、缆索吊装施工安全、门架超重运输安全、混凝土浇筑安全、泵送混凝土安全、模板安装及拆除安全、脚手架安全、支架施工安全、钢筋制作安全、焊接安全等。

2. 桥梁工程施工安全管理的一般要求

高墩、大跨、深水、结构复杂的大型桥梁施工，应对施工现场进行重大安全风险辨识与评估，并制定相应的安全技术措施。工程开工之前，应根据《公路工程施工安全技术规程》的要求制定相应的安全技术操作规程，并及时向施工人员进行安全技术交底。施工人员进入施工现场，须正确佩戴个人安全防护用品、用具，严防高处坠落、物体打击、触电或其他各类机械、人为的伤害事故发生。施工前应对施工现场安全防护设施、临时用电、临时机电机具、特殊设备设施等进行全面的安全检查，确认符合安全要求后方可施工。

（四）陆地工程的安全管理范围和要求

陆地工程的安全管理范围包括：各类人员的安全培训考核；特殊工种持证上岗及各种安全技术交底；针对人员的安全管理；针对运输车辆、吊车、装载机、拌和站、摊铺机、压路面等的机械机具的安全管理；针对施工现场各种安全防护、标志标语等环境的安全管理。

陆地工程安全管理必须保证公路桥梁工程项目在施工过程中，以安全为目的的标准化、科学化管理。

（五）高空工程施工的安全管理范围和要求

1. 高空工程安全管理的范围

高空工程安全管理的范围包括：高空作业人员管理、从业人员的安全培训、安全技术交底、现场安全监督检查；高空作业临时防护及高空作业平台、高空防坠落等现场环境安全管理；高空作业机械、机具、各种用电等设施的安全管理。

2. 高空工程施工安全管理的一般要求

高空作业施工前，应逐级进行安全技术教育及交底，落实所有安全技术措施和个人防护物品，未经落实时不得进行施工。高处作业时的安全标志、工具、仪表、电气设施和各种设备，必须在施工前加以检查，确认其完好，方能投入使用。悬空、攀登高处作业及搭设高空安全设施的人员必须按照国家有关规定经过专门的安全作业培训，并取得特种作业操作资格证书后，方可上岗作业。

从事高空作业的人员必须定期进行身体检查，诊断出患有心脏病、贫血、高血压、癫痫病、恐高症及其他不适宜高空作业的疾病时，相应人员不得从事高处作业。高空作业人员应佩戴安全帽，身穿紧口工作服，脚穿防滑鞋，腰系安全带。在有坠落可能的部位作业时，必须把安全带挂在牢固的结构上，安全带应高挂低用，不可随意缠在腰上，安全带长度应超过 3 m。作业时要严格遵守各项劳动纪律和安全操作规程，严禁酒后和过度疲劳的人员进行高空作业。

高空作业场所有可能坠落的物体，应一律先行撤除或予以固定。所用物件均应堆放平衡，不妨碍通行和装卸。工具应随手放入工具袋，拆卸下的物件及余料、废料均应及时清理运走，清理时应采用传递的方式，禁止抛掷。

遇有六级以上的强风、浓雾和大雨等恶劣天气时，不得进行露天悬空与攀登高空作业。台风暴雨后，应对高空作业安全设施逐一检查，如发现有松动、变形、损坏、脱落、漏雨、漏电等现象，应立即修理完善或重新设置。

所有安全防护设施和安全标志等，任何人不得损坏或擅自移动和拆除。因作业必须临时拆除或变动安全防护设施、安全标志时，必须经有关施工负责人同意，并采取相应的可靠措施，作业完毕后立即恢复。

施工中对高空作业的安全技术设施发现有缺陷和隐患时，必须立即报告，及时解决。危及人身安全时，必须立即停止作业。高处作业上下应设置联系信号或通信装置，并指定专人负责。

（六）爆破工程施工的安全管理范围和要求

1. 爆破工程的安全管理范围

爆破工程的安全管理范围包括：对操作人员进行的培训和考核、技术交底、考试取证、安全教育等安全管理；对炸药、雷管、导火索及其他爆破器材等物品的安全管理；对爆破现场的安全距离、安全防护、安全警示等的环境的安全管理。

2. 爆破工程施工的一般要求

从事爆破工程的施工单位必须取得相应的爆破资质，方能从事爆破工程施工作业。爆破工程施工前，施工方案必须报有关部门审批后才能实施。

按照《爆破安全规程》的规定，爆破作业人员应参加培训经考核取得有关部门颁发的相应类别和作业范围、级别的安全作业证，持证上岗。因此，爆破工程施工的作业人员必须按照国家有关规定经过专门的安全作业培训，并取得特种作业操作资格证书后，方可上岗作业。

爆破作业和爆破作业单位爆炸物品的购买、运输、储存、使用、加工、检验与销毁的安全技术要求及管理工作要求，应严格按照《爆破安全规程》的相关规定实施。

（七）特种设备的安全管理范围和要求

1. 特种设备的安全管理范围

特种设备的安全管理范围包括：特种设备的购买、租赁与安装；特种设备持证情况，包括设备的出厂合格证、检验合格证、使用地报检合格证、操作人员特殊工种证等；特种设备的保养、维修、使用、检验检查记录；操作人员安全教育、技术交底等。

2. 特种设备安全管理的一般要求

特种设备安全管理必须按有关要求制定相应的安全管理措施。塔式（门式）起重机、施工电梯、物料提升机等施工起重机械的操作人员、指挥、司索人员等属特种作业人员，必须按国家有关规定，经专门安全作业培训，取得特种作业操作资格证书后，方可上岗作业。

起重机械在安装、拆卸、加高作业前，应根据作业特点编制专项施工方案，并进行方案及安全技术交底。起重吊装作业时周边应设置警戒域，设置醒目的警示标志，防止无关人员进入。起重吊装作业过程必须遵守起重机"十不吊"原则：①指挥信号不明或乱指挥不吊；②物体质量不清或超负荷不吊；③斜拉物体不吊；④重物上站人或有浮置物不吊；⑤工作场地昏暗，无法看清场地、被吊物及指挥信号不吊；⑥遇有拉力不清的埋置物时不吊；⑦工件捆绑、吊挂不牢不吊；⑧重物棱角处与吊绳之间未加衬垫不吊；⑨结构或零部件有影响安全工作的缺陷或损伤时不吊；⑩钢（铁）水装得过满不吊。

第四节 公路桥梁施工资料管理

公路桥梁施工资料管理是指工程资料的填写、编制、审批、收集、整理、组卷、移交及归档等相关工作。主要是对文字材料、图纸、图表、声像材料等进行管理。

一、公路桥梁工程资料组成

公路桥梁工程资料主要由常用资料和工程资料两大部分组成。

（一）常用资料术语

1. 工程资料

工程资料是在工程建设过程中形成的各种形式的信息记录，包括基建文件、监理资料、施工资料和竣工图。

2. 基建文件

基建文件是建设单位在工程建设过程中形成的文件，分为工程准备文件和竣工验收文件等。

（1）工程准备文件

工程准备文件即工程开工以前，在立项、审批、征地、勘察、设计、招投标等工程准备阶段形成的文件。

（2）竣工验收文件

竣工验收文件即建设工程项目竣工验收活动中形成的文件。

3. 监理资料

监理资料是监理单位在工程设计、施工等监理过程中形成的资料。

4. 施工资料

施工资料是施工单位在工程施工过程中形成的资料。

5. 竣工图

竣工图是工程竣工验收后，真实反映建设工程项目施工结果的图样。

6. 工程档案

工程档案是在工程建设活动中直接形成的具有归档保存价值的文字、图表、声像等各种形式的历史记录。

7. 立卷

立卷是按照一定的原则和方法，将有保存价值的文件分类整理成案卷，也称组卷。

8. 归档

归档是在文件的形成单位完成其工作任务后，将形成的文件整理完整后，按规定移交档案管理机构。

（二）工程资料分类与管理

1. 工程资料分类

在公路桥梁工程建设施工过程中，其产生的资料大致可分为基建文件、监理资料和施工资料三大类。工程资料应按照收集、整理单位和资料类别的不同进行分类。施工资料分类应根据工程类别和专业系统进行划分。施工过程中工程资料的分类、整理和保存应执行国家和行业现行法律、法规、规范、标准及地方有关规定。

2. 监理资料管理

监理工程师应按照合同约定审核勘察、设计文件。监理工程师应对施工单位报送的施工资料进行审查，使施工资料完整、准确，审查合格后予以签字确认。

3. 施工资料管理

施工资料应实行报验、报审管理。施工过程中形成的资料应按报验、报审程序，通过相关施工单位审核后，方可报建设（监理）单位。施工资料的报验、报审应有时限性要求。工程相关各单位宜在合同中约定报验、报审资料的申报时间及审批时间，并约定应承担的责任。当无约定时，施工资料的申报、审批不得影响正常施工。工程实行总承包的，应在与分包单位签订的施工合同中明确施工资料的移交套数、移交时间、质量要求及验收标准等。分包工程完工后，应将有关施工资料按约定移交。

4. 施工资料报验程序

（1）开工报告

各合同段在工程开工前及相应的单位工程、分部工程或分项工程开工前，高级驻地监理工程师均应要求承包人提交工程开工报告并进行审批。工程开工报告应提出工程实施计划和施工方案；依据技术规范的要求，列明工程的质量控制指标及检验频率和方法；说明材料、设备、劳力及现场管理人员等资源的准备情况和阶段性配置计划；提供放样测量、标准试验、施工图等必要的基础资料。

（2）工序自检报告

监理工程师应要求承包人的自检人员按照专业监理工程师批准的工艺流程和提出的工序检查程序，在每道工序完工后首先进行自检，自检合格后，申报专业监理工程师进行检查认可。

（3）工序检查认可

每道工序完成后，专业监理工程师应紧接着承包人的自检或在承包人的自检的同时检查验收并签认，对不合格的工序应要求承包人进行缺陷修补或返工。前道工序未经检查认可，不得进行后道工序的施工。

（4）中间交工报告

当单位工程、分部工程或分项工程完成后，承包人的自检人员应再进行一次系统的自检，汇总各道工序的检查记录及测量和抽样试验的结果，提出交工报告。

（5）中间交工证书

专业监理工程师应按照工程量清单，对已完工的单项工程进行一次系统的检查验收，必要时应进行测量或抽样试验。检查合格后，提请高级驻地监理工程师签发《中间交工证书》。未经中间交工检验或交工检验不合格的工程，不得进行下道工序的施工。

（6）中间计量

签发了《中间交工证书》的工程可以进行计量，由高级驻地监理工程师签发《中间计量表》，但竣工资料不全的应暂缓计量支付。

二、公路桥梁工程资料员工作职责

（一）资料员任职资格

公路桥梁工程资料员必须具备一定的专业知识，否则将很难胜任。根据公路桥梁工程实践，项目资料员必须具有公路桥梁工程相关专业中等以上文化程度，具有一定的文书处理能力。资料员必须具有工程识图及结构构造的相关知识，了解现场施工程序及各种关键数据。资料员必须了解施工企业的承包方式、合同签订、施工预算、现场经济活动分析管理的基本知识，应了解与工程项目设计、施工验收和安全生产有关的法律法规及规范。除应具有一定的计算机应用能力外，还应了解国家和项目所在地各级政府有关档案管理的规定。

（二）资料员岗位职责

资料员应及时收集、分析市场信息，加强对工程资料的现代化管理。及时收集、整理工程施工各类图纸及补充资料，做好工程资料收发、运转、管理等工作，做到文件资料管理规范完整。掌握施工技术质量资料的归档要求；积极参与施工生产管理，做好资料的管理和监控与工程图纸的收发及审核，对工程资料和工程图纸等进行独立组合案卷与归档。处理好各项公共关系，包括与业主、项目经理、技术主管，上级主管部门及其他相关部门的关系，同时，还要处理好与档案管理部门的关系。

（三）资料员具体工作

1. 工程资料的收集

资料员收集工程资料必须及时，保持与实际施工进度同步，并将工程建设资料管理纳入项目管理的程序中。资料员应参加生产协调会、项目管理人员工作会议等，及时掌握施工管理信息，便于对资料的管理和监控。资料员对收集到的资料应认真审核，不符合规定的，应返回施工单位予以修改或重做。对分包单位必须提供的施工技术资料，从项目经理、技术主管到资料员应严格把关，所提供的资料不符合要求的，不预结算工程款（包括对供货单位）。资料员对收集到的资料应及时整理、立卷与归档。

2. 工程资料分类与保管

为保证工程资料管理的规范化、制度化和科学化，资料员应根据以下标准对资料进行分类：按工程资料的归档对象进行划分，如归业主的资料，应划归企业档案；按工程资料的内容进行划分；按工程同类资料产生时间的先后顺序划分。

工程资料的存放和保管方法根据本单位的实际情况确定，且必须符合档案管理的相关规定。工程档案库应按本单位档案管理规定和要求建立，并报请本地档案管理机构组织档案管理验收。工程档案库必须安全、清洁，并做到"六防"，即防火、防盗、防虫、防霉、防尘和防光。工程资料应按相关规定移交、归档。项目通过竣工验收后，一个月内交企业档案室；按有关规定和时限移交城建档案馆；按合同规定的时限提交业主。借阅工程资料时，必须履行相关手续，且不得损坏或遗失。工程资料的收回、销毁，按本单位和本地档案管理的有关规定执行。

3. 工程资料的登记

工程资料的登记包括：第一，工程资料收发登记，无论是收回文件，还是发放文件，资料员应对这些文件进行逐件登记并备案，便于管理；第二，工程资料借阅登记，工程资料整理归档完毕后，由于工作的需要，单位领导或工作人员经常须阅读相关文件资料，资料员应建立资料登记制度，详细列出查阅文件的时间、借阅人、借阅目的及归还日期；第三，工程资料传阅登记，在文件处理过程中，如文件份数少而需要多人阅读，则需要传阅文件，因此应建立文件传阅登记制度。

4. 工程资料的复印

工程资料一般不得复印，但下列文件除外：非密级文件、投标标书、票据、凭证、少量一次性非常规表格等。此外，也包含那些必须复印，又具有应急性、单件性或少量性特点的其他资料。工程资料的复印由资料员统一管理，凡是受控文件不得擅自复印，必须复印的文件在进行复印前应经主管领导批准。需要复印的文件材料，有关部门应预先考虑其使用前景，适当增加自存数，避免临时突击复印。如单位另有复印部门，则工程资料复印前必须先填写复印申请单，由部门负责人签字确认，复印主管部门应同时做好记录。未经签证的文件，复印部门可以拒印。如须转发复印上一级单位文件，必须按有关规定办理相关手续，否则不得复印。密级文件复印须经本单位主管领导批准。复印的文件如无批准证明，资料员可不予复印。

5. 单位印章的管理

印章是本单位对内、对外行使权利的凭证。使用本单位印章必须严格执行上级的有关规定和印鉴管理规定。使用本单位印章必须登记齐全、完整，必须详细登记用印时间、单位、用印人、批准人及用印内容等事项。印章都要有专人保管，印章使用必须符合用印范围。除正常的业务报表外，凡须使用党政印章者，必须经党政领导批准，未经党政领导批准的，印鉴管理部有权拒绝用印。

第七章 公路桥梁养护管理

随着公路桥梁经济的飞速发展，公路桥梁系统化、信息化程度越来越高，公路桥梁养护管理系统是最近十几年来在桥梁工程界出现的一个新领域。它涉及系统学、管理学、统计学、运筹学等多种学科，是跨学科、跨领域的系统工程。公路桥梁管理系统对整个公路管理的发展起着重要作用，特别是在资源约束的现代社会，它已经成为公路管理不可或缺的环节。

第一节 公路桥梁养护管理系统

随着公路桥梁经济的飞速发展，公路桥梁管理系统化、信息化程度越来越高，公路桥梁养护管理系统是最近十几年来在桥梁工程界出现的一个新领域。它涉及系统学、管理学、统计学、运筹学等多种学科，是跨学科、跨领域的系统工程。公路桥梁管理系统对整个公路管理的发展起着重要作用，特别是在资源约束的现代社会，它已经成为公路管理不可或缺的环节。

一、路面管理系统概述

路面是道路的主要工程结构物。路面的投资在整个道路建设费用中占很大比例，通常可达 10%~30%。这是一笔极为可观的资产。路面状况的好坏将直接影响到车辆的行驶舒适性和营运费用，也直接影响到社会的经济效益。如何决策好路面投资的去向（规划项目和选择对策），如何经营管理好这笔资产（设计、施工和维护），使之充分发挥出效益，具有十分重要的经济价值和社会效益。

路面使用过程中，其使用性能会因行车荷载和环境因素的不断作用而逐渐变坏。路面使用性能的恶化，将增加车辆的运行费用，包括燃油、轮胎和保修材料的消耗及行程时间等。因而，在路面使用期内，还须继续投入大量资金以维护（包括养护和改建）路面，使之保持一定的使用性能。在资金充足的情况下，可以对所有不满足使用性能最低要求的路段及时采取养护或改建措施。然而，资金通常总是不充足的，这就需要考虑怎样把有限的资金分配到最需要采取措施并能取得最佳效果的路段上，使现有的路网保持合理的服务水平。因而，无论是新建路面或是维护现有路面，都需要进行有效的管理。

路面管理工作，包括规划、设计、施工、养护、路况监测和评价、研究等方面。这些活动分属不同的管理层次。例如规划活动主要关心的是网级水平上的投资决策和计划安排，而设计或施工活动则主要涉及各个工程项目的技术管理。

路面管理并不是一个凭空提出的概念。各个道路管理部门在日常工作中实际上在不断地做出有关路面的各项管理决定。

每个道路管理部门都必须考虑如何向上级申请投资和决定如何使用好分配到的资金。这就需要对路网内路面的使用性能进行监测，对其现状做出评价，由此确定哪些项目需要投资，在预算允许的范围内按优先次序资助尽可能多的急需项目。需要投资的项目及其优先次序的确定，可以采用不同的标准和方法，从简单地汇总和取舍下属单位提出的项目申请清单，到应用计算机分析路网内所有候选项目的效益后提出"费用—效果"最佳对策。

项目优先次序的安排，须依据该项目的使用性能或服务水平现状。而路面的现状显然同其结构、荷载、环境和其他因素等历史状况有关，它是以前所做出的某些管理决策的结果。同样，目前所做出的管理决策也将对未来的路面状况产生影响。因此，做出管理决策时既要考虑它们的直接影响，也要预期它们对未来的影响。不仅须考虑目前的需要和所需的费用，也要考虑对将来的需要和费用所带来的后果。

在向上级管理部门申请投资时，除了以路面的现状和需要作为依据外，还应对投资的效益进行论证：如果申请得以批准，路网的服务能力或路况将会得到多大的改善；如果投资额减少，则路面的使用性能会恶化到什么程度，额外的用户费用和养护费用将增加多少，对今后的路况和投资会有什么影响。

上述分析表明，管理部门在进行管理决策时需要对所采取行动的后果做出预估。这种预估有时往往是决策者头脑中的"工程经验判断"。这种方式的预估有时可能是合理的，然而，它最大的缺点是，如果预估错了，很难分析出错误的原因。而采用某些特定的方法进行预估，就有可能在事先对先前采用的预估方法的可靠性进行分析，以确定预估方法中哪些部分需要修正。这就有可能不断更新和改善预估方法，使之逐步贴合实际。

相互关联的各部分路面管理工作，分别隶属不同的管理单位，如计划处、设计院、工程处、管理局、研究所等。这些单位往往在其管辖的工作范围内各自做出相应的管理决策，而这些决策有时是相互不协调的。例如设计单位按计划任务书规定的使用性能要求和预算水平，假设某一施工质量控制水平和设计期内的养护水平，据此设计出路面结构。但施工与养护部门可能根据本单位的情况和条件，并不严格遵循对施工质量控制和养护水平提出的管理要求。这时，所修建的路面就可能达不到设计所预期的目标。所以，管理部门应及时提供充分的信息以沟通各下属单位，并协调各单位的管理决定。

由此，路面管理是协调和控制同路面有关的各项活动，其目的是使管理部门通过这一过程能有效地使用资源（资金、劳力、机具设备、材料、能源等），以最低的资源消耗，提供并维持在预定使用期内具有足够服务水平的路面。

而路面管理系统则是通过应用系统分析的方法，综合考虑技术、经济、社会和政治等方面因素，协调各项路面管理活动，促使路面管理过程系统化。路面管理系统为管理部门的决策人提供分析的工具和方法，帮助他们考虑和分析、比较各项可能的对策，定量地预估各项对策的后效，在预定的标准和约束条件的基础上，选用"费用—效果"最佳的方案。因而，路面管理系统的建立和实施，可以帮助管理部门改善所做出的决策效果，扩大决策范围，为决策效果提供反馈信息，以积累管理经验，并保证部门内各级单位决策的协调一致性。

二、路面管理系统的组成

路面管理系统可划分为网级管理系统和项目级管理系统，它们分别适应不同管理层次的需要，具有不同的功能和结构。

（一）网级路面管理系统

网级路面管理系统的范围，包括一个地区（省、市）的公路网或一大批工程项目。它的主要任务是为管理部门在进行关键性的行政决策时提供对策。它们包括：路况分析——路网内路面现有状况的分析和今后路面状况变化的预估分析；路网规划——确定路网内需要养护、改建和新建的项目；计划安排——这些项目应进行养护、改建和新建的时间，各项目的优先排序；预算漏项——路网达到不同预定服务水平时，各年度所需的投资额；资源分配——各行政区域或不同等级道路或养护、改建和新建之间的资源分配。

为实现上述任务，网级路面管理系统主要包含管理方面的输入要素、工程方面的输入要素、"费用—效果"最佳的养护和改建对策要素、分析结果输出要素等各项基本要素。

其中，管理方面的输入要素包括：使用性能标准和目标——路网内各项目规定的使用性能（行驶质量、损坏程度、结构强度和抗滑能力）最低要求，预定路网使用性能应达到的总体水平等；政策约束条件——项目优先排序的特定原则，事先规定的地区投资分配比例或养护、改建和新建投资分配比例等；预算约束条件——各个年度可用于路面工程的资金等。

工程方面的输入要素包括：路面现状——通过路况监测系统定期采集到的路面使用性能数据（平整度、路况指数、弯沉、抗滑指数等）及依据这些数据所做出的路况水平的评价。养护和改建对策——为不同类型和不同路况的路面，按当地的经验、条件和政策，制定出若干典型的养护和改建对策，供选择对策方案时参考。使用性能预估模型——建立各类路面（包括采取各种养护和改建措施后）的使用性能随时间或交通作用而变化的关系，据以分析比较各种对策方案的效果，以求得到最佳的对策。费用模型——通常包括建筑费用、养护费用和用户费用三部分。建筑费用是指新建或改建时的一次投资。养护费用则是路面在使用期间的日常维护费。用户费用是指使用道路的车辆所担负的运行费、行程时间费和延误费等。它反映了公路部门提供的投资和服务水平所产生的直接社会效益。

上述管理方面和工程方面的输入要素为系统进行分析提供了基础。建立管理系统的主要目的之一是提供最佳的路网养护和改建对策。这些对策能使整个路网在预算受约束的条件下维持最高的路况（服务）水平，或者使整个路网在满足最低使用性能标准的条件下所需的投资最少。为实现这一目标，可以采用不同的优先规划或优化方法，从最简单的排序方法到利用数学规划模型考虑时序影响的全面优化方法。

优化分析的结果可为路网提供养护和改建项目的优先排序表。据此，可以编制年度计划、中长期规划和财务计划。这些计划或规划可以按改建或养护分别编制，也可综合在一起编制。

路面管理系统必须建立在大量信息的基础上，以数据作为支撑。这样，才能使系统提出的对策具有客观性和针对性。因而，整个管理须包含数据管理系统。它由两部分组成：路况监测（数据采集）系统和数据库。路况监测主要为定期采集路面使用性能参数和交通参数。这是一项很费时间和钱的工作，但又是一项必须进行的基础工作。

数据库提供了数据的储存和检索，通常包含下述四类信息：设计和施工数据——道路等级、几何参数、路面结构和厚度、所用材料及其性质试验结果、路基土性质及试验结果等；养护和改建数据——曾采取过的养护和改建措施的类型、日期及费用等；路面使用性能数据——主要包括行驶质量、路面损坏状况、结构强度和抗滑能力四方面参数的定期测定结果；其他——环境（降水、温度等）、交通（日交通量、标准轴载数）和单价等。

（二）项目级路面管理系统

项目级路面管理系统仅针对一个工程项目。它的主要任务是为管理部门对某一工程进行技术决策时提供对策，以选择"费用—效果"最佳的方案。

项目级管理系统的基本要素及其同网级管理系统的关系。由网级管理系统的输出，可以得到某一计划工程项目的三个方面的目标：行动目标（采取哪一类养护、改建或新建措施）、费用目标（可分配到的最高投资额）和使用性能目标（在预定期限内应具有的使用性能指标）。这三个方面的目标便是选择项目方案的约束条件。

项目级管理系统依据网级系统所给定的约束条件，把该计划项目有关的设计、施工、养护和改建活动组织协调在一起进行周详的考虑。

通常情况下，新建或改建路面的设计都是按预定的服务年限（设计年限）提出结构断面方案，而并不分析寿命周期的经济性，也不考虑初期修建同养护和改建（铺加铺层）的相互影响。项目级管理系统可以对考虑设计、施工、养护和改建的各个方案的费用与效益进行比较，从中得出可以在分析期内以最低的总费用提供要求的服务水平或效益的最佳对策方案。

利用所采集到的路面使用性能参数及材料、交通和环境等数据，可以按预定的分析期初拟路面备选方案。这些方案经过应用路面结构分析模型做结构损坏的计算分析和路面使用性能预估分析，表明其在寿命周期（分析期）内成立后，即可进行寿命周期费用分析，并对各个方案的分析结果做出经济评价。随后，按达到预定的可靠度水平时费用最小的目标进行优化，并按预算约束条件选择最佳方案。

第二节　公路桥梁养护的技术管理

公路桥梁养护技术管理是道路管理的重要组成部分，它是道路管理部门合理组织设计、施工、养护的主要方法，也是为了不断提高养护、管理道路的技术水平，积极采用先进的新技术、新工艺、新材料、新设备，努力提高道路养护工程的质量和劳动生产率，全面降低原材料消耗和生产成本，确保各级道路养护工程任务高速、安全、低耗地完成。

公路桥梁养护技术管理和基本任务就是要严格贯彻国家有关道路建设的技术政策、标准、规范、办法和相应的安全规章、操作规程、管理条例，以提高养护质量，做到安全生产。

一、公路桥梁养护指导方针和技术政策

公路桥梁养护工作应贯彻"预防为主，防治结合"的方针，加强预防性养护，保持公路及其沿线设施良好的技术状况。公路桥梁养护工作应切实贯彻"科技兴交，科学养路"的方针，大力推广与应用先进的养护技术、机械装备和科学的管理方法。公路桥梁养护工作应重视资源节约和环境保护，应注重养护生产作业安全及减少对通行车辆的影响。在整个公路工作中，应把现有公路桥梁的养护和技术改造作为首要任务。

公路桥梁养护工作应贯彻执行以下技术政策：第一，预防为主，防治结合。根据积累的经济技术资料，进行科学分析，预加防范，增强公路及其设施的耐久性和抗灾能力，特别要重视雨季防护，减免水毁损失。第二，重视调查研究，针对病害原因采取相应的技术措施。第三，因地制宜，就地取材，做到经济适用。第四，挖潜改造，合理利用。第五，尽量采用国内外有关科研成果，推广使用新

技术、新材料、新设备、新工艺，将科学养路与经济效益相结合。第六，强化科学管理，严格土工试验，坚持"质量否决权"制度。第七，加强综合治理，保护生态平衡，防止环境污染。

除此之外，还须遵循以下相关政策：第一，积极开发、应用公路数据库和养护管理信息系统，逐步实现信息传输处理和病害处置对策科学化。第二，发展养护机械，实行大中小结合，以小型为主，尽量一机多挂，减轻劳动强度，保障工作人员健康。第三，积极研究并增设现代化交通工程设施和服务设施，及时抢险救援，提高公路服务水平。第四，建立桥梁养护工程师制度，切实纠正"养路不养桥"的倾向。第五，积极开展有针对性的应用科学研究，通过技术进步解决公路桥梁养护与管理手段方面的种种技术疑难，达到"多、快、好、省"的目的。

二、技术管理主要内容

（一）安全质量管理

安全质量管理的主要内容包括执行安全质量措施计划；检查措施效果和问题；发现问题，分析原因，制定改进措施。

（二）技术交底

由路段主管工程师将各路段的养护重点、施工方法操作规程、质量要求、安全技术措施等，向所属班组长和施工人员进行现场交底。

（三）施工组织

中修以上工程应对施工工序、进度、质量控制指标、现场布置等与施工方案相配合，进行施工组织设计。

（四）作业检查

对安全质量、进度、材料计量与测试、设备利用等进行检查，并与原始记录核实。

（五）施工记录

施工记录的主要内容包括：各种原材料、半成品、成品检验、试验记录和合格凭证；各种外露和隐蔽工程及松件检验记录；施工测量图表记录和工程日记；推行新工艺、先进技术和采用新材料的记录及取得的技术成果总结；对安全、质量事故的检查处理记录和照片。

（六）技术档案

科技档案与技术档案管理是养护部门生产管理的重要环节。加强公路科技档案的管理，必须遵照集中、统一管理的原则，建立、健全科技档案，使之达到完整、准确、系统的科技文件材料归档。

档案管理工作是经济建设和技术管理工作的重要部分。技术档案是一种巨大的信息资源，充分开发和利用科技档案资源，对于为领导决策及时提供依据，为公路桥梁的建养管理提供优质服务，为提高经济、社会效益和及时解决纠纷提供凭证都具有重要意义。因此，加强公路桥梁技术档案管理，按照集中统一管理技术档案的基本准则，按档案管理的具体要求，建立、健全技术档案，是公路桥梁养护管理工作的一个重要环节。

要建立健全科技文件的形成、积累、整理、归档制度，做到每一项科研、工程等活动都有完整、准确、系统的科技文件材料归档保存。

成立技术档案室，配备专人负责管理。建立健全各项规章制度、档案室管理制度、科技档案查阅制度和技术档案归档制度。技术档案部门应将接收到的档案，按专业系统的技术档案分类，编制必要的检索工具和参考资料。

重要的技术档案资料应当复制副本，分别保存，以保证技术档案在非常情况下的安全和利用。借阅、复制和销毁技术档案要有一定的批准手续，防止失密。定期检查技术档案的保管状况，包括防盗、防火、防晒、防虫、防尘等设施，对破损或变质的档案，要及时修补和复制。

为提高技术档案工作管理水平，争创一流，将有计划、有步骤地实现技术档案资料的计算机管理，压缩复制技术及其他现代化保管技术的应用，逐步实现技术档案管理现代化。各单位应设专门的技术档案，有专人负责管理，建立健全相应的各项档案管理规章制度。

三、公路养护工程分类

（一）小修保养

小修保养是对公路及其沿线设施经常进行维护保养和修补其轻微损坏部分的作业。通常是由养护工区（站）在年度小修保养定额经费内，按月（旬）安排计划，是经常进行的工作。

（二）中修工程

中修工程是对公路及其沿线设施的一般性损坏部分进行定期的修理加固，以恢复公路原有技术状况的工程。通常是由基层公路管理机构按年（季）安排计划并组织实施的工作。

（三）大修工程

大修工程是对公路及其沿线设施的较大损坏进行周期性的综合修理，以全面恢复到原技术标准的工程。通常是由基层公路管理机构或在其上级机构的帮助下，根据批准的年度计划和工程预算来组织实施的工作。

（四）改建工程

改建工程是对公路及其沿线设施因不适应现有交通量增长和荷载需要而进行全线或逐段提高技术等级指标，显著提高其通行能力的较大工程项目。通常是由省级公路管理机构或地（市）级公路管理机构根据批准的计划和设计预算来组织实施或通过养护招标来完成的。

对于因较大水毁等自然灾害的公路抢修和修复工程，可列为专项工程办理。对于当年不能修复的项目，视其规模大小，列入下年度的中修、大修或改建工程计划内完成。

四、路况登记的内容与依据

（一）路况登记的内容

路况登记的内容包括：路况平面略图；公路基本资料；路况示意图；构造物卡片；桥梁、隧道、涵洞、挡土墙、绿化等。

（二）路况登记的依据

路况登记的依据包括：公路现状调查资料；设计文件；施工记录、检测、检验资料；竣工文件、技术总结；水毁修复、大修、改造资料。

公路路况资料应逐步做到利用计算机进行数据处理和储存。编目名称包括公路路线、公路路基、公路路面、公路桥梁、公路涵洞、公路渡口、公路工区（站）房屋、公路隧道、综合部分和图例式样十个部分。

第三节　公路桥梁养护施工区安全管理

公路桥梁养护施工安全直接关系到公路安全畅通，不仅涉及施工管理者和操作者的安全，而且涉及行驶车辆和周边环境的安全。为加强公路桥梁养护施工安全管理，保障公路事业科学、协调发展，促进和谐社会建设，特制定相关措施确保安全施工。

一、养护施工安全合同管理

养护工程的安全责任必须纳入承包合同内容，公路段部与养护道班签订安全合同，须明确安全管理要求，落实安全责任。养护道班对施工设计应当兼顾安全措施。凡是拒不执行安全规定的，要限期整改，实施处罚。公路段部应对养护道班的安全情况予以监督。

二、施工前期安全准备与施工现场安全管理

（一）施工前期安全准备

养护道班要对养护施工作业人员进行安全知识和安全技能培训。养护工程开工前，公路段部在召开技术和安全交底会议时，应对养护道班的安全工作明确具体要求，对进场施工的安全准备情况进行核查。养护道班要制定施工项目的安全管理岗位职责、制度和操作规程，配备保障施工安全必需的设施、设备。

（二）施工现场安全管理

1. 完善生产安全的责任制度

公路施工安全措施是基于安全生产责任制的，这个制度是公路所有管理环节的标准，所以应该完善生产安全责任制。在原有的标准上严格实行，这样可以提高生产质量。如果要使责任制更加健全和完美，就需要公路管理每个部门和单位及每个员工的努力，在责任制上要细化到每一个人。同时，再根据交通管理的法律法规严格规范公路施工的操作流程，严谨地完善生产安全责任制和施工的现场管理安全制度，以此来提高公路施工区的安全性。把安全管理做到严格、细化，每个人该承担怎样的责任都明确下来，不徇私舞弊。对领导层的管理必须更加严格，这样的话会最大限度地减少交通事故的发生，保障每一个基层施工人员的安全。

2. 重视安全管理教育

公路管理部门必须进行安全管理教育，定期实行安全教育的培训，使每个员工都参与安全教育，增加安全教育的宣传度，使安全施工的观念深入每个员工的内心。实行这样的教育培训能够提高施工人员的综合素质，能够使施工人员了解到各个施工步骤中潜在的风险，使施工人员的安全意识进一步加强，降低事故的发生率，从而形成一个安全的施工管理环境，减少员工工作的压力。安全管理教育的培训也要因人而异，在每个层面培训的方法应该有所差别，针对每个阶层的现实情况进行专业的管理。施工人员培训的分类可以按照职责类型来划分，分为管理人员及施工人员。

对管理人员的培训方法如下：对施工阶段的每个安全目的进行分析，分析在进行养护施工时潜在的安全隐患，管理人员应该怎样合理有效地处理各种问题，使得管理人员更加专业化，提高他们的使命感。对待施工人员的施工方法应更加细化，一线的施工人员工作风险更大，培训方法如下：重点分析在进行施工养护的工作时应该注意的问题及每个环节潜在的风险、怎样实施安全防护工作并如何把安全防护做到位，着重强调工作现场的安全规范和操作、注意施工过程中标志警示牌的摆放位置、明确高空作业时的安全指标。另外，一线施工人员也要注意公路桥梁养护的细节部分、路面清洁时需要注意的问题、施工设备维护等环节，施工人员要定期检查各个设备的安全性能，加强各个方面的安全管理，如发生突发状况时，必须马上进行处理，不能有一丝懈怠。

3. 加强机械设备的安全管理和养护

施工时需要用的机械设备非常繁杂，在管理和维护上必须更加严谨。加强对机械的养护与安全性的管理能够延长其使用寿命和完好度，能够使公路桥梁养护施工的工作效率和质量大大提高。对于机械设备的管理方法如下：一是要求每类设备的养护人员的专业性，对养护时的每一个步骤都清楚熟悉，可以独立的完成养护操作，严格地按照养护操作的流程来进行设备养护。二是严禁使用问题设备，一旦发现有问题的设备立即停用并进行修理，施工的车辆在现场不能够逆行或者掉头，施工的大型机械设备在每一次使用前都要进行全面的安全检查，并做好一系列的安全防护措施，保障现场施工人员的人身安全。

4. 施工现场安全注意事项

在公路桥梁养护施工区作业危险系数特别高，现场的安全管理必须严格执行。注意事项如下：第一，凡是在施工现场的工作人员都要身着橘黄色的作业服或者反光背心，必须佩戴安全帽，基本装备必须到位；第二，施工现场必须设立专门的安全管理人员，对员工活动区域进行严格管理；第三，要把施工现场的各种材料和物品整齐有序的放置，不能影响施工车辆行驶；第四，现场的施工车辆、机械设备等安放位置要严格有序，规范停放；第五，在公路桥梁养护施工完成后，安排工作人员时刻巡查，直到开放交通，这样才能避免刚养护好的道路再次遭到损坏，减少交通事故的发生。

总之，现阶段我国对交通运输业越来越重视，出台的一系列政策也加快了公路的建设和使用，这也使得公路的养护更加重要。公路上车速快、车流量大，使得养护工作危险系数增大。因此，需要对公路的养护安全问题进行仔细分析，研究出更加完善的管理制度和管理措施，完善安全生产责任制，加强对每个员工的安全管理教育，把责任明确到每一个人，提高公路桥梁养护施工的安全性。

三、养护设备安全管理及养护安全信息管理

养护道班的所有养护设备运行时须严格执行安全规定。操作人员必须具备相应的资格、资质证书，应掌握基本知识，熟悉操作技能，养护道班要定期对机械设备操作人员进行安全检查考核。养护施工作业车辆不准带病出车，不准随意掉头和逆向行驶，夜间行车必须保持高度警觉，严禁疲劳和违规驾驶。

公路段部和养护道班必须坚持路况巡查制度和紧急情况报告制度。及时掌握所辖路段的路况和养护施工信息，凡是可能影响交通安全的施工作业情况，都应当及时将信息汇集至上级部门，突发紧急情况必须及时上报，将收集的养护信息认真予以记录。

四、公路桥梁养护施工区安全保障设施设置

公路通行运营一段时间之后，由于工程自身质量存在缺陷，再加上车辆荷载及外界环境的影响，容易出现质量缺陷，应该立即采取养护措施，及时修复存在的缺陷，保障工程有效运营。同时，在养护施工过程中，为确保施工区的安全，合理设置安全保障设施是必要的。但一些养护单位对该问题不重视，安全保障设施的设置不到位，对养护作业效益提高带来不利影响，需要采取改进和完善措施。

（一）公路桥梁养护施工区安全保障设施设置的特点

安全保障设施设置的目的是确保施工安全，避免发生安全事故，并确保车辆顺利通行。具体来说，其主要特点表现在以下六个方面：

1. 设置的目标多样性

安全保障设施设置既要为施工提供便利，还要确保施工期间交通顺畅，避免交通拥堵。并保障施工人员安全，实现对安全事故的预防，防止出现不必要的损失。

2. 安全保障设施设置是一项动态的工程

养护施工的不同阶段，应分别采取不同的安全保障措施。并根据施工需要，对安全保障措施进行动态调整和完善，有效保障施工安全的需要，顺利完成公路桥梁养护施工任务。

3. 考虑设施基本用途

将临时性和永久性设施结合起来，对其进行充分合理利用，确保施工区安全。一般临时和永久隔离设施是通用的，但高度不同，安装方法不完全一样，施工中应该考虑养护施工需要，综合应用组合式立柱基础方案。近期立柱固定于护栏，远期立柱采用组合式基础，进而提高方案的合理性，确保养护施工区安全。

4. 对比不同设计方案

根据养护施工需要，以确保养护施工安全和提高工程效益为目标，对比不同方案的技术性与经济性，选用最优设计方案。同时，还要维持道路畅通，缓解交通压力，提高方案设计的科学性。例如在中央分隔带加设临时标志，路侧设移动标志，将这两种方案有效结合起来，更好地指导养护工程施工。

5. 合理确定材料来源

养护施工中，有些安全保障设施材料可以进行再次利用，不仅方便施工，还能节约成本。因此，养护施工中本着节约投资的目的，应该合理利用废弃或淘汰设施。对可以继续使用的交通标志加以保护，并适当改造，科学设置安全保障设施，为养护施工创造便利。

6. 提高公路服务水平

设置安全保障设施时，应该考虑安全行车需要，确保交通顺畅，促进车辆安全顺利行驶。尽量缓解交通拥堵现象，为车辆安全、便捷行驶创造条件，有效提升公路的整体服务水平。

（二）公路桥梁养护施工区安全保障设施设置的不足

由于一些养护施工单位的资金投入不足，相关制度不完善，导致养护施工区安全保障设施设置存在以下三个问题问题，制约了养护施工安全水平的提高，应该有针对性地采取完善措施。

1. 资料分类和整理不足

一些养护单位不重视资料收集，难以全面掌握和了解公路施工与运营基本情况，对工程建设带来不利影响；或者没有合理整理相关资料，难以对养护方案的制订发挥指导作用，对确保养护作业安全，提高养护施工水平带来不利影响。

2. 安全保障设施不到位

确保养护施工区的安全是养护工程不可忽视的内容，应该根据养护工作需要设置安全保障设施。但一些养护人员忽视该项工作，未能将这些制度措施落实到位，不利于提高养护工程质量和施工安全。例如安全指示标志、安全警示标志、施工安全设施的设置不到位，难以对养护施工现场进行有效规范和约束，制约养护施工区安全管理水平的提高。

3. 其他工作存在的不足

为保障养护施工区的安全，做好其他安全设施的设置工作是必要的。但目前这些工作没有全面落实，例如临时交通管理和服务设施、临时通信控制设施、临时收费设施、供电照明设施的设置不到位，对养护施工带来不利影响，影响施工区安全管理水平的提高。

（三）公路桥梁养护施工区安全保障设施设置的对策

为弥补安全保障设施设置存在的不足，确保公路桥梁养护施工区的安全，避免安全事故发生，确保施工人员安全，应该采取以下六个改进对策：

1. 重视资料分类和整理

对公路运营的基本情况进行全面调查，做好资料收集和分类整理工作，然后制订科学合理的养护施工方案。对需要拆除或大修部分优先利用，减少养护工程量，降低养护维修成本。并提高养护施工方案的科学性与合理性，恰当设置安全保障设施，促进养护施工效益提升。

2. 设置临时交通管理和服务设施

新旧路面拼接过程中，单向封闭一个或几个车道，设置施工警告标志灯。同时，还要安排值班人员，加强施工现场巡视和检查，及时发现并排除存在的安全隐患，确保现场施工各项活动顺利进行。互通养护施工中，要充分利用现有监控设施，监控并管理公路的交通状况。对不同路段要有针对性地提出交通管制方案，及时疏导交通，为养护施工的安全、顺利进行奠定基础。如果连续养护施工路段较长，通常每隔 1~2 km 应该设置临时紧急停车带或小型停车区，为车辆紧急停靠创造条件，这对推动施工顺利进行，保障养护施工安全也具有积极作用。

3. 设置安全保障设施

根据养护施工需要，以保障施工安全为目标，合理设置交通安全设施，包括临时标志、标线、临时护栏、隔离设施、视线诱导设施等。通过这些设施的合理利用，可以有效规范和引导养护施工，对确保养护施工安全具有重要作用。临时交通标线用三级反光膜，包括车道边缘线、分界线、路标、导向箭头等。临时防护栏和隔离设施包括施工场地的隔离防护栏、封闭交通时的防护栏、隔离墩、防撞护栏等，并注重将临时设施和永久设施结合起来使用。临时诱导设施主要包括视线诱导和分合流端诱导，例如轮廓标、线形诱导标、分合流诱导标、雾天视线诱导设施等，对于确保有效规范和指引行车、确保行车安全具有重要作用。

4. 设置临时通信控制设施

养护施工中，应该合理利用原有的监控通信设施，确保养护施工安全顺利进行。在拆除原有通信设施且新设施尚未建成之前，可利用移动通信网络和无线紧急电话开展通信工作，进而方便施工人员、管理人员的联系，增进相互了解，更好地满足施工建设需要。同时也有利于提高养护施工和管理水平，保证公路桥梁养护施工作业的安全。公路都配有完备的通信管理系统，整个线路都敷设了通信光缆。改扩建施工中，中央分隔带的管线不会受到影响，但互通分歧管线会受到影响，为尽量降低这种影响，确保施工的安全与可靠，有必要架设临时通信线路，满足公路通信工作的需要。临时通信光缆常用架空方式跨越施工区域，并引至通信站，为通信工作顺利进行提供保障。互通扩建工程完成后，需要重新敷设管道路线，代替临时管线，满足通信工作需要。

5. 设置临时收费设施

互通养护施工中，需要在临时出入口处设置收费设施。采用就近收费站的站名，并完善各项收费设施配置，有效满足收费管理需要，并将临时收费站的收费设备接入收费站的计算机网络，对过往车辆进行收费和管理。临时收费设施包括收费广场、收费岛、排水设施等，养护施工中需要加强设计和施工，合理设置各项设施，满足收费管理需要，实现有效提升收费管理水平和服务质量的目的。

6. 设置供电照明设施

为保障养护施工安全，预防安全事故发生，合理设置临时照明设施是必要的。公路道路加宽施工时，需要设置警示照明灯，满足车辆安全行驶需要，同时也为养护施工的安全可靠进行创造便利。临时管理机构用电时，应该合理利用附近的供配电设施，新建供配电设施完成施工后，再进行切换，满足供电和照明需要。

整个公路桥梁养护施工中，为确保施工区的安全可靠，保障施工人员作业安全，促进机械设备发挥作用，应该考虑工程建设基本情况，合理设置安全保障设施，并加强每个环节的规划工作，预防发生安全事故，确保养护施工顺利进行，避免出现不必要的损失，促进公路桥梁养护施工效益提升。

五、突发紧急情况处置与安全检查考核

养护道班应针对安全事故、交通运输事故、公共设施和设备事故等突发紧急情况分别制定处置预案措施，提前做好各项准备工作，提高处置突发紧急情况的能力，最大限度地预防和减少突发情况造成的损害。

公路段部必须坚持安全检查和督察，常抓不懈，警钟长鸣。将养护安全工作纳入目标责任管理，分期进行考核，严格执行奖惩制度。对管理不善、监督不为、执行不力导致的重大养护安全责任事故，坚决实行责任追究制度。对严重违反规定且拒不整改的问题，要求停工整改。

参考文献

［1］关凤林，薛峰，黄啓富．公路桥梁与隧道工程［M］．长春：吉林科学技术出版社，2019．

［2］李国强，魏茸，李宗运．公路桥梁与施工管理［M］．北京：中国原子能出版社，2019．

［3］张少华．公路桥梁工程与项目管理［M］．北京：北京理工大学出版社，2019．

［4］丁雪英，陈强，白炳发．公路桥梁建设与工程项目管理［M］．长春：吉林科学技术出版社，2019．

［5］潘永祥．公路桥梁与改扩建新技术［M］．昆明：云南大学出版社，2019．

［6］杨斌，马跃明，汪逵．公路高架桥梁与长隧道施工及研究［M］．北京：文化发展出版社，2019．

［7］胡金桂．桥梁上部结构施工［M］．成都：西南交通大学出版社，2019．

［8］吴留星．公路桥梁与维修养护［M］．北京：中国纺织出版社，2020．

［9］刘相龙，高文彬．公路桥梁施工组织与养护管理［M］．北京：中国原子能出版社，2020．

［10］刘勇，郑鹏，王庆．水利工程与公路桥梁施工管理［M］．长春：吉林科学技术出版社，2020．

［11］张国祥，陈金云，张好霞．公路与桥梁施工技术及管理研究［M］．北京：文化发展出版社，2020．

［12］马国峰，刘玉娟．桥梁上部结构施工技术［M］．北京：北京理工大学出版社，2020．

［13］王修山．道路与桥梁工程概论［M］．北京：机械工业出版社，2020．

［14］李亚东．桥梁工程概论［M］．4版．成都：西南交通大学出版社，2020．

［15］卢利群，高翔．公路工程建设管理丛书公路工程文明施工指南［M］．成都：西南交通大学出版社，2020.

［16］李燕．公路勘测设计［M］．北京：北京理工大学出版社，2020.

［17］孙永军，林学礼，曲明．公路桥梁工程与施工管理［M］．长春：吉林科学技术出版社，2021.

［18］李燕鹰，张爱梅，钱晓明．公路桥梁工程施工与养护技术［M］．长春：吉林科学技术出版社，2021.

［19］冯少杰，高辉，孙成银．公路桥梁隧道施工与工程管理［M］．长春：吉林科学技术出版社，2021.

［20］应江虹，苏龙．公路桥梁技术状况检测与评定［M］．北京：北京理工大学出版社，2021.

［21］张杰，张长伟，李庆．公路桥梁检测与加固技术研究［M］．天津：天津科学技术出版社，2021.

［22］樊锋，张问坪，程景扬．公路桥梁结构荷载试验与检测评定［M］．长春：吉林科学技术出版社，2021.

［23］王展望，张涛锋，张林．公路与桥梁工程施工及质量控制研究［M］．西安：西安交通大学出版社，2021.

［24］申建，慕平．桥梁工程技术［M］．北京：北京理工大学出版社，2021.

［25］武守信．混凝土桥梁设计［M］．成都：西南交通大学出版社，2021.

［26］张磊，周裔聪，林培进．公路桥梁施工与项目管理研究［M］．延吉：延边大学出版社，2022.

［27］李刚，宁尚勇，林智．公路桥梁工程施工与项目管理［M］．武汉：华中科技大学出版社，2022.

［28］杨光耀，杨新，郑胜利．公路桥梁施工与维修养护研究［M］．长春：吉林科学技术出版社，2022.

［29］王伯霖，曹磊，杜锐．公路桥梁工程材料与管理研究［M］．秦皇岛：燕山大学出版社，2022.

［30］罗春德，尹雪云，李文兴．公路桥梁工程施工技术与养护管理［M］．长春：吉林科学技术出版社，2022.

［31］宫钦明，刘文杰，姜少朋．现代公路与桥梁工程建设研究［M］．北京：中国商务出版社，2022.

［32］王修山，王波，王思长．道路与桥梁施工技术［M］．2版．北京：机械工业出版社，2022.

［33］周爱成，马运朝．公路养护与管理［M］．重庆：重庆大学出版社，2022.

［34］罗国富，宋阳，刘爱萍．公路工程施工与管理［M］．长春：吉林科学技术出版社，2022.09.

［35］张慧．公路施工安全与管理研究［M］．长春：吉林科学技术出版社，2022.

［36］赵福君，王怡森，易亮．公路桥梁施工技术与管理研究［M］．北京：现代出版社，2023.03.